劇場型ポピュリズムの誕生

橋下劇場と変貌する地方政治

有馬晋作〔著〕

ミネルヴァ書房

まえがき

近年台頭しつつあり、またマスメディアが注目している劇場型首長について、筆者は二〇一一年末に、田中康夫長野県知事、東国原英夫宮崎県知事、橋下徹大阪府知事（その後、大阪市長）、河村たかし名古屋市長、竹原信一阿久根市長（鹿児島県）という代表的な五人の劇場型首長の分析を行った（『劇場型首長の戦略と功罪』ミネルヴァ書房）。ちなみに首長は、自治体関係者の間では「くびちょう」と読むのが普通である。

拙著の分析は、ポピュリズム論および現代日本政治分析においてしばしば引用され、「大衆迎合」とか「大衆扇動」と一般的に理解されるポピュリズムについて、新たな視点と議論の材料を提供することができたと考える。一方、現在の状況をみると、大阪都構想の住民投票否決によって政界引退した橋下徹氏は、大阪市長時代は劇場型首長の最新事例であるが、そのリーダーシップの力強さと発信力により評価も高く、今でも周囲の復帰待望論が強い。また国内では二〇一六年八月、劇場型とされる小池百合子東京都知事が誕生し、海外では、二〇一六年一一月、アメリカ大統領選挙において、本書で言う「劇場型ポピュリズム」に当たるドナルド・トランプ氏が勝利している。さらに、ヨーロッパでは移民排斥や反EUを唱える右翼ポピュリズムの台頭がみられる。このような状況によってポピュリズム研究の必要性はますます高まっており、そのため本書は、劇場型首長や劇場型ポピュリズムの最新の研究を、研究者だけでなく一般の人にも分かりやすく紹介する目的で執筆したものである。

本書は、次のような構成になっている。

まず序章で、劇場型政治とポピュリズムが異なる政治現象であることを明らかにした上で、第Ⅰ部は「ポピュリズムとしての劇場型首長」と題し、近年、「政治のメディア化」を背景に、ポピュリズムが劇場型政治を取り入れ一般の人々の支持を効果的に得ようとしていることを明らかにしている。これを本書では、海外のポピュリズムの歴史も踏まえ「劇場型ポピュリズム」とネーミングし、この典型例が日本の「劇場型首長」であるとし、その特色を分析するとともに研究の学術的な意義にも言及している。なお第Ⅰ部は、拙著で必ずしも十分でなかった劇場型首長のポピュリズム論としての学術的分析を深めたものでもある。

第Ⅱ部は、「改革派首長の歴史と劇場型首長」と題し、わが国における戦後の地方自治での改革派首長の歴史を振り返るとともに、劇場型首長が新しいタイプの改革派に位置づけられることを明らかにしている。そのほか、田中長野県知事、東国原宮崎県知事、橋下大阪府知事の三人の行政運営と政治手法を相互比較し、劇場型首長であることを再確認した上で、最も注目を集めた橋下大阪市政を都構想や政党「維新」の動向も含め分析している。

第Ⅲ部は、「橋下劇場のポピュリズム分析」と題し、論壇で大きな話題となった「橋下劇場」をめぐる評論を分析することによって、最新ともいえるわが国のポピュリズム論をみるとともに、「橋下劇場」のポピュリズムとしての特色を明らかにする。また、橋下大阪市政四年間で生じた新たな政治現象や、その問題点などを民主主義などの視点から明らかにしている。

そして終章として、地方自治において、劇場型首長が改革派首長に代わる新たな「ひとつの時代」を作るかということを念頭に、今後の劇場型首長と地方自治のあり方を考える。ここでは、最新の劇場型首長であった佐賀県の樋渡武雄市長を例にあげている。さらに最後の補論は「トランプ劇場分析」と題し、劇場型首長の分析手法を用いて、アメリカ大統領候補時のトランプ氏の特色や問題点を明らかにしている（補論執筆の二〇一六年四月時点の記述であるが、一一月大統領選勝利の要因も分析している）。

なお、本書第Ⅰ部は筆者の博士論文である「劇場型首長の研究――ポピュリズム論からみた意義と戦略」（二〇一五年三月）を、大幅に加筆・修正してコンパクトにしたものである。また、第4章は筆者所属の日本地方自治研究学会の創立三〇周年記念誌（二〇一四年）掲載論文（一部加筆・修正）であり、さらに第6・8・9章は、宮崎公立大学人文学部と鹿児島県立短期大学商経学科の研究紀要掲載の論文を加筆・修正したものである。

わが国において小泉政治や自治体首長で登場した劇場型ポピュリズムが、ついにアメリカでも登場したこともあって、本書は、ポピュリズムの最新の分析本になったといえよう。先行き不透明な時代であって政党や政治に対する不信が広がりつつあるようにみえる現在の状況を考えると、今後も登場する可能性がある劇場型首長をはじめとするポピュリズム的な政治リーダーに、有権者は冷静に対処することが求められる。これが、本書を多くの一般の人に読んでもらいたい最大の理由である。

劇場型ポピュリズムの誕生——橋下劇場と変貌する地方政治

【目次】

第Ⅱ部　改革派首長の歴史と劇場型首長

序章　劇場型政治とポピュリズム

劇場型首長とは、テレビが政治に与える影響が大きい「テレポリティックス」の本格化、すなわち「政治のメディア化」を背景に、劇場型政治を用いて幅広い人々の支持を直接獲得して自分の政治目的を実現しようとする首長といえる。ただ、これまで政治学の分野では、「劇場型政治」と「ポピュリズム」が異なる政治現象であるか、それとも同じものかかならずしも明確でないまま、論じられることがあった。そこで、序章では、「劇場型政治」が具体的にはどういうものか考察した上で、「ポピュリズム」とは違う政治現象ということを明らかにして劇場型政治を再定義したい。

1　劇場型首長とは

「劇場型首長」は、劇場型政治を用いて県政・市政を運営した五人の首長、つまり田中康夫長野県知事（〇〇～〇六年）、東国原英夫宮崎県知事（〇七～一〇年）、橋下徹大阪府知事（〇八～一一年）、河村たかし名古屋市長（〇九年～）、竹原信一阿久根市長（〇八～一一年）を考察したときに筆者が用いた名称である。この名称は比較的新しい用語である。橋下大阪府知事や河村名古屋市長など、劇場型政治を用い高い発信力を持つ首長を指す用語として、二〇一〇年秋頃、新聞記事の見出しとして登場していた。[1]ただ、その後はマスコミでこの用語をみることはなかった。一方、「劇場型政治」という用語は小泉政権の頃からよく使われ、小泉首相の「自民党をぶっこわす」とか「抵抗勢力」という言葉、刺客候補を立てた郵政解散総選挙など、ドラマを見るような政治が展開されることを指すとされた。今でも、しばしばマスコミでみる用語である。

たとえば大嶽秀夫（二〇〇六）は、小泉政治を「ポピュリズム政治」あるいは「劇場型政治」だと分析し、その特徴は、善玉悪玉二元論を基礎に、政治を道徳次元の争いに還元する点で、このような政治は、マスメディアによる世論の喚起・操作に大きく依存した政治になるとした（2章2（3）で詳述）。

ただ政治学・行政学の分野において、劇場型政治は学問的には明確に定義されておらず、学術的な議論も十分されていないといえる。このような中、筆者は、王宮での演劇的祭事を政治基盤とする一九世紀のバリ島の「劇場国家」（文化人類学者ギアツ〔Geertz〕が分析）や「劇的」が「劇に出てくるようなありさま、緊張して感激させられるさま」（広辞苑）とされることを参考に、劇場型首長を「一般の人々にとって分かりやすく劇的に見せる政治手法を用いて、自分の政治目的を実現しようとする首長」（有馬晋作 二〇一一：二）と定義していた。

ちなみに、先ほどの劇場国家について説明すると、ギアツは、一九世紀のバリを、「国家が常に目指したのは演出であり儀式であり、このバリ文化の執着する社会的不平等と地位の誇りを公に儀式化することであった。バリの国家は、王と君主が興行主、僧侶が監督、農民が脇役と舞台装置と観客であるような劇場国家であった」（ギアツ 一九九〇：一二、原著 一九八〇：一三）と述べている。それは、支配や統治より表現性によって作られる国家で、華々しい火葬、寺院奉献式典などを大々的に行い、それを通じて、社会的不平等と地位の誇りを公に演劇化し規範化する国家を指していた(2)。

2 劇場型政治とポピュリズム

(1) 一般的意味からの比較

前述したように政治学の分野では劇場型政治とポピュリズムは違うものであるか、それとも同じまたは類似するものかについて、これまでかならずしも明確ではなかったといえる。

まず、劇場型政治の一般的な意味としては、たとえば、ノンフィクション作家の塩田潮は、劇場型政治を劇場政治と称し「一般国民を芝居の観客、政治リーダーを舞台で芝居を演じる役者に見立てて、主役である首相や各党首などが自ら熱演し、観客である国民を魅了して支持を集めるやり方」（塩田潮 二〇一一：一三九）と説明していた。

これに対しポピュリズムは、一般的に、「エリート」を「大衆」と対立するものと位置づけ大衆の権利こそ尊重されるべきだとする政治思想で、「大衆迎合」という意味で使われるが、ときには「大衆扇動」という意味でも使われ、かならずしもその意味は明確でない。また、政敵への批判的なレッテル貼りでもよく使われ、政治家は国家の将来を見据え、国民受けが悪い政策もあえて決断しないといけないにもかかわらず、国民受けするバラマキの政策などを取る政治家に対する批判としても使われることも多い。さらに、ポピュリストは「専制者」や「独裁者」の意味でも使われることもあり、一般的には否定的なイメージである。[3] たとえば、政治学者の吉田徹(二〇一一)によると、ポピュリズムは現代民主主義における曖昧かつ難しい問題であるとともに、過去、わが国でも田中角栄にはじまり中曽根康弘、小沢一郎、小泉純一郎、田中真紀子、青島幸男、田中康夫、石原慎太郎、橋下徹などポピュリズムだといわれた政治家は多いという。[4]

以上のように劇場型政治とポピュリズムの二つの用語の一般的な意味を比較すると、明らかに異なる政治現象といえる。先ほど述べたように、筆者も劇場型政治を「一般の人々にとって分かりやすく劇的に見せる政治手法」と定義して、ポピュリズムと異なる政治現象として位置付けていた。一方、マスメディアは、二〇一五年一二月の橋下徹大阪市長退任の際の新聞報道の中で、「橋下氏の新骨頂は敵対勢力を激しく批判する劇場型政治」(読売新聞二〇一五年一二月一九日「橋下劇場・新風と反発」)、「相手を攻撃し注目を集めながら支持を広げる。その政治手法は、有権者に改革の期待を抱かせる」(朝日新聞二〇一五年一二月一九日、社説「劇場型政治の功罪」)と述べているように、ポピュリズムと劇場型政治を区別しているか明確でない。また筆者が劇場型首長の戦略を考察（有馬晋作 二〇一一）する際に参考とした先ほどの大嶽秀夫のポピュリズム論では、二つを同一視しているようにみえる。そこで、ここでは、劇場型政治という用語のルーツから考察することによって、劇場型政治が、ポピュリズムと異なる政治現象であることを、あらためて明らかにし、その上で、劇場型政治の再定義を行う。

（2）劇場型政治とは——用語の二つのルーツの考察

劇場型政治という用語のルーツは二つあるといえる。一つ目は、小泉政権の「劇場型政治」である。これは劇場型犯罪という用語が登場した一九八四、八五年のグリコ・森永事件の頃から使われた「劇場型」という言葉と「政治」が一緒になったものである。

このグリコ・森永事件は、「かい人二一面相」と名乗る犯人グループが「商品に毒を入れる」と大手食品会社を脅かし、不特定多数の市民を人質に取る形で大金を奪おうとした事件である。グリコは三億円、森永は一億円を要求され、警察は犯人に振り回され結局逮捕できなかった。このように、一九八〇年代は犯人が新聞やテレビなどマスメディアに大きく取り上げられる「劇場型犯罪」が多発した。犯罪と報道が同時進行することで、社会の関心が増幅した。当時、社会評論家の赤塚行雄が「社会という観客の目を意識して、舞台の上で踊っているようだ。劇場型とでもいうべき新しいタイプの犯罪ではないか」と指摘し、この事件が「劇場型犯罪」という新語を生み出したとされる(5)。

社会学者などによると、マスメディアの発達によって孤立する個々の受け手を大規模なレベルで結びつけ、自分の正体を明かさずに社会と接触する劇場型社会が作り出されたため、テレビなどマスメディアを通じて広くアピールされることを意識した犯罪が起きるようになったとされる。こうした劇場型犯罪は、センセーショナルに報道され、かつ犯人の描いたシナリオに沿ってドラマのようにストーリーが展開されるという[6]。大谷昭宏は、劇場型犯罪の意味することは、犯行を遂行するにあたって、一般大衆を巻き込み、マスメディアなどを使って大衆を見物者、オーディエンスに仕立て上げ、そこに情報を提供または共有させることによって、大衆を事件の間近にいるような感覚にさせることであるとしている[7]。

なお、小泉首相による劇場型政治いわゆる「小泉劇場」という言葉は、二〇〇五年郵政解散総選挙などが、劇場型犯罪と同様センセーショナルに報道されストーリーが展開し、有権者をドラマを見ているような感覚にさせるという特色に注目して、ネーミングされた言葉といえよう。この郵政解散総選挙では、郵政民営化法案に反対した自民党造反組の選挙区に対抗馬である「刺客」を擁立し、テレビのワイドショーで大きく話題となった。

二つ目のルーツは「劇場政治」という用語で、前述したようにノンフィクション作家の塩田潮（二〇一二）は「一般国民を芝居の観客、政治リーダーを舞台で芝居を演じる役者に見立てて、主役である首相や各党首などが自ら熱演し、観客である国民を魅了して支持を集めるやり方」としている。また、政治学者の谷藤悦史（二〇〇五）も、「劇場政治」という言葉を用い、政治の世界は支配を目的にあらゆる資源を動員して人々を魅了し服従と賞賛を確保する劇場であるからすべての国家は劇場性を

おびるとし、現在は大衆民主主義という劇場であると指摘する。(8)

ちなみに本書では、「劇場政治」でなく「劇場型政治」という言葉を用いているが、その理由は、「劇場型政治」という言葉が、小泉政権以降、一般的に使われ多くの人々に定着しているからである。次に、以上の用語の二つのルーツから劇場型政治を再定義したい。

3　劇場型政治の再定義

前述のように用語の二つのルーツから考察すると、後述（1章1(1)）するようにポピュリズムの用語が最初に現れたのが一九世紀末と古いのに対し、劇場型政治、劇場政治は、いずれも比較的新しい用語と分かる。また劇場型政治、劇場政治とも、劇的性格（ドラマティック）や物語性（ストーリー）を持ち、政治家が演技性（パフォーマンス）の要素を持っている。ちなみに、本章の冒頭で述べたように、ギアツによる一九世紀のバリを考察した「劇場国家」という用語がある。これは、現在の劇場型政治（ただその形態はその当時に合致したものとなっている）と似たような現象が一九世紀の世界の一部でみられたことを意味する。一方、現在、多くの国でテレポリティックスの進展により劇場型政治がみられ始めたといえよう。

すなわち、本書の研究対象の「劇場型政治」は、その用語としてのルーツからみるとポピュリズムとは異なり比較的新しく、また現在多くの国でみられ始めた政治現象であって、そこには「劇的性格・物語性・演技性」という要素があると分かる。なお、小泉政権時に経験したように、これらの要素がテレビなどマスメディアを利用し「対立」を中心に展開すると、より劇的になるといえる。ただし、政治学者の谷藤悦史のいう「劇場政治」には、大衆民主主義が政治の劇場性を高めるという認識があった。現在、大衆民主主義において国民の幅広い支持を獲得する上で大きな役割を果たすのはマスメディアであり、劇場型首長にとっては住民に発信する重要な場である。

以上に基づき、本書では、劇場型政治に大衆民主主義やメディアの視点を入れて、「大衆民主主義においてメディアを舞台に、政治リーダーが大衆に対し劇的に見せようとする政治」と定義し、この政治には「劇的性格・物語性・演技性」（ドラマティック、ストーリー、パフォーマンス）という要素があるとしたい。なお、この劇場型政治の定義で、「マスメディア」とせず「メディア」としたのは、最近、SNSなど新たなメディアが登場していることを考慮したからである。そして同じく劇場型首長についても、「大衆民主主義においてメディアを舞台に、一般の人々に分かりやすく劇的にみせる政治手法を用いて、自分の政治目的を実現しようとする首長」と定義する。

注

（1）二〇一〇年一〇月六日の朝日新聞には、「劇場型首長・報道苦悩」という見出しで、マスコミ倫理懇談会全国協議会・全国大会において、名古屋市、大阪府、阿久根市で悩みながら取材を続けている担当記者の現状報告の様子が出ている。

(2) ギアツ（一九九〇：一二）。綾部恒雄（二〇〇二：六〇、六一）一部参照。

(3) たとえば、ポピュリズムは「一般的にエリートを大衆と対立する集団と位置づけ、大衆の権利こそ尊重されるべきだとする政治思想をいう。ラテン語のポプルス（populus）＝民が語源。こうした考えの政治家はポピュリストと呼ばれる。複数の集団による利害調整は排除し、社会の少数派の意見は尊重しない傾向が強い。大衆迎合、大衆扇動の意味でも使われる。」（朝日新聞二〇一五年一二月二三日「ポピュリズムの欧州」より）と説明される。また、「現代政治の文脈では、政治リーダーや政権が一般大衆の政治要求や政治嗜好に迎合ないし追従して、投機的に矛盾する政策を乱発して支持を確保する政治運動」（内田満編（二〇〇五）『現代日本政治小辞典』ブレーン出版）という説明もある。

(4) 吉田徹（二〇一一：八）。

(5) 読売新聞二〇一五年一一月二八日「特集・昭和時代・第三三回」より。

(6) 藤竹暁（二〇〇〇：二七―三七）。小城英子（二〇〇四：一二四、一二七）。

(7) 大谷昭宏（二〇〇〇：一九七）。

(8) 谷藤悦史（二〇〇五：七二、七七、八一）。

第Ⅰ部　ポピュリズムとしての劇場型首長

第1章　劇場型ポピュリズムの登場

序章で「劇場型政治」と「ポピュリズム」は異なる政治現象であることを明らかにし、大衆民主主義の視点を入れて劇場型政治と劇場型首長を再定義したが、第Ⅰ部は、「ポピュリズムとしての劇場型首長」と題し、最初に劇場型首長とポピュリズムの関係を考察し、次に劇場型政治が近年の「政治のメディア化」の下では支持拡大に効果的なことをみた上で、最後にポピュリズム論における劇場型首長研究の意義を明らかにしたい。

そこで本章では、ポピュリズムの歴史について、そのルーツから最新のアメリカ大統領選候補時のトランプまでみることにより、ポピュリズムが劇場型政治を取り入れようとしていること、すなわち劇場型ポピュリズムが登場していることを明らかにしたい。そして最後に、劇場型首長についてポピュリズムとの関係を構造的に分析し、その全体像（イメージ）を明らかにする。

1　ポピュリズムの歴史と劇場型政治

近年、テレビが政治に与える影響が大きい「テレポリティックス」の本格化によって劇場型政治が幅広い支持獲得のための政治手法になっているといえる。テレポリティックスの本格化すなわち「政治のメディア化」において、なぜ劇場型政治が幅広い支持獲得に大きな効果があるかは次章で詳しく述べるが、本節では、ポピュリズムの歴史を振り返り、「現代のポピュリズム」の特徴を明らかにする。そして次節で、近年、ポピュリズムが劇場型政治を取り入れようとしていることをみてみたい。

(1) 古典的ポピュリズム

まず、ポピュリズムの歴史からポピュリズムはどういうものかを考察したい。

ポピュリズムという言葉は、一九世紀末のアメリカで自ら「ポピュリスト党」(人民党)と名乗った人々の政治運動に由来する。これは、農業不況や土地購入・機械化の設備投資などで多大な債務を抱えたアメリカ西部や南部の農民特に小作農が、債務軽減と鉄道会社の独占規制などを要求して登場したものである。この要求は当時の二大政党に収まらず、ポピュリスト党という第三党の結集を促した。これは、アメリカ政党史のなかで画期的な出来事であった(1)。

この例と同じく有名なのが、二〇世紀にラテンアメリカを中心に登場したポピュリズムである。一般的に左翼的とみられるポピュリズムで、アルゼンチンのペロン〔Peron〕が有名である。ペロンは、クーデターによって一九四〇年代に政権につき五〇年代までその座にあった。体制の外にあった貧しい労働者大衆の利益を擁護する政策を実行するとともに、外国資本に支配されていた経済の工業化に力を入れて国民国家の経済的自立を目指すナショナリストでもあった。ペロンについては、ペロン自身がナチズムに影響された元軍人で国内大資本と結びついていたこともあって、労働者を利用した独裁と批判されることもあり一種のファシズムと解されることもある。(2)

この頃までは、ポピュリズムはもっぱら、民主主義と政党政治が未発達な発展途上国の現象ととらえられていた。以上の古典的ポピュリズムを、大衆民主主義が完全に成立していない社会における「既存の政治体制から外れた人々による、下からまたは上からの反エリート主義の運動」と整理したい。

(2) 現代のポピュリズム

新自由主義と結びついたポピュリズム

先ほどの古典的ポピュリズムと比べ、現代のポピュリズムは大きく変容している。一九七〇年代以降、先進諸国における経済のグローバル化を伴う景気低迷を背景に、市場原理・競争原理を重視して規制緩和を進め政府の役割を見直し縮小する「小さな政府」を指向する新自由主義と結びついたポピュリズムが登場する。それは、社会民主主義やアメリカでいうリベラルによって推進された二〇世紀型福祉国家を批判し、労働組合など既得権益グループと対立する。この「現代のポピュリズム」の代表例としては、七九年から八一年にかけ登場したイギリスのサッチャー〔Thatcher〕とアメリカのレーガン〔Reagan〕が、まずあげられる。両者は、市場原理・競争重視の「小さな政府」に代表される新自由主義政策と、国家・故郷・家族重視などの保守主義が結びついた「新保守主義」を提唱した。ところで、両者の新保守主義はポピュリズムだという見方には、政治学者以外は違和感を覚えるかもしれない。しかし、それまでの政治が、一定の層たとえば経済界（経営者層）、労働組合（労働者層）の代弁者として動き利益配分の調整を行うのが常であったのを、一般の人々という広い社会層にアピールして支持を拡大しながら政治を主導的に行うという新たな政治スタイルを打ち出したという点で、ポピュリズムという範疇に入るということである。これを、次に詳しくみたい。

戦後、福祉国家を目指し労働組合の力が大きくなっていたイギリスは、二度のオイルショックでダメージを受けて経済の低迷いわゆる「英国病」になっていた。このような厳しい状況を、サッチャー首相は、労働組合と激しく対決しながら国有企業の民営化を進め、法人税の減税や規制緩和など新自由主義の「小さな政府」によって打開した。また同じくレーガン大統領は、インフレと不況にあえぐアメリカで、公共事業による景気回復を図るニューディール政策以降の「大きな政府」によって形成された既得権益を批判して、政府支出を減らし減税、規制緩和、民営化によって市場経済の活性化を図る「小さな政府」を推進した。さらに冷戦下であったため、反共主義とキリスト教原理主義、ナショナリズムも提唱した。(3)

ちなみに、サッチャーは、庶民出身でありながら保守党であるというアウトサイダー的資質を活用して、現状に不満を持つ都市部中間層を中心に「普通の人々」「国民」に幅広く訴えかけ、既成勢力としての労働組合を批判した。そして、断固たる「確信」とメッセージの「単純化」によって大衆的な人気を得た。その結果、それまでの労使合意の中で作り上げられてきた福祉国家という戦後コンセンサスを破棄し、労働者階級の闘争基盤を分裂・解体した。すなわち、政権側にいながら支配体制の再編成に成功している。これを、ホール〔Hall〕（一九八〇）は「権威主義的ポピュリズム」と名付けている。[4] また、ラクラウ〔Laclau〕（一九七七）は、支配的ブロックのイデオロギーに対抗し敵対的選択として始まるのがポピュリズムであるが、常に革命的であることを求められるのではなく、ある階級または階級分派が自己のヘゲモニーを主張するため、権力内部で変形することでもポピュリズムは生じるという「支配階級のポピュリズム」をすでに指摘していた。[5] このように政治学においては、サッチャーやレーガンは権力側によるポピュリズムととらえられ、その政治スタイルが、他の先進諸国の既成政党にも拡大したとされる。

伊仏の新たなポピュリズム

吉田徹（二〇一一）は、先ほどのサッチャー、レーガンによる新保守主義のポピュリズムとしての核心要素は「既得権益に対する攻撃」と「市場主義に融和的な政策」の二つであるとする。そして、これらの要素をより一層推進するポピュリズムとして、イタリアのベルルスコーニ〔Berlusconi〕とフランスのサルコジ〔Sarkozy〕が一九九〇年代以降に登場するという。その特徴は、選挙や公約作りにマーケティングを導入したり国を企業経営のようにマネジメントしようとする「①企業的発想に基づく政治」、自らの生い立ちや経歴などにストーリー性を出そうとする「②物語の政治」、敵を見つけ攻撃することで求心力を高めようとする「③敵作りの政治」だとする。(6) ちなみに吉田徹は、サッチャー、レーガンの「ネオ・リベラル型ポピュリズム」（大嶽秀夫 二〇〇三：一一二）の延長線上に、ベルルスコーニらの二一世紀の「現代ポピュリズム」があるとしているが、本書は、より幅を広げ、まず、この二つのポピュリズムを「現代のポピュリズム」と位置づけている。

ここで、ベルルスコーニとサルコジを詳しくみたい。イタリア首相であったベルルスコーニは、新興企業家で派手な女性関係や失言でも有名である。一九九四年、マーケティングの手法を駆使した新たな選挙戦によって下院議員に当選する。汚職や経済的停滞で国民の政治への不満が大きい中、政党「フォルツァ・イタリア」（「がんばれイタリア」という意味）を設立して、既成政党を批判して保守票を吸収しつつ、北部同盟など極右勢力とも連携して政権を獲得し、国家を企業的な経営体として「競争力ある民主主義」を標榜したりした。この連立政権は一年弱で終わったが、その後二度、首相の座に帰り咲いている。

サルコジは、ハンガリー移民二世でフランス政界の異端児とされる。「過去との決別」を提唱して、労働者のスト権を制限するなど自由・市場主義重視によるフランスの活性化を訴え、二〇〇七年にフランス大統領（～二〇一二年五月）に就任する。世論の動向にも敏感で、移民やグローバル化に対するサルコジの敵対的言動は、保守層のほか極右政党・国民戦線の支持層を狙ったものとされる。国民間の格差拡大の中、フランス的価値を称揚するとともに、社会党政権時代に導入された週三五時間労働制や公共部門のストライキを制限するなど、矢継ぎ早に新自由主義の改革案を打ち出していった(7)。

以上の海外の「現代のポピュリズム」をわが国に当てはめてみたい。まずサッチャー、レーガンは、行政改革や国鉄・電電公社などの民営化を進め都市部サラリーマン層まで支持拡大を図り「不沈空母」発言でタカ派の保守とされた中曽根康弘首相（八二～八七年）に該当するといえる。次に、ベルルスコーニ、サルコジは、「構造改革」の名のもと自民党内にも抵抗勢力がいると攻撃しつつ大幅な規制緩和を進めようとした小泉純一郎首相（〇一～〇五年）に該当するといえよう。

なお社会学者の吉見俊哉（二〇〇九）も、中曽根政権は、自民党政権の新自由主義への政策転換を決定的にしており、約二〇年後の小泉政権との連続性が強いとする。そして中曽根・小泉は、いずれも自民党内では少数派閥を基盤に、その政治手法は国民的支持に気を配りテレビ政治を重視しポピュリズム的な傾向を持っていたとし、中曽根首相は、政権末期、政治を明確なフレーズでテンポよくテレビを通じ国民に語りかけたが、それは二〇〇〇年代前半の小泉劇場のメディア政治に通じるものだったとする(8)。

以上みたように、新保守主義のポピュリズムの核心要素を「既得権益に対する攻撃」と「市場主義に融和的な政策」とする吉田徹の指摘は、ベルルスコーニ、サルコジさらに小泉に当てはまる。すなわち、前者の「既得権益に対する攻撃」によって、前述のラクラウによる指摘のように権力者側（支配側）であっても、サッチャーが「普通の人々」に訴えかけたように、自分を一般の人々の側に位置づけることができる。また後者の「市場主義に融和的な政策」によって、冷戦崩壊後のグローバル化で一般の人々にとって当然視されるようになった新自由主義的な政策を標榜して、幅広い人々特に無党派層の支持を獲得しようとしている。

ところで、ポピュリズムは、「既得権益に対する攻撃」すなわちベルルスコーニ、サルコジの場合の「敵づくり」によって、人々の間に「私たち」と「彼ら」の「線引き」をして共通の敵を見つけ、自分（政治リーダー）は一般の人々の側に立とうとする。この「敵づくりによる線引き」こそ、ポピュリズムの本質という見方もある。(9) この線引きの仕方が多様なため、ポピュリズムの定義が曖昧となり難しくなる理由でもある。

「現代のポピュリズム」とは

近年、注目を集めているのが、ヨーロッパの右翼ポピュリズムである。その例としては、イェルク・ハイダー〔Joerg Haider〕を党首とするオーストリアの自由党が有名である。自由党は移民排斥を主張し、また既成政党を批判して二大政党下で排除された人々の支持を得て、二〇〇〇年に連立政権に参加している。最近は二〇一四年五月の欧州議会選挙で右翼ポピュリズム政党が躍進し政治の表舞台に躍り出たほか、二〇一五年一一月のパリ同時多発テロを受けて、フランスでは同年一二月、地域圏議会選挙において移民排斥を唱える極右の国民戦線（FN）が大躍進している。このようにヨーロッパでは、テロの脅威のほか、経済の低迷や移民受け入れに伴う国民の負担増、そしてＥＵ（欧州連合）への不満を吸収して右翼ポピュリズムの浸透が進んでいる。[10]

この最近のヨーロッパにおける右翼ポピュリズムの浸透について、大嶽秀夫（二〇一五）は、日本でポピュリズムが広がる前提として既成の権力の腐敗や問題に対する国民、特に無党派層の憤りがある一方、欧州ではテロの脅威や難民、移民の流入に伴う社会不安がポピュリストを生んできたと指摘して、日本とヨーロッパのポピュリズム台頭の違いに言及している。[11] また右翼ポピュリズムは、前述の「現代のポピュリズム」の核心要素である「既得権益に対する攻撃」すなわち「敵づくりによる線引き」を特に重視して、「市場主義に融和的な政策」を有しない場合がある。ただヨーロッパの場合は、多くの右翼ポピュリズムが市場原理主義と排外主義に結びついているとされる。[12]

そして、二〇一六年のアメリカ大統領選挙において、共和党候補者として、過激な発言で知られる不動産王のドナルド・トランプ〔Donald Trump〕が指名され勝利している。トランプは、議員や市長の経験もない政治の素人を売りに、今のアメリカ経済を牛耳り全米の多くの富を握るウォール街などのエスタブリッシュメント（国や社会の意思決定・政策に大きな響力を持つ人々）すなわち既成勢力を批判する「反エスタブリッシュメント」である。テロ防止のためにイスラム教徒を入国禁止するべき、不法移民防止のためにメキシコ国境に壁を作るべきなど、過激な発言を次々と行い、ブルーカラーの白人を中心に共和党内に支持者を拡大した[13]（詳しくは本書の「補論」参照のこと）。全米税制改革協議会会長のノーキスト〔Norquist〕は、トランプはポピュリストだとし、「私は変える」とアピールし不満を持つ有権者の「何とかしろ」という要求に対し実現できるかも分からないことを述べていると批判的であった[14]。本章でポピュリズムの言葉が一九世紀末アメリカのポピュリスト党に由来すると指摘したが、ついに本家本元のアメリカの大統領選でポピュリストが登場したことに素直に驚きを感じるとともに、アメリカで格差が拡大し多くの人が現在の政治に不満を持っていることを反映しているといえる。本書では、近年台頭するヨーロッパの右翼ポピュリズム、そして最近のアメリカ大統領選におけるトランプも「現代のポピュリズム」に含めたい。

以上の一九八〇年代のサッチャー、レーガンから始まり近年ヨーロッパで台頭する右翼ポピュリズム、さらにトランプも視野に入れて、「現代のポピュリズム」を古典的ポピュリズムと対比してまとめると、大衆民主主義が成立した社会において、「政治リーダーが一般の人々の幅広い支持を直接獲得するため、現在の政治は十分機能していないといった人々の不満を巧みに利用して、上から変革を進める政治」と整理できる。さらに、その核心要素の基本は、「既得権益に対する攻撃」であり、その政策は「市場主義に融和的な政策」を採用する傾向がある。ちなみに、「既得権益に対する攻撃」すなわち「敵づくり」によって「私たち」と「彼ら」の線引きを行い、前述の「一般の人々」を作り出して、政治リーダーは一般の人々の側に立とうとしているといえる。

以上のように、一九世紀末からのポピュリズムの歴史をみると、ポピュリズムは、既存の政治に不満を持つ一般の人々の支持を幅広く獲得するために、既成勢力を批判しながら採用する政治手法や政策を変化し発展させているといえよう。

2　ポピュリズムとは

ポピュリズムとは、どういうものであろうか。前述したように、ポピュリズムの本質的な特徴である人々の間への「敵づくりによる線引き」が多様なため定義は難しくなるが、本書では先ほど整理した「政治リーダーが一般の人々の幅広い支持を直接獲得するため、現在の政治は十分機能していないといった人々の不満を巧みに利用して、上から変革を進める政治」を定義として扱いたい。

このようなポピュリズムの歴史を反映した定義を、いくつか紹介したい。たとえば、山口二郎は「大衆のエネルギーを動員しながら一定の政治的目標を実現する手法」（山口二郎 二〇一〇：一一）、吉田徹（二〇一一）は「国民に訴えるレトリックを駆使して変革を追い求めるカリスマ的な政治スタイル」（吉田徹 二〇一一：一四）と定義する。これらは、ポピュリズムを、現在の政治には自分たちの意見が反映されていないという大衆の不満をエネルギーにした変革の政治ととらえた、幅広い定義といえる。一方、小堀眞裕（二〇一三）は、近年のヨーロッパの右翼ポピュリズムの台頭も視野に入れて、ポピュリズムの特徴として、①国民の支持（人気）を得ようとする技術の重視、②既成政治批判とその変革、③カリスマ的指導者の存在、④民主主義の「病理」としての批判を受けること、の四つを上げている。[15] これは特徴とされるが、より分析的な定義と考えられる。ただ、④があるため本章で論じたサッチャーやレーガンなど政権側のポピュリズムには当てはまらないといえる。

ところで、水島治郎（二〇一四）は、ポピュリズムは何かをめぐってさまざまな立場があるため、ポピュリズムの定義も大きく二つに分かれるとする。まず、第一の定義は、固定的な支持基盤を超え、幅広く国民に直接訴える政治スタイルをポピュリズムととらえる定義であるとする。そして第二の定義は、「人民」の立場から既成政治やエリートを批判する政治運動をポピュリズムととらえる定義である。[16] これを参考すれば、第一の定義としては、先ほど紹介した吉田徹の定義が代表的といえる。そして第二の定義は、近年台頭するヨーロッパの右翼ポピュリズムを分析するのに特に有効といえ、先ほどの小堀眞裕の定義が該当するといえる。本書は、劇場型首長を分析するものであり首長は政権側といえるので、第一の幅広く国民に直接訴える定義を採用するのが適切であり、先ほどの本書の定義は妥当といえよう。

以上の海外のポピュリズムを視野に入れた定義に対し、わが国の近年のポピュリズムを考察し定義したものがある。大嶽秀夫は、小泉政治の分析ツールとするために、伝統的に下からの運動という色彩が濃厚で善悪対立のドラマとしてみる特徴があるアメリカのポピュリズムを参考にして、「ポピュリズムとは、普通の人々とエリート、善玉と悪玉、味方と敵の二元論を前提として、リーダーが普通の人々の一員であることを強調すると同時に、普通の人々の側に立って彼らをリードし敵に向かって戦いを挑むヒーローの役割を演じてみせる、劇場型政治スタイルである。それは、社会運動を組織するのでなく、マスメディアを通じて、上から、政治的支持を調達する政治手法の一つである」（大嶽秀夫 二〇〇三：一一八）と定義する。これは、劇場型政治スタイルという言葉があるように「劇場型政治の視点を入れたポピュリズム」の定義といえる。

また村上弘（二〇一〇）は、橋下・河村をとらえ、ポピュリズムを「政治リーダーが個人的な人気やカリスマ性を備え、政党組織などを経由せず、マスメディアを使って直接に民衆に訴えかけること」と「政治的問題を単純化したり、非合理的なスローガンや利益配分によって巧みに訴えかけること」の二つの要素で定義する。そして近年、リーダーが「既得権」などの「敵」と戦う例が目立つとする[17]。

以上の大嶽秀夫、村上弘の定義では、近年のわが国におけるポピュリズムが、政治リーダーが敵と戦うという劇的な要素を取りいれていると分かる。それは、本書でいう劇場型政治（大衆民主主義においてメディアを舞台に、政治リーダーが大衆に対して劇的に見せようとする政治）を用いていることを示す。また、前述のベルルスコーニやサルコジのポピュリズムの特徴に「物語の政治」があるという吉田徹の指摘も、さらに過激な発言を伴うトランプも日本の全国紙が「トランプ劇場」（読売新聞）と見出しをつけるように、近年、先進諸国でポピュリズムが劇場型政治を取りいれていることを示している。すなわち近年、世界的にみても「劇場型ポピュリズム」（劇場型政治を取りいれたポピュリズム）が登場しているといえる。

3　歴史的にみた劇場型政治とポピュリズムの関連性

これまでの考察をあらためて短く整理すれば、一九世紀末に登場したポピュリズムは、一般の人々の支持を幅広く獲得するために、当初から、また現在も一般の人々の既存の政治への不満というエネルギーを巧みに利用または動員していることが分かる。すなわち、「一般の人々の既存の政治への不満というエネルギーを巧みに利用・動員」を言い換えるとすれば、ポピュリズムの一般的意味の「大衆迎合」「大衆扇動」の要因を当初から持ち、また持ち続けているといえる。

さらに、ポピュリズムの歴史をみると、既成勢力を批判しながら一般の人々と直接結びつこうという政治スタイルを長く取っている。この長く変わらない政治手法、つまり「既得権益に対する攻撃」をベースにして、二〇世紀後半（八〇年代以降）に入ると「市場主義に融和的な政策」を取り込むという変化が生じている。さらに二〇世紀末頃からは、すでに成立していた大衆民主主義と、テレビが政治に与える影響が大きい「テレポリティックス」の発達を背景に、ベルルスコーニやサルコジさらに小泉首相のような、大衆の支持を直接に獲得する点でポピュリズムとの親和性が高く効果的な劇場型政治の諸要素、すなわち「劇的性格・物語性・演技性」の要素も取り入れたポピュリズムが登場しているといえる。

以上を現わすと図1－1のようになる。すなわち本書は図1－1における「ポピュリズムと劇場型

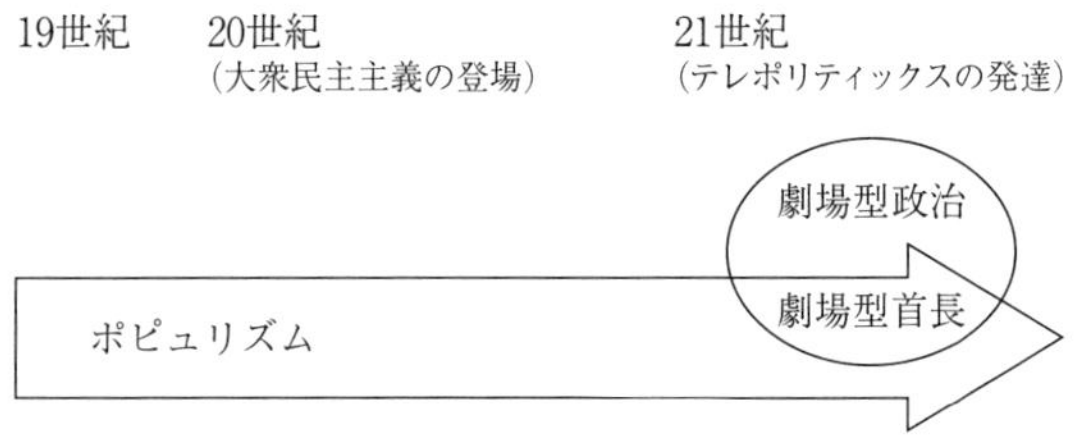

図１－１　ポピュリズムの歴史と劇場型政治の関係

（注）劇場型政治とポピュリズムの重なる部分に「劇場型首長」が登場。
（出所）筆者作成。

政治が重なる部分」、特に劇場型首長に焦点を当てた研究ともいえる。なお、重なる部分について具体的に説明すると、政治リーダーの政治スタイルや政治目的での実現・政策の打ち出し方・展開などに、「劇的性格・物語性・演技性」の傾向が出ていることである。

最後に以上をあらためて簡潔にまとめたい。ポピュリズムの最終目的が、今の政治に不満を持つ一般の人々の幅広い支持の直接的な獲得だと考えると、本格的なテレポリティックスすなわち「政治のメディア化」の時代では、その最も効果的な手法は劇場型政治であって（政治のメディア化も含め次章で詳述）、ポピュリズムは、その最終目的すなわち一般の人々の幅広い支持の直接獲得を効果的に達成するために、劇場型政治の要素を取り入れているといえる。そして、このポピュリズムの変化を進める要因とは、最終目的であってポピュリズムの本能ともいえる「大衆と直結」したいという貪欲さであろう。

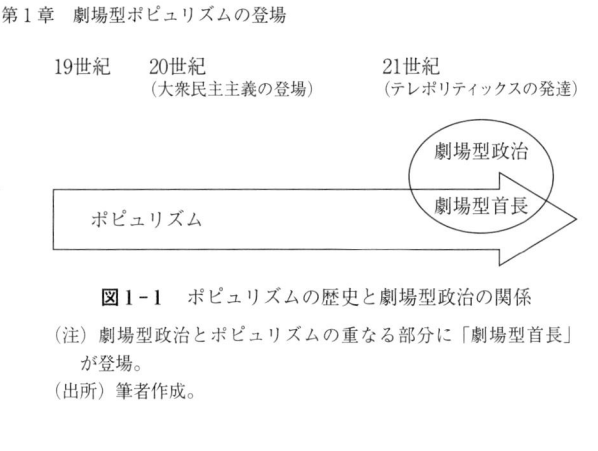

4　劇場型首長の分析

前述したように、近年、ポピュリズムが劇場型政治を取り入れる傾向があり、その中心に、代表的な例として劇場型首長がいる。では、図1-1でみたポピュリズムと劇場型政治が重なる部分は、具体的にどのようになっているのだろうか。このことについては、筆者の代表的な五人の劇場型首長分析（有馬晋作 二〇一一）により、劇場型政治を用いる首長がポピュリズムの基本的要素を持つ戦略をとっていることが分かっている。これは、学術的にはどのような意味があるのだろうか。この点も含め、ここでは、劇場型首長を構造的に分析することで、ポピュリズム論に新たな視点を提供したい。

(1) 劇場型首長の構造的分析

序章で、劇場型首長を、「大衆民主主義においてメディアを舞台に、一般の人々に分かりやすく劇的にみせる政治手法を用いて、自分の政治目的を実現しようとする首長」と定義しており、「劇的にみせる政治手法」すなわち劇場型政治は劇的性格・物語性・演技性の要素を持つとした。

さらに劇場型首長のとる戦略について、筆者は、小泉政治を分析した大嶽秀夫や、橋下・河村を分析した村上弘の日本のポピュリズムの定義を参考に、また五人の代表的な劇場型首長の政治手法を分析した上で、「自分の立ち位置を一般の人々の側とし、既得権にしがみつく既存勢力、たとえば議会や国・役人などを敵として設定し、自分をそれらと戦うヒーローとして、政治・政策課題の解決を進めようとする政治スタイル。そのとき、一般の人々と自分を、マスメディア特にテレビを利用して直接結びつけ、政治・政策課題を単純化したり劇的に見せることにより幅広い支持を得ようとする政治手法をとる」（有馬晋作 二〇一一：一八九）としていた（具体例は本書五章を参照のこと）。それは、次のように一つの政治スタイルと、二つの政治手法で構成されているといえる（有馬晋作 二〇一三）。ちなみに、「戦略」とは、「幅広い支持を得るための政治・行政手法の総合的運用の方針[18]」ととらえている。

(1) 自分（首長）の立ち位置を一般の人々の側とし、既得権にしがみつく既存勢力と戦うヒーローとして、政治・政策課題の解決を進めようとする政治スタイル。
(2) 一般の人々と自分（首長）を、メディアを利用して直接結びつけようとすること。
(3) 政治・政策課題を単純化したり劇的に見せようとすること。

以上ここまで述べたことを、より抽象化すると、劇場型政治を「劇的にみせる政治手法」、また最初の政治スタイルは「敵対」、そして政治手法は「大衆直結」「単純化・劇化」と表現できる。そして、劇場型首長のイメージは、図1-2（次頁）のように構造的に現わすことができる。

この図1-2をみると、劇場型首長は、大衆民主主義の社会でメディアを舞台に、「劇的にみせる政治手法」によって多くの人の支持を獲得しようとしている。そして、そのとき劇場型首長は、具体

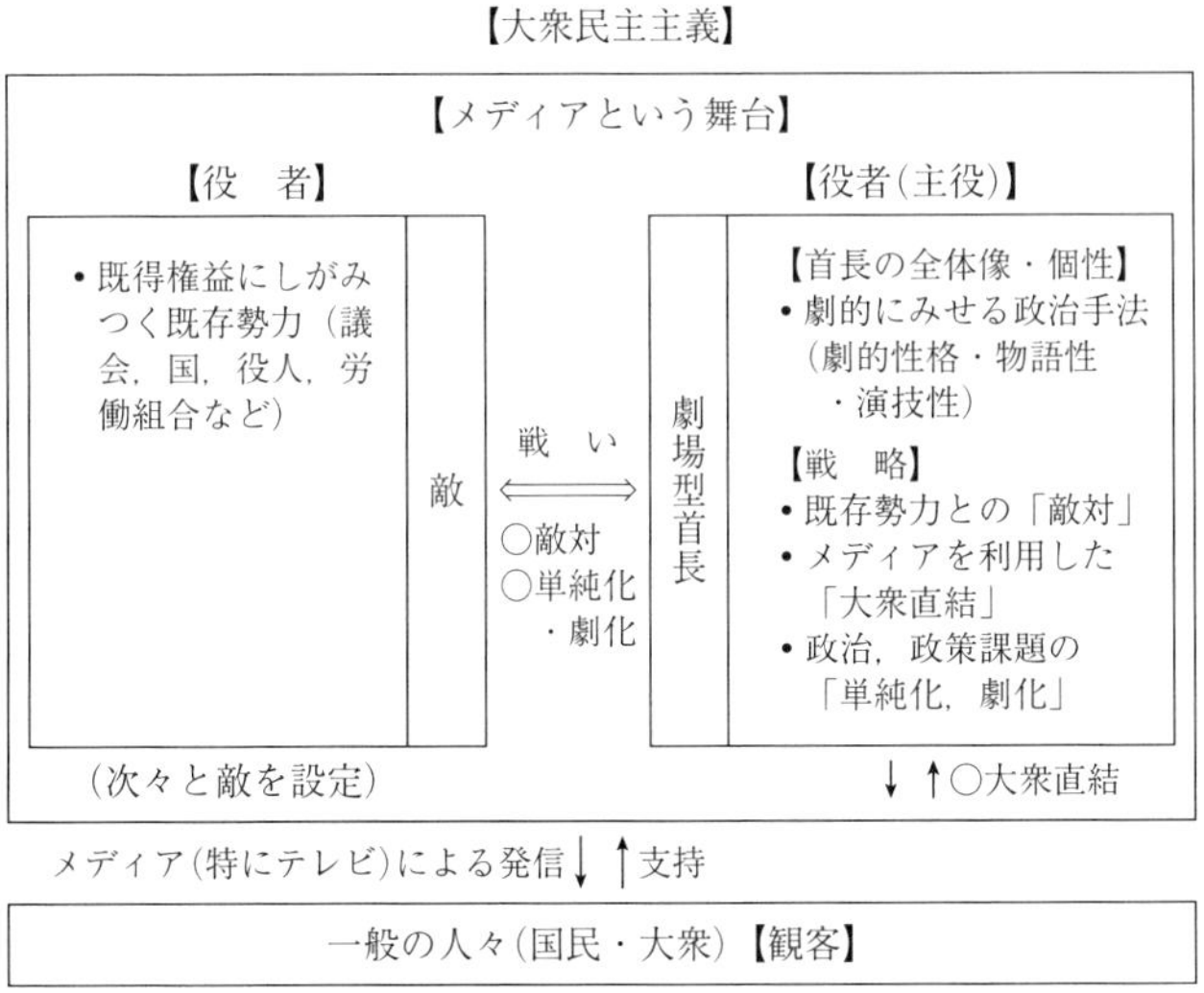

図1－2　劇場型首長のイメージ

（出所）筆者作成。

的には、既存勢力との「敵対」、メディアを利用した「大衆直結」、政治・政策課題の「単純化・劇化」を行っている。つまり、「劇的にみせる政治手法」すなわち劇場型政治は劇場型首長の「全体像」すなわち従来のポピュリズム論でいえば「カリスマ性」（例としては前述の吉田徹の定義）に該当することになり、「敵対」「大衆直結」「単純化・劇化」は劇場型首長の取る「戦略」と位置づけることができる。そして、この戦略は、「敵対」「大衆直結」というポピュリズムの本質的要素を満たしている。なお、劇場型政治には「劇的性格・物語性・演技性」の三要素があるが、すでに戦略の「敵対」や「単純化・劇化」は、これらの要素を含んでいることが多い。すなわち、劇場型首長の全体像と戦略は大きく重なっているともいえよう。

以上のように劇場型首長を構造的に分析し理解することで、前章で指摘したポピュリズムが劇場型政治を取り入れようとしていることをイメージとして理解できる。

このイメージを、ここで、トランプに当てはめてみたい。その全体像は、全米屈指の不動産王となるサクセス・ストーリーの物語性、過激発言などのパフォーマンス（演技性）などの劇場型政治で、その戦略については、エスタブリッシュメントと敵対して自分を一般大衆側に位置づけ、テレビで多くのアメリカ国民と直接結びつき、イスラム教徒入国禁止、メキシコ国境に壁を作るなど政策課題を単純化・劇化する点は「劇場型ポピュリズム」に該当するといえる。つまり、日本における劇場型首長（劇場型ポピュリズム）という新たなポピュリズム現象が、アメリカにおいても最新のポピュリズム現象として登場したといえる。このように本書で提示した「劇場型首長」の分析方法は、アメリカで登場した「トランプ劇場」を分析する有効な分析方法といえよう（なお「補論」でトランプ劇場分析を詳述）。

(2) 劇場型政治とポピュリズムの接合

先ほどの構造的な理解によって、次に述べるように大嶽秀夫の「劇場型政治の視点を持つポピュリズム」に対する他の研究者の批判を乗り越えることができるし、劇場型政治とポピュリズムの関連性、さらに劇場型首長研究の学術的意味も明らかにできる。

まず大嶽秀夫のポピュリズム論への批判を紹介したい。高瀬淳一（二〇〇五）は、大嶽秀夫によるアメリカのポピュリズムなどと比較して小泉政治は日本型ポピュリズムだという分析は、新しい政治現象の解釈を既存の概念の転用で済まそうとし事の本質を見誤ると批判する。そして、小泉型政治手法の本質的問題は「政治のパーソナル化」で、その中身は「個性を演劇的にアピールする個人」によるリーダーシップであるとした。また吉田徹（二〇一一）は、大嶽秀夫の小泉研究は、小泉純一郎という政治家と小泉政権の政策やメディアとの関係が中心で、ポピュリズムの本質的な定義や比較に踏み込んでいないと批判的な指摘をしている。[19]

これらの批判に関し先ほどの構造的理解から分かることは、まず劇場型首長の全体像をみると、高瀬淳一の指摘する「個性を演劇的にアピールする個人」に該当すること、次に劇場型首長の戦略（高瀬淳一のいう「リーダーシップ」）をみると、吉田徹の指摘する「現代のポピュリズム」の核心要素である「既得権益に対する攻撃」が含まれていることである。

すなわち、この構造的な理解の特色は、まず「劇場型政治」を首長の全体像または個性（高瀬淳一のいう「パーソナル化」）として位置付けること、そして「ポピュリズム」を、首長のリーダーシップの発揮の仕方すなわち戦略として位置付けることである。このことによって、高瀬淳一や吉田徹の大嶽秀夫に対する批判的指摘との整合性を取ることができる。つまり、劇場型首長の場合、その全体像は劇場型政治で、その戦略はポピュリズムであり、また劇場型首長研究は、政治学・行政学の分野で、学術的な議論が十分でない劇場型政治論と、一定の成果が出ているポピュリズム論との接合の試みといえよう。

注

（1）森政稔（二〇〇八：一五〇、一五一）。吉田徹（二〇一一：八六、八七）。
（2）森政稔（二〇〇八：一五三、一五四）。吉田徹（二〇一一：九〇―九三）。
（3）ここのサッチャーとレーガンの説明は、森政稔（二〇〇八：一五五）、吉田徹（二〇一一：二七、二八）、藤本一美（二〇〇九：二八一、二八六―二八九）、森井裕一（二〇一二：六七、六八）参照。ちなみに、森政稔は「新自由主義と結びついたポピュリズム」を「現代のポピュリズム」と呼んでいる。ただ、本書では、ヨーロッパの右翼ポピュリズムなど含めて「現代のポピュリズム」とした。
（4）高橋・石田（二〇一三：ⅱ）。吉田徹（二〇一一：三〇）一部参照。
（5）ラクラウ（一九八五：一七六、原著一九七七：一七三）。高橋・石田（二〇一三：ⅱ）一部参照。
（6）吉田徹（二〇一一：五五）。
（7）以上のベルルスコーニ、サルコジについては吉田徹（二〇一一：三七―四一）、森井裕一（二〇一二：二五、二六、八四―八八）参照。
（8）吉見俊哉（二〇〇九：一七三）。
（9）吉田徹（二〇一一：七三）。
（10）吉田徹（二〇一一：一四四、一四五）。水島治郎（二〇一四：一二六）。南日本新聞二〇一五年一二月八日「仏・極右政党が大躍進」より。
（11）大嶽秀夫の指摘は、朝日新聞二〇一五年一二月二三日「特集・ポピュリズムの欧州」より。

(12) ヨーロッパの右翼ポピュリズムの説明は、吉田徹（二〇一一：一四七）参照。なお極右ポピュリズムと呼ぶべきか迷ったが、極右とまではいえない右翼ポピュリズムも登場しているため、極右も含め「右翼ポピュリズム」で統一して称している。
(13) ＢＳ・ＴＢＳ「週刊報道ＬＩＦＥ」二〇一六年二月一八日放送、ＮＨＫ「日曜討論」二〇一六年五月一日放送（エスタブリッシュの説明は同番組より）のほか関連新聞記事参照。
(14) 朝日新聞二〇一六年三月一日「米大統領戦・問われるもの」。
(15) 高橋・石田（二〇一三：一四三）（小堀担当「7章イギリスのポピュリズム」より）。
(16) 水島治郎（二〇一四：一二八、一二九）。
(17) 村上弘（二〇一〇：二九八、二九九）。なお村上弘は最近、ポピュリズムを「強いリーダーが一般の人々に対して、非合理的でしばしば「人々の敵」を攻撃するアピールを行って支持を集めるような政治手法」と定義している（村上弘 二〇一四：一〇五）。
(18) なおブリタニカ国際大百科辞典によると、戦略は「政治闘争上の戦略とは綱領的な基本目標によって設定される一般的方向性をいい、戦術とは戦略に基づく個々の具体的な場面における判断や闘争の技術のことをいう」と説明されている。
(19) 高瀬淳一（二〇〇五：二〇〇、二〇三）、吉田徹（二〇一一：一六）。

第2章　政治のメディア化と劇場型首長

本章では、前章で明らかになった、ポピュリズムが劇場型政治を取りいれるようになった背景について考察したい。そこで、まず、テレビが政治に与える影響が大きい「テレポリティックス」について、具体的には、「テレビにおいて、報道・情報番組のほかワイドショーなどでも政治を扱う番組が増えることによって、テレビの報道の仕方が政治特に選挙に大きな影響を与えたりする現象。逆に政治の側にも、選挙や政権運営などを優位に展開するためテレビを利用しようとする状況が生じていること」と定義する。これは「政治のメディア化」につながる現象である。またメディア論の佐藤卓己（二〇一六）によると、政治のメディア化とは「政治がオーディエンス（受け手）への効果をいつも念頭において展開される傾向」で、政治家について言えば、メディアでの注目度を最大化するパフォーマンスを採用する傾向があるという[1]。

まず、大衆民主主義をメディアの発達に即して考察した上で、わが国におけるテレポリティックスの歴史を振り返るとともに、本格的なテレポリティックスにおけるテレビ報道と政治の関係を考察する。そして、政治とマスメディア研究の歴史をみた上で、テレポリティックスの本格化すなわち政治のメディア化では、劇場型政治が幅広い一般の人々に受け入れられやすいことを明らかにする。さらに、ネット社会と政治のほか近年顕著になった政治側のメディアへの逆襲にも言及したい。

1　メディアと民主主義の進展

(1) メディアの歴史

文明が加速度的に発展し始めたのは、人類が文字を発明しそれを記録する「メディア」が登場してからとされる。人類が文字を持ったのは五〇〇〇年前で、エジプトや中国など世界各地で文字文明が栄え始めた。たとえば、エジプトの象形文字は絵文字から発展し標準化されたものだったが、その絵が何を意味するか覚えるのは大変だった。紀元前一七〇〇年に、シュメール人が音で表す文字、すなわち音声文字を考え出す。そして、ギリシャ人が紀元前五〇〇年に楔形文字を生み出し、現在のアルファベットの原型ができ、識字人口が飛躍的に増大した。

文字ができると、それを記録するメディアが必然的に登場する。当初は、粘土に文字を書いて焼き固めたり石に掘ったりしていたが、保存には良いが持ち運びは困難だった。紀元前二五〇〇年、エジプト人がパピルスを使った紙を発明する。紙は軽くて石より簡単に文字を記録することができたため、文字の発達も相まって社会組織と文化に大きな変革をもたらす。文字を読めることが専門知識となり、文字が書ける書記は特権階級となった。これまで口承だった宗教儀礼や教義が記録される。また科学や芸術の発展も始まる。すなわち、病気やけがの有効な治療方法が記録され医学が発展し、気象や天体などの自然現象が記録され、その規則性などが理解されるようになる。このように先祖からの知識の記録だけでなく新しい考え方が記録され、人類が発展していくことになる。

一四五五年、ドイツでグーテンベルグ〔Gutenberg〕によって印刷機が発明される。金属の活字で長持ちしたため、印字がきれいな印刷物が大量に生産できるようになる。それまでの手書きに比べ、格段に安く、かつ正確に印刷された本が多くの人の手に届くようになった。この技術は、またたく間にヨーロッパ中に広まる。そして、知識を蓄積するだけでなく、人間の解放、自由思想、革命へとつながっていった。つまり、それまで本を読めるのは、社会の支配層、僧侶、書記に限られ、識字が社会を支配する道具として利用されていたが、知識の独占体制が印刷機の発明によって崩れることになる。

一六世紀になると、ヨーロッパのすべての言語の本が印刷されるようになる。そして、これまでラテン語で情報を掌握していた教会の力は落ち、啓蒙時代に入っていく。一六〇〇年代には、ドイツ、フランスなど世界各地で新聞が発行され始め、ついに一七〇二年、世界ではじめてイギリスで日刊新聞が発行される。一九世紀に入って新聞が広がり、さらに電報、電話が発明される。新聞によって多様な人々の意見が交換され、情報が迅速かつ広範囲に伝達されることになる。この時期が、マスメディア時代の始まりだとされるが、当時、識字率は高くなく電話を使える人もごく限られた人だけだった。本当の意味でのマスメディア時代は、ラジオ、そしてテレビの登場によって不特定多数の大衆が同じ情報を同時に受け取ることができるようになった二〇世紀のことだとされる[2]。このマスメディアの確立が、次に述べるように大衆民主主義成立の基盤となる。

（2）世界の大衆民主主義の推移

ヨーロッパで一七世紀の市民革命を経て登場した近代国民国家は、まず市民社会を基盤として成立する。そして、この市民社会の特色とは、国家の役割を最小限にとどめる夜警国家、利害の対立を自由に放任する自由放任主義であった。後者の自由放任主義には、人々の自由な選択が同時に合理的な判断によって導かれ、市民は「財産と教養」に支えられ理性に基づいて合理的な判断を行いうるというくつかの前提があった。そのため、財産を持つ人に選挙権を与える「制限選挙」が一般的であった。しかし、二〇世紀に入ると状況が大きく変化する。

一九世紀の産業革命を経て二〇世紀に入ると、急速な工業化と都市化は、社会の大規模化と複雑化を促進する。そのため、前述の市民社会の前提である個人の予測可能性と自立性が著しく低下するとともに、公害や労働環境の悪化など社会問題が発生する。その結果、労働者の要求が強くなり、それに対応して選挙制度は制限選挙から普通選挙に移行して、市民に代わって大衆が登場することになる。すなわち、市民社会は大衆社会に変容する。こののち、諸要求を政府を通じて実現することを強く求める大衆デモクラシー（大衆民主主義）の傾向が強くなる[3]。さらに現在、国により多少の違いはあるものの、民主主義は追求すべき理想の体制というより、すでに実現した制度であると、多くの人々に意識されるようになった[4]。

以上のように、大衆民主主義は普通選挙制度の導入を契機に登場するわけであるが、大衆民主主義の成立条件とは、「普通選挙制度による多くの国民の投票参加」、「集会・結社・表現の自由など基本的人権の保障」、「政党・労働組合などを通じた大衆運動の伸張」、「圧力団体による政府への働きかけ」、「マスメディアの発達による政治的事件の迅速な報道」などとされる。その結果、それまで政治から排除されていた広範な「大衆」（マス）が政治に関与できるようになった。なお、大衆は容易に大勢に即応するためにデモクラシーは危機に陥るという「大衆民主主義論」も一時期議論されたことがある[5]。

（3）日本の大衆民主主義の推移

戦前のメディアと民主主義

前述の世界の大衆民主主義の推移を参考に、次に、日本における大衆民主主義の推移を、メディアの発展とともにみてみたい。

日本の場合、一九一〇年代から二〇年代にかけて政党が力をつけ、一九二五年には男子普通選挙が導入される。すなわち大正デモクラシーが成立する。しかし昭和恐慌を経て、このデモクラシーも軍部のテロの標的になり短命に終わった。そして、ヨーロッパにおいてファシズムが急速に台頭し、日本もまた軍国主義支配の体制を強化し、ついに第二次世界大戦が勃発する。戦後の日本は、ＧＨＱ（連合国軍総司令部）の民主化政策によって、一九四五年に男女普通選挙が導入され、本格的な大衆民主主義社会をむかえる。

一方、この時期のマスメディアについてみると、すでにみたように、世界的にみれば出版（雑誌）、新聞、ラジオ、テレビと発達していった。新聞の影響の大きさは大衆の識字率に左右されるが、ラジオは識字率には影響されないので、政治の大衆化を一気に進めることになる。このような状況を日本でみると、日本におけるマスメディアは、明治維新後に政論を発表する新聞（一八七一年、日刊新聞発刊）や雑誌として出発し、日清戦争（一八九四〜九五年）によって国民と自覚するようになった大衆にとって不可欠なものとなった。このときマスメディアは、密室での政治決定に対して議論を求めるスタンスだったものが、民衆監視の下での政策議論と政策決定を求めるスタンスに変化した。[6]さらに一九二五年男子普通選挙導入を契機とする大正デモクラシーによって、社会問題を扱う出版も多くなる。このような出版と新聞にラジオ（一九二五年、放送開始）が加わったとき、戦前においても政治の報道が過熱するという「劇場型」の現象がしばしば生じるようになったという指摘（藤井・早野・筒井 二〇一二）[7]もある。

戦後のメディアと大衆民主主義

前述のように普通選挙導入によって実現される大衆民主主義は、日本の場合、戦後の男女普通選挙導入によって本格的に成立し、また、マスメディアの発達によって進化している。戦後すぐの大衆民主主義をみると、戦中の軍国主義的支配を繰り返してはならないとする圧倒的な論理と感情によって、平和と民主主義は新しい社会の希望であった。民主主義は社会の目指すべき方向を示す理念、いわゆる「戦後民主主義」として広く国民に支持されることになる。この戦後民主主義について、森政稔は「民主主義は単に政治制度であるだけでなく人間の生き方の変革」（森政稔 二〇〇八：八）でもあったと指摘している。

その後の五五年体制の下での自民長期政権、それと重なる高度経済成長期は、成長の恩恵を地方に配分する役割を政治家が担うという利益誘導型政治が目立つようになる。この利益誘導型政治の代表といえる政治家は、なんといっても「庶民宰相」といわれ日本列島改造論を唱えた田中角栄（首相在任：七二〜七九年）であろう。田中首相は、高度経済成長期の最後の首相でもあった。

このような高度経済成長期や五五年体制の日本政治の状況を理論的に分析するため、いくつかの日本型の政治モデルが示された。たとえば、官僚の圧倒的な優位を主張する「官僚主導型モデル」、自民党・官僚・財界による「三頭政治モデル」などのエリートモデルのほか、「官僚的包括型多元主義モデル」、「自民・官庁混合体に方向づけられた多元主義モデル」など限定的多元主義モデルや協調主義（コーポラティズム）モデルなどである。ただ、これらのモデルは、マスメディアの果たす役割が小さいという特色を持つ[8]。

ここでは、このような各種組織の影響力によって政治が展開され統制されている特色を持つ五五年以降の大衆民主主義を「組織化された大衆民主主義」と名付けたい。

さらに、この「組織化された大衆民主主義」の成立には、アメリカが大統領制であるのに、日本が議院内閣制で、しかも中選挙区制度で派閥の力が大きかったことにも原因がある。このため、国会内での政治的動きが、国会外の大衆の動きに左右されることなく行われることが多々あった。たとえば、阿部斉（一九七三）は、議会審議が議会外の大衆行動によって影響されるのは議会政治の原則に反するという「院内主義」の言葉で、それを表わしている。[9] また、それは、官僚の力も強いこともあって、国民の政治への参加を選挙のときだけの参加に実質上、制限していることを意味した。それと、自民党が産業界や農民層の利益を代表し、社会党や民社党が労働組合の利益を代表することによって、多くの国民が政党や団体を通じて政治へのアクセスを確保していたのも「組織化された民主主義」成立の理由である。

このときまで政治へのマスメディアの影響は、日本ではそれほど大きくなかった。しかし、一九九四年政治改革での衆議院選挙での小選挙区比例代表並立制の導入（一九九六年総選挙から実施）以後、派閥の力の低下や無党派層の増加、また八〇年代後半からのニュースショー的な報道番組の登場によって、日本でも一気に大衆民主主義にマスメディアの影響が大きく出るようになる。そして後述するように、一九九〇年代以降、テレビの政治に与える影響が大きい「テレポリティックス」の時代が到来する。このようなマスメディアを通して多くの人々の前で政治が行われる状況の大衆民主主義を、ここでは「可視化された大衆民主主義」と名付けたい。これによって、大衆民主主義の中でマスメデ

表２-１　わが国の大衆民主主義の推移

	戦前		戦後
	制限的な民主主義の時代	大衆民主主義の時代	
民主主義の推移	・自由民権運動 ・大正デモクラシー ・軍国主義		・戦後民主主義 ・組織化された大衆民主主義 ・可視化された大衆民主主義
制度改革・出来事	1889年：大日本帝国憲法発布 （帝国議会開設） 1924年：政党内閣制 25年：男子普通選挙 42年：大政翼賛選挙		1945年：男女普通選挙 高度経済成長（55～78年） 91年：バブル経済崩壊 94年：小選挙区制導入 小泉政権（01～05年） 劇場型首長の登場
メディアの発達	1871年：日刊新聞発刊 1925年：ラジオ放送		53年：テレビ放送 80年代後半：ニュースショー的報道番組増加 2000年以降ネット普及

（出所）筆者作成。

ィア特にテレビを舞台にした劇場型政治が展開されるようになったといえる。

以上、わが国の大衆民主主義の推移をメディアの発達とともにみたが、それをまとめると表２-１のようになる。

明治以降、わが国は長い時を経て、普通選挙やメディアの発達を基盤に本格的な大衆民主主義を実現したといえる。そして、現在の「可視化された大衆民主主義」の社会においてマスメディア特にテレビを巧みに用いた劇場型政治によって、一般の人々と直接結びつき幅広い支持を獲得しようとしているのが劇場型首長といえる。

2　日本におけるテレポリティックスの歴史——政治のメディア化の進展

（1）テレビ業界の状況

近年、インターネットの世界的普及を背景に、フェイスブックなどSNS（ソーシャル・ネットワーク・サービス）という新たなメディアが台頭している。しかし井上泰浩（二〇〇四）は、影響力という面からみれば、史上最強のメディアといえば依然としてテレビだと指摘する。テレビの特性は、映像によって人々の心を動かす「衝撃性」、遠く離れたところから時空を超えて伝達される「同時性」、映像の中にいるような気分にさせる「臨場感」などである。これらの影響力の大きさが、テレビを史上最強のメディアとする理由である(10)。

このように影響力の大きいテレビについて、まずわが国のテレビ業界の状況からみてみたい。現在のテレビ業界（地上波）は、公共放送であるNHK、それに東京放送（TBS）、日本テレビ、フジテレビ、テレビ朝日、テレビ東京の在京の民間放送キー局を中心に全国三二のサービスエリア（一つの電波が届く区域）で構成されている。一般に、放送事業は都道府県内をサービスエリアとして認可されるが、関東、関西、中京、「岡山・香川」、「島根・鳥取」の五つの地域では広域放送が行われている。

先ほどの東京にある五つのキー局が、一般企業でいう「本社」的機能を果たし、配下に「支社」的なローカル・テレビ局のあるネットワークを形成している。これを「系列」という。民放におけるわが国最初のネットワークはＴＢＳ（当初はラジオ東京）をキー局とするＪＮＮ（ジャパン・ニュース・ネットワーク）で、一九五九年の皇太子結婚を契機に、全国にニュースを配信する目的で設立された。このように、系列放送で成り立つネットワークは、もともと全国的な取材網の構築とニュースの相互供給を目的に作られた。ローカル局の場合、番組制作やニュース報道をすべて自社で行うのは難しく、キー局や準キー局からの番組提供がないと放送時間が埋まらない。一方、スポンサーにとっては全国にコマーシャルを流したい。このような理由から、ネットワーク（放送網）が構築されていった。

たとえば、現在、準キー局の関西地区や仙台、広島、福岡など主要地区を除き、ローカル局は、キー局から番組の九割を提供してもらっている。多くのローカル局が、実質、電波の中継基地になっている。これは、何もしないからこそ利益が上がる構造でもある。地域の期待に応えようとローカル局が制作する「自社制作」番組を放送しても、多くは視聴率が取れない。仮にキー局程度に視聴率を取れても、コマーシャルが集まりにくいので、多くの場合が赤字という状況である。

民放の収益をみると、コマーシャルの「わく」をスポンサーに売って得る収益が全体の九割を占める。すなわち広告型のビジネスモデルである。そのため、視聴率は単にテレビ番組の人気の指標という意味だけでなく、コマーシャルの料金に跳ね返りテレビ局の収益を大きく左右する。その結果、テレビ局は視聴率に敏感になる。視聴率は「世帯視聴率」と「個人視聴率」があり、通常は前者で測定されているが、一％は約一〇〇万人の視聴者と大きい。そのため、テレビ局は一％の視聴率に一喜一憂することになる。[11]

このように、広告型のビジネスモデルを採用するテレビは、広告主が期待する広告商品のターゲットになりうる受け手を多く獲得しようとする。この結果、一九九〇年代以降、高い視聴率獲得に向けて、一般の人にとってはこれまで硬いと言われたテレビの政治報道について、娯楽指向性の強い「ソフトニュース化」が進み、さらに情報と娯楽が一緒になった「インフォテインメント化」すなわちエンターテインメント化が進んでいる。

(2) テレポリティックス以前の状況

一九八〇年代まで、すなわち五五年体制の下では、テレビを政治に利用することは、ほとんどなかったといえる。ただ、政治におけるテレビの影響力が実感された例としては、一九六八年の参議院全国区で、石原慎太郎（作家）、青島幸男（放送作家、タレント）、横山ノック（漫才師）などテレビで有名な「タレント候補」の大量当選があげられる。

このように一九八〇年代までは、政治によるテレビの利用は低調で、その原因はテレビを利用して幅広い人々の支持を得る必要性が低かったからである。すなわち、衆議院の選挙区制度が中選挙区のため自民党での派閥の力が強く、浮動票といわれる無党派層も多くなく選挙が組織型選挙中心だったのが理由である。

しかし、一九八〇年代後半、新しいタイプの情報・報道番組が登場する。それは、「ニュースステーション」（一九八五年一〇月放送開始、テレビ朝日系）、「朝まで生テレビ」（一九八七年四月、テレビ朝日系）、「サンデーモーニング」（一九八七年一〇月、ＴＢＳ系）、「サンデープロジェクト」（一九八九年四月、テレビ朝日系）、「筑紫哲也ＮＥＷＳ23」（一九八九年一〇月、ＴＢＳ系）などである。これらの番組は、キャスターの強い個性を前面に打ち出すとともに明確な主張を持ったコメンテーターをそろえ、その特徴は、その時々の問題について論争的な番組作りをする点だった。これは、一九八〇年代後半、着実にテレポリティックスの基盤が整いつつあることを意味した[12]。

そして、一九九〇年代に入ると、一九九三年の自民党単独政権の崩壊つまり細川連立政権の誕生、そして、衆院選での小選挙区比例代表並立制導入が決まった一九九四年の政治改革と、それまでに比べ日本の政治は大きく変化し、五五年体制は崩れることになる。これ以降、日本でもテレビの政治に与える影響が大きいという「テレポリティックス」が実際の政治の動きを左右するようになったとされる。

まず政治におけるテレビの影響の大きさを分かりやすく感じる例は、一九九五年統一地方選の知事選でタレント知事が登場したことである。つまり、東京都で青島幸男、大阪府で横山ノックが既成政党の相乗り候補を破って当選し、自民党に大きなショックを与えた。この頃から無党派層が増えて、同時に「テレポリティックス」という言葉が日本でも使われ始めたとされる。たとえば、一九九八年七月に田原総一郎が司会の情報番組「サンデープロジェクト」へ出演した橋本龍太郎首相（九六～九八年）の例が有名である。このとき橋本首相は、田原総一郎に恒久減税を実施するか問い詰められ曖味な答えに終始し、そのとき、首相のこわばった表情がお茶の間に映像として流れた。数日後、恒久減税に関する橋本首相の発言が二転三転して、これが有権者の投票行動に影響を与え、一九九八年参院選での自民党敗退につながったとされる。このように、一九九〇年代後半からテレポリティックスの影響が明確に現われ始めたといえる[13]。

(3) テレポリティックスの本格化——小泉政権

立花隆（二〇〇二）が、政治のテレビ化は二〇年以上前（一九八〇年代）から始まったかもしれないが、事態が一気に進んだのは小泉政権からだと指摘する[14]ように、テレポリティックスの大きな転機は、二〇〇一年四月の小泉純一郎首相（〇一～〇六年）の登場といえる。

小泉首相は、その「自民党をぶっこわす」という過激な発言が国民の拍手喝采をあび、就任直後の支持率が八〇％を超える人気を誇った。小泉首相の政策としては「構造改革」が有名である。構造改革とは、小泉首相が推し進めた経済改革全般の名称で、「民間にできることは民間に」を合言葉に、郵政三事業や道路公団を民営化したり公共事業を絞り込んだりして「小さな政府」を目指し、民間企業が活動しやすくなる規制緩和などにも力を入れた。また、小泉首相は、「善悪二元論」、「ワンフレーズ・ポリティックス」（一言政治）などテレビの特性を熟知した劇場型政治を駆使し、高い内閣支持率を維持する[15]。ある意味、痛みの伴う構造改革を、劇場型政治で高い支持率を維持して、乗り切ったともいえる。

ここで、小泉首相の内閣支持率への報道の影響を具体的にみたい。二〇〇一年四月、就任直後、内閣支持率は八〇％を超え歴代内閣の最高となった。小泉首相がオペラに行くことを取り上げるなど、当時、テレビのワイドショーや週刊誌も小泉首相を新しいタイプの政治家と強調して報道したのが高支持率の要因といえる。しかし二〇〇二年一月、田中真紀子外務大臣が外務省の官僚と上手くいかず、その更迭問題が起きると小泉バッシングが始まる。同年三月には、支持率は四五％と急速に下がる。ところが、同年九月に小泉首相が拉致被害者救済のため突然、北朝鮮を訪問すると、支持率は約六〇％まで回復する。その後の状況をみると、経済政策が行き詰まっていると報道されれば支持率は下がり、既成勢力との対決姿勢を鮮明にすると支持率が上がるなどした[16]。

大嶽秀夫（二〇〇六）は、このような小泉政治は「ポピュリズム政治」あるいは「劇場型政治」だという。小泉政治の特徴は、善玉悪玉二元論を基礎に、政治を道徳次元の争いに還元する点だとする。その際、プロフェッショナルな政治家や官僚を政治・行政から甘い汁を吸う悪玉と設定して、自らを一般国民を代表する善玉として描き、その両者の間を勧善懲悪的ドラマとして演出する。ここでは、政治がそれぞれ正当性をもつ利益の対立・調整の過程として、あるいは社会的・経済的課題の解決プロセスとしてイメージされることはない。このような政治は、マスメディアによる世論の喚起・操作に大きく依存した政治になるとしている[17]。

このように、小泉政権においてテレビというマスメディアを巧みに利用した劇場型政治が行われたことから、国民も政治家もともにテレポリティックスの効果を具体的に認識するようになった。また後述するように、その後の選挙では首相の人気が勝敗を分ける重要なものとなっていったことからも、小泉政権はわが国の政治における大きな転換点だったと位置づけられよう。すなわち、この小泉政権のときテレポリティックスが本格化し、「政治のメディア化」つまり政治がオーディエンス（受け手）をつねに意識して展開される傾向が始まったといえる。

3　小泉政権、その後の状況——自民の逆襲

（1）「政治のメディア化」における政権と支持率の関係

二〇〇一年四月から〇六年九月にわたった小泉首相のあとは、相次ぐ閣僚の不祥事などによって安倍首相が、ねじれ国会による停滞などで福田首相、そしてリーマン・ショックへの対応が後手に回り麻生首相と、短命政権が続くことになった。二〇〇九年八月の衆議院総選挙で自民党が大敗し、民主党の鳩山由紀夫首相が九月に就任する。つまり、自民党からマニフェストを掲げ「政治主導」を標榜する民主党への政権交代がおきる。しかし、二〇一〇年六月には、沖縄の普天間基地移設問題が迷走し支持率が著しく低下し責任をとって鳩山首相が辞任し、そのあとに菅直人首相が登場する。さらに、二〇一一年三月一一日には東日本大震災、福島原発事故がおき、その後、首相は野田佳彦となる。そして、二〇一二年一二月、自民党の安倍第二次政権が発足している[18]。

民主政権崩壊の理由は、統治能力の欠如と政党の一体感のなさがあげられる[19]。そして、このように

安倍第二次政権に至るまでの時期、短期間で首相が変わったのは、テレポリティックスを通じて首相や党首の人気が選挙に大きく影響するという考えが一般的になったからだといえる。つまり「政治のメディア化」の進展である。このことは、現在の安倍首相がしきりに支持率を気にすることが示しているといえる。

そこで、政権と人気のバロメータといえる支持率の関係を詳しくみたい。安倍首相が自身の体調不良を理由に辞任したのち、福田内閣は支持率一九％（共同通信世論調査、以下同じ）となった四か月後に退陣表明、続く麻生内閣は何度も一〇％台を記録し衆議院任期切れ間際に追い込まれた形で解散し、結局政権を失った。二〇〇九年九月、民主党政権になって、鳩山首相は内閣支持率が一九％まで低落した数日後に退陣表明。菅首相は、二〇一一年二月に支持率一九％となり六月の退陣表明を経て九月に野田首相に引き継いでいる。野田首相は二〇一二年一一月に入り支持率一七・七％とはじめて二〇％を割り、結局、一一月一六日に解散し一二月一六日総選挙となった[20]。その結果は自民党の大勝で、安倍第二次政権が発足する。このような状況を振り返ると、就任四年目の安倍首相の支持率四八・三％（二〇一六年四月時点）は比較的高い支持率と分かる。この理由としては、アベノミクスによって景気が好調だったことがあげられる。ちなみに二〇一五年七月、国会での安全保障関連法案の強行採決で支持率は四〇％を割ったが、その後、持ち直した状況である（安保関連法成立直後は支持率三八・九％だったが一五年一二月には四九・四％）。

以上のように政権交代前後の首相は、二〇％を下回る支持率をしばしば示している。この点について、芹川洋一（二〇〇八）は、政権維持は内閣支持率四〇％で青信号、三五％で黄信号、三〇％で赤信号という分析もしている。すなわち、マスメディアの影響を受けやすい無党派層が増え、また衆議院選挙への小選挙区制導入で支持率が低下すると一気に多くの議席を失うため、ときの政党の党首への有権者の好感度が選挙の勝敗を左右するようになって、「選挙に勝てる顔」が党首選びの基準となっているという。また、薬師寺克行（二〇一四）は、短命に終わった自民の安倍・福田・麻生政権について、短命の原因として、小泉改革の路線からの転換や自民党の統治能力の欠如のほか、首相の人気に依存する政治を展開したことをあげる。[21] なお、現在、安倍政権は比較的高めの支持率を維持しているが、「政治とカネ」や「閣僚の不祥事」などの問題がおきると急に支持率が低下するのが実態である。

(2) 自民のメディア戦略

安倍政権の下、二〇一五年に入ると、テレビ朝日「報道ステーション」でのコメンテーターの元官僚古賀茂明への官邸からのバッシング発言で、自民党の調査会がテレビ局を呼び出し事情聴取したり、自民党の若手議員の勉強会において政権に批判的なマスコミを「懲らしめる」という発言が出たりしている。[22] そして、最近、特に顕著となったのは、自民党によるメディアへの逆襲である。高市早苗総務相が、放送法の公平な報道の規定を根拠にテレビ局の報道によっては「電波停止」を命じる可能性に言及するなどしている。これは、メディア側の時の政権への批判的な報道に萎縮をもたらす可能性もある。

このような状況を、西田亮介（二〇一五）は、自民党のメディア戦略は、それまでの「移行と試行錯誤の時代」から二〇一〇年代は「対立・コントロール期」になったとする。すなわち、先ほどの露骨な介入をはじめ、安全保障法案をテーマとする民放討論番組への自民党議員への出演拒否のほか、首相自体の出演番組の選別とネットへの積極的出演などから、政局の多様な要素に目配りしながら絶妙にテレビに圧力をかけて、テレビ側の自発的な服従を狙っているという見方を示している(23)。

これは、後述する橋下徹と同様のネットを積極的に用いながら既存メディアであるテレビをいかにコントロールするかという自民党の戦略であろうが、これは、政治の側がいかにテレビの影響力の大きさを気にしているかを如実に示す例でもある。いずれにしても、テレビによる政治報道の仕方が選挙や政治に影響を与えるテレポリティックスが本格化し政治がメディア化しつつあるのは明らかであろう。

4　政治のメディア化と劇場型首長

ここでは、本格的なテレポリティックス時代すなわち小泉政権以降の「政治のメディア化」における、テレビ報道の特性と劇場型首長との関係について、具体的にみたい。

谷藤悦史（二〇〇五）は、テレビは、社会的現実を日々縮小し凝縮して報道、すなわち社会的現実のある部分を切り落とし、ある部分を拡大して報道すると指摘する。さらに、マスメディアの側では、視聴者獲得の競争が激しくなり、難しいと言われる政治を多くの人に受け入れられるように、政治のタブロイド化すなわち単純化が生じる。一方、現代政治は、無党派層の増加に対応して、このテレビの作法や文法を取り入れ、巧みなマスメディア利用の方法を身につけ多くの支持者を得ようとする。これは、政治がつねにオーディエンスを意識して行動しようとする「政治のメディア化」といわれる現象でもある。このメディア側と政治側との相互作用によって、テレビの中の政治は、多くの人に受けいれられるように、個人的な物語へ置き換えられ（個人化）、劇的に表現され（劇化）、単純化され（対比化と二元化）、人々に提示される。この例としては、小泉政権での二〇〇五年八月の郵政解散選挙が有名である。この選挙では、「小泉」対「抵抗勢力」などと二元化され、「小泉」対「亀井」（「亀井」とは郵政民営化に反対した亀井静香衆議院議員のこと）という個人の物語に置き換えられて表現された。そして、解散総選挙をしかけた小泉首相の勝利に終わっている。このように、シンボルやイメージに満たされた政治が進み、政治が劇場化・単純化され報道されるようになった[24]。

そのほか、最近の例として、橋下徹をあげると、フリージャーナリストの松本創（二〇一五）は、選挙後の橋下徹の府政や市政を振り返るVTRは、限られた時間のなかで起伏をつけた分かりやすいストーリーを作ろうとし、どうしても橋下というキャラクターを前面に出す属人的な内容つまりヒューマン・ストーリーになってしまうというテレビ局側の声を紹介している[25]。このヒューマン・ストーリーも個人化、劇化といえよう。

すなわち、政治のメディア化において多くの人に興味を持って政治を受け入れてもらうには、個人化、劇化・単純化すなわち劇場型政治が有効といえる。さらに草野厚（二〇〇六）は、テレビ報道番組の特性は、洪水報道化、二項対立、制作者誘導、映像、時間的制約の五つの特徴があると分析する。[26]このように、個人化・劇化・単純化、それと広告型ビジネスモデルのテレビ報道が「ソフトニュース化」、「インフォテイメント化」、つまり制作者の誘導に基づく視聴者にとって分かりやすい構図になったものが、洪水のように短時間に映像を伴って一気に報道されることになる。

以上を短くまとめると、現在のテレポリティックスの本格化、すなわち政治がつねにオーディエンスを意識して行動しようとする「政治のメディア化」時代においては、テレビ報道は視聴者獲得のため分かりやすい構図にして報道する傾向が強くなる。一方、「可視化された大衆民主主義」が到来した政治の側も、テレビの特性を利用し、多くの国民に受け入れやすく分かりやすく発信して多くの支持者を獲得しようとする。このとき、テレビも政治も多くの視聴者を引き付けるのには、劇場型政治が効果的である。このような状況は、劇場型政治が得意な政治家、つまり劇場型首長にとっては、有利な状況といえる。すなわち、「政治のメディア化」時代においては、メディアでの注目度を最大化する劇場型政治を展開した方が多くの人々の関心や支持を集め、選挙や政権維持で有利ということである。

このことは、前章でみたように、近年のポピュリズムが劇場型政治を取りいれるようになった要因すなわち劇場型ポピュリズム登場の背景といえる。

5　政治におけるマスメディア研究の歴史

ここでは、政治におけるマスメディア研究の歴史を振り返り、劇場型首長のとる政治手法を、マスメディア研究では、どのように分析できるか考えてみたい。

政治におけるマスメディアの古典的研究といえば、リップマン〔Lippmann〕が有名である。リップマンは、一九二二年、人間と環境の間に疑似環境と呼ばれる新しい要素を設定し、「人の行動はこの疑似環境に対する一つの反応である。しかし、それが行動であることには間違いない。だから、もしそれが実際行為である場合には、その結果は行動を刺激した疑似環境にではなく、行為の生じる現実の環境に作用する」（リップマン 一九八七上巻：二九）と指摘した。すなわち、環境と疑似環境のズレは政治を含む人間の行動様式において大きな役割を果たし、ズレを生む要因で最も重要なのはステレオタイプで、政治エリートは、ステレオタイプを巧みに操作し世論を形成しようとするという(27)。

二〇世紀に入って、新聞やラジオといったマスメディアが普及すると、心理学を用いた政治とマスメディアに関する研究が活発になる。当初は、当然のごとくマスメディアが世論形成に強い影響を与えるという「強力効果論」が有力であった。しかし一九四〇年、一般の人々はマスメディアから情報を得るよりオピニオン・リーダーを介して情報を得るというエリー調査が出る。これ以降、強力効果論は下火になる。強力効果論は、ヒトラーがマスメディアを利用して大衆を扇動し、ナチスの全体主義運動を地滑り的に拡大していった一九三〇年代という時代背景の下での説得力ある主張だったといえる。科学的なエリー調査以降の研究は、独裁者による大衆動員のためのプロパガンダ（情報による扇動）にマスメディアが利用されたとしても、大衆の側に権威主義的な性格などを受け入れる素地があったからという「限定効果論」が主張されるようになった。

しかし第二次世界大戦後、状況は大きく変化する。一九五〇年代に入ると、アメリカではテレビが飛躍的に普及し、六〇年の大統領選挙では、ケネディ対ニクソンの四回にわたるテレビ討論が放映され大きな注目を集めた。ケネディは選挙戦で遅れをとっていたが、テレビ討論での視聴者に与えた印象によって、一気に形勢が逆転する。このように、テレビを舞台にした大衆民主主義が人々の目の前に具体的に現われることになる。さらに、影響力の大きいテレビの登場が先ほどの限定効果論に疑問を投げかけ、七〇年代に入って、マスメディアの効果を再評価する機運が高まる。たとえば、マスメディアの一般有権者への影響を、人々の政治的意見や態度への影響ではなく、そもそも人々が何を問題として考えるか、政治でいえば優先して取り組むべき課題は何かへの影響ととらえる「議題設定機能」が注目される。

その後のマスメディア研究は、強力効果論を見直して新たに展開するものになっている。たとえば、議題設定機能だけでなく、その誘発効果に着目した「プライミング効果」がある。これは、一般の人々が重要と判断する基準に影響し、ひいては政治家への評価基準にもなるというものである。また、人々はある争点を何らかの枠組み（フレーム）の中で理解しようとし、マスメディアがどのようなフレームたとえば争点や問題をどの角度から取り上げどう枠づけして報道するかに影響されるという「フレーミング効果」、そして、個々人は自分の意見が世間の大多数の人々の意見と異なると感じた場合、孤立することを恐れて沈黙してしまうという「沈黙の螺旋理論」、さらに、マスメディアの人々へ与える影響は短期的なものでなく長期的なものだとする「涵養効果」などが提示されている(28)。

いずれにしても、現在の大衆民主主義の社会では、一般の人々は、マスメディアを通じて政治を含む社会全体の状況を把握しているので、当初のマスメディア研究のように強力効果論ではないとしても、時と場合に応じて受け手に大きな影響を及ぼすという意味では、マスメディアの政治に与える影響は依然大きいといえよう。

ここで、劇場型首長を例に、これまでみた政治とマスメディア研究を用いて説明してみたい。「議題設定機能」説は、マスメディアが幾多の争点の中からどれを強調し無視するかによって人々の注目する争点が決定されると主張するが、劇場型首長の場合は、政治・政策課題を「単純化・劇化」することによって注目を集め、マスメディアでなく劇場型首長が主導的に争点を設定しようとしている。それに加え、議題設定機能の誘発効果としてのフレーミング効果が指摘する「人々の政治家の評価基準に影響する」という研究結果を参考にすれば、劇場型首長が既成勢力と戦うという政治スタイルを取るのは、首長が主導して評価基準を設定しようとする動きともいえる。

このように、政治とマスメディア研究の成果を用いて考察しても、現在の本格的なテレポリティックスすなわち「政治のメディア化」時代では、劇場型政治が得意な劇場型首長は、効果的にマスメディアをリードしながら一般の人々に直接結びつき支持を得ようとしていることが分かる。言い換えれば、政治のメディア化は劇場型首長にとって有利な環境といえる。

6　ネット社会と劇場型首長

(1) ネットと政治

二一世紀に入り、不特定多数の支持を獲得するための新たな手段として、政治家が活用し始めたのがインターネットであった。政治家は、ホームページを持ち、メールマガジンも発行し、ブログで日々の思いを伝え、ツイッターでさえずるのが、当たり前の時代になった。マスメディアを通さず政治情報を自ら直接発信できるのは、政治家にとっては魅力的である。また、二〇一三年参院選から、ネットによる選挙運動も解禁されている。

ところで、このようなネット社会は政治にどのような変化を引き起こすのであろうか。まずネットの利用により有権者の間に、政治への関心度の高さなどによる分極化が生じる恐れがあるとされる。インターネットは利用者の能動性を前提にしているので、政治に関心がある人はアクセスするが、そうでない人はほとんどアクセスしないということがおき、また幅広い主張に接するのでなく、自分の意見に沿ったものにアクセスすることが多くなる。その結果、政治的関心が高い人でも、意見や立場が分極化する恐れがある。これに対し、プラス面も予想される。これは、これまでのマスメディアの一方的な発信と違い、ネットのメディアが双方向性を持つので、有権者同志の意見集約的な機能が期待されることである。これは、民主主義社会の新たな可能性を示唆している。(29)

さらに、選挙に関してみると、社会学者の古市憲寿（二〇一四）は、ソーシャルメディアの効果は限定的とする。広告効果をみると、ソーシャルメディアの効果は、数千から数万の顧客を対象とする業界では効果的であるが、それ以上、たとえばシャンプーなど生活必需品すなわち大量生産、大量消費の業界では、マスメディアの方が依然、効果的である。したがって、多くの有権者に訴える選挙では依然としてマスメディアの方が効果が大きく、ソーシャルメディアの効果は限定的であると指摘する。それは初のネット選挙運動解禁となった二〇一三年参院選で、堀江貴文や三木谷浩史、東浩紀など多くのネット上の有名人が応援した鈴木寛（民主党議員、通産省出身の元官僚でインターネットを活用した政策や政治に力を入れている）が落選したことからも分かるとしている。実際、この選挙で、インターネット上で選挙に関する情報に触れた人々は、新聞やテレビで情報を得た人々あるいは政党・候補者による直接の接触を受けた人々に比べ少数であるという調査結果（二〇一三年東大谷口研・朝日有権者調査）もある。といっても、変化の兆しもみえる。たとえば、フェイスブックで多くの訪問者を集めた山本太郎（無所属）が当選したり、演説と音楽を組み合わせた選挙運動がネットで話題となった三宅洋平（緑の党グリーンズジャパン）が一八万票近く集めた例もある。(30)

いずれにしても、大衆民主主義の社会での政治へのネットの影響は、現時点では正確に予測できないが、次に述べるようにツイッターやフェイスブックを駆使する劇場型首長で一定の効果も出ており、今後ともその動向が注目される。

（2）橋下劇場からみえてきたネット社会の新たな側面

ここで、劇場型首長といえる橋下徹大阪市長（一一～一五年）のＳＮＳを用いた発信力や政治手法から、ネット社会における政治の新たな側面をみたい。

まず、在京メディアの橋下徹への注目が次第に低下していく中で、国政に関するネットでの発信によってテレビなどのマスメディアの注目を集め、自分の発信力を維持するという手法がみられる。たとえば、国政政党「日本維新の会」の共同代表としてネットで発言することは、民主から自民への政権交代前は既成政党へ不満を持つ無党派層の受け皿ということでおおいに注目されたし、一強といわれる安倍政権下では首相念願の憲法改正のパートナーとして注目され、中央マスメディアへの発信力を維持していることがあげられる。つまり、ネットをテレビなどマスメディアによる発信の補完として、橋下徹は有効に使っていた。

次に指摘できることは、ネット社会が既存のマスメディアに対する抵抗勢力として、橋下徹に対するマスメディアの批判を抑えるのに有効に働いたことである。たとえば、橋下徹がツイッターによって既存メディアを批判すると、それと「呼応」するようにツイッターで続々と批判が高まっていくという現象がたびたびおきた[31]。その例としては、二〇一三年五月の従軍慰安婦問題発言における「メディアの誤報だ」というツイッターも活用した反論などがあげられる（7章参照）。

実際、二〇一三年七月の参議院選前に、橋下徹のツイッターをフォローした人は、橋下徹に対する従軍慰安婦問題によるイメージ悪化を防ぎ、彼が共同代表を務めていた日本維新の会に対する好感度を高めたという調査結果もある。[32]

以上をみると、ネット社会における発信力は、テレビなど従来のマスメディアほど波及力は広くはないが、その時点で関心が高まっていることの発信によってマスメディアによる発信を補う「補完的な機能」、さらに、自分の支持者と直接結びつくことによって、既存マスメディアを「牽制する機能」があるといえよう。最近の自民党によるメディアへの逆襲については前述したところであるが、メディアを牽制できるこれらの機能を上手く利用することは、ネット社会における政治家の有力な政治的資源になりつつあるといえる。

注

（1）テレポリティックスとの定義としては、「テレビの社会的浸透によって、政治情報や政治知識の伝達や獲得から、政治の認知、態度の形成、行動の決定に至るまで、テレビが政治に大きな影響を及ぼしている現象。さらにまた、テレビの政治的影響を考慮して、選挙キャンペーンを中心に各種の政治的説得活動に、テレビを積極的に利用する試み」（内田満編『現代日本政治小辞典』二〇〇五年、ブレーン出版）がある。筆者の定義（有馬晋作 二〇一一でも同じ定義）も、これも一部参考にした。ちなみに、最近の安倍政権をみると「テレビを利用」というより「統制」しようとしているようにもみえる。佐藤卓己の見解は、毎日新聞二〇一六年二月一一日「メディアと政治・一一回」より。

(2) 以上、見出し(1)のここまでは、井上泰浩(二〇〇四:一六—一八)。
(3) 以上、見出し(2)のここまで、阿部斉(一九九一:二一—二三)。
(4) 久米・川出・古城・田中・真渕(二〇一一:三七二)。
(5) 大矢吉之(一九九二:七一)。たとえばスペインの哲学者オルテガ〔Ortega〕(一九二九)は、近代社会は理性的な判断能力を持たず、不合理な感受性にまかせて容易に大勢に順応する「大衆」を生み出す。このような大衆が政治に参加するとき、デモクラシーは危機的状況に陥ると指摘する。こういった議論は、「大衆民主主義論」と呼ばれ、イギリスの政治学者のウォーラス〔Wallas〕らも展開した(久米・川出・古城・田中・真渕 二〇一一:三七三)。
(6) 以上、ここまでは、久米・川出・古城・田中・真渕(二〇一一:三七一、三七二)。原田敬一(二〇一〇:五九—六一)。
(7) 普通選挙導入後の大正一五年に、時の政権の不手際を攻撃した「朴裂怪写事件」などのように、写真などビジュアルなものがメディアを通して国民に大きな影響力を持つようになり、単純なスローガンを使い政敵の攻撃が行われた。この「劇場型」というような大衆のムードに政治が影響されることがあったとされる。なお、ここでは「劇場型デモクラシー」の用語に関し、学術的な意味での術語でなく歴史に学ぼうとするとき、政治現象をやや概括的に言い表した言葉だとしている(藤井・早野・筒井 二〇一三:三、三三、三六)。
(8) 日本型政治モデルの説明は、蒲島・竹下・芹川(二〇一〇:三二)。
(9) 阿部斉(一九七三:一六五)。
(10) 井上泰浩(二〇〇四:二〇)。
(11) 以上、見出し(1)のテレビ業界の状況は、井上泰浩(二〇〇四:二二—二八、三五—四〇)。なお、視聴率調査会社のビデオリサーチによると、関東地区での視聴率一％は四〇万五千人とされる（ビデオリサーチＨＰより）。

(12) 以上、見出し（2）のここまでは、谷藤悦史（二〇〇五：九四、九五、一一〇）、朝日新聞二〇〇八年二月二六日、蒲島・竹下・芹川（二〇〇七：二〇四、二〇五）、遠藤薫（二〇〇七：四二）参照。

(13) 以上、九〇年代以降の説明は、蒲島・竹下・芹川（二〇〇七：二〇二、二〇三、二〇七―二〇九）、谷藤悦史（二〇〇五：一二六）。朝日新聞二〇一〇年三月二八日（田原総一郎の対談記事）参照。

(14) 立花隆（二〇〇二：二〇）。

(15) 蒲島・竹下・芹川（二〇〇七：二一〇、二一一）。このとき慶應義塾大学の竹中平蔵を起用したことも有名である。朝日新聞二〇一五年一一月二九日「七〇年目の首相・アベノミクス③」参照。

(16) 久米・川出・古城・田中・真渕（二〇一一：四二六）。

(17) 大嶽秀夫（二〇〇六：二）。

(18) 以上、安倍政権以降の説明は、薬師寺克行（二〇一四：二〇〇―二一九）。民主政権は、読売新聞二〇一六年三月二八日「民主党の二〇年」一部参照。

(19) 薬師寺克行（二〇一四：二七一、二七二）。

(20) 宮崎日日新聞二〇一二年一一月の歴代内閣支持率の記事より。

(21) 芹川洋一（二〇〇八：二〇、二七）。薬師寺克行（二〇一四：二一八、二一九）。

(22) この時期の安倍政権の動きについては、鈴木哲夫（二〇一五）『安倍政権のメディア支配』イースト・プレスが詳しい。なお、この本のタイトルのように、また注1で述べたように、最近の安倍政権はメディアを統制しようとしているようにもみえる。

(23) 西田亮介（二〇一五：一二二―一三六）。

(24) 以上、長いが、谷藤悦史（二〇〇五：一〇四—一〇八）。

(25) 松本創（二〇一五：二三四）。

(26) 草野厚（二〇〇六：一一七）。

(27) 阿部斉（一九九一：五〇）。

(28) 以上、二〇世紀に入っての研究状況（「強力効果論」以降）は、久米・川出・古城・田中・真渕（二〇一一：四三一—四三八）、蒲島・竹下・芹川（二〇〇七：九〇、九一、一〇五、一二七、一二八）。なお日本でのマスメディア研究の歴史をみると、戦後の一九五〇年代にスタートし、当時の大衆社会論ブームを背景に、また戦時中、戦局報道にすっかり騙されていたという実体験もあって、当初は「強力効果論」的な見方が広まった。一方、メディアの暴力に対抗しうるものとして「限定効果論」が位置づけられ、一九七〇年代以降はアメリカでの研究と連動する形で進行しているとされる（蒲島・竹下・芹川 二〇一〇：九二）。

(29) 樺島・竹下・芹川（二〇〇七：二六九、二七〇、二九〇—二九三）。なお政治とメディアに関する本格的な研究書（専門書）は少ないが、新しいものとして谷口将紀（二〇一五）がある。この中で政治とネットに関する最新の研究事例が紹介（3章2）されている。

(30) 古市憲寿（二〇一四：一一八）。谷口将紀（二〇一五：一一七、一二二）（東大谷口研は谷口（二〇一五：一一七））。

(31) 同様の指摘がある。谷口将紀（二〇一五）は、橋下のツイッターや安倍のフェイスブックの特徴として、読者数の相対的な多さもさりながら、しばしばマスメディアを批判する点があげられ、これはマスメディアを批判して支持者を味方につけるという新しい構図を生み出したという（谷口将紀 二〇一五：一二二）。

(32) 谷口将紀（二〇一五：一一八）。Kobayashi,Tetsuro and Yu Ichifuji, 2014. "Tweets That Matter: Evi-

dence from a Randomized Field Experiment in Japan" Paper delivered at 37th Annual Scientific Meeting of the Internatinal Society of Political Psychology.

第3章　劇場型首長研究の特色と意義

本章では、第Ⅰ部の最後の章として、ポピュリズムに関するわが国の先行研究の状況を明らかにした上で、有馬晋作（二〇一一）（二〇一三）（二〇一五）および本書が行う劇場型首長研究の特色と意義を明らかにしたい。ちなみに、ここで取り上げる「日本のポピュリズムの先行研究」と「劇場型首長研究の特色・意義」は、現在、劇場型首長として最も注目される小池東京都知事の今後の研究にも参考になると考える。

1　ポピュリズム研究の海外の状況

政治現象の分析を役割とする政治学も、ポピュリズムについては、それほど多くの知見を持ってはおらず、世界的にみてもポピュリズムの概念が包括的に取り扱われるようになったのは比較的新しいとされる。[1]

それまでは、ポピュリズムはデモクラシー研究の一環として論じられることが多かったといえる。たとえば、ダール〔Dahl〕（一九五六）は、アメリカのデモクラシー論は、二つの極、すなわちポピュリズムとマディソン主義の間を揺れ動いてきたとする。ちなみに、マディソン主義は、第四代アメリカ大統領マディソン〔Madison〕が主張したものである。それは、一つの政党が強大な権力を持つ事態は民主主義にとって致命的で、複数の政党同志が相互に牽制し合い競合することは民主主義にとって良いことだとし、大きな社会における多元的利益の調整が政治の役割という考えである。[2] そのような中で、ポピュリズムは間接的なデモクラシーより直接的なものを重視し、人々が一つの意思を共有するという前提に立つとしている。[3]

また、ライカー〔Riker〕（一九八二）は、投票の意義をめぐる論議は、「リベラル」もしくは社会における多元的利益の調整という「マディソン主義」に対し、「ポピュリスト」もしくは多数決でなく共通の意志すなわち一般意志に基づくという「ルソー主義」の二つの見解に分かれるとする。そして、リベラルな見解では、投票の機能は政府担当者を制御することであるが、ポピュリスト達の立場からは、人民の参加ゆえに民主的政府は人民の意志を実現できるという。[4]

以上のように、アメリカでの議論では、ポピュリズムは、デモクラシー論の一環として論じられ、人々が一つの意志を共有するという前提に立つもので、多元的利益の調整という多元主義の民主主義に対峙するもうひとつの民主主義という位置づけであったといえよう。

このような中、ポピュリズムの本格的な研究の草分け的な存在として、ゲルナー〔Gellner〕とイオネスク〔Ionescu〕の『ポピュリズム』（原著一九六九年）があげられる。それまでのポピュリズム研究が各国の個別的な紹介に多くを割かれるのが常であったのを、この研究は、北米、南米、ヨーロッパなど世界各地のポピュリズムを概観した上で、ポピュリズムを、従来のように途上国や新興国固有の現象としてとらえるのでなく、その「意味内容」まで踏み込み、ポピュリズムを普遍的な政治現象としてとらえた最初のものだとされる[5]。

その後、ポピュリズム研究は進展しており、有名な研究者としては、ラクラウ（Laclau）、タガート（Taggart）、カノヴァン（Canovan）などがあげられる。たとえば、ラクラウ（一九七七）は、ポピュリズムという現象が起きるときには、支配階層（権力ブロック）の内部分裂や支配階層が被支配階層（人民ブロック）の要求を統合できなくなる「イデオロギーの危機」があると指摘する。つまり、既存の政治が人々の要求に対して不十分にしか応じられないことで、その正統性を失うようなことが生じているときに起きるとして、ポピュリズムが特定の階級や歴史的段階で起きるのではなく、政治的な危機あるときは、どのような形でも、どこの国でも起きるという[6]。

2　日本の研究状況

一方、わが国のポピュリズムに関する政治学や行政学の分野での研究状況をみると、欧米より遅れており、小泉政治を経験してポピュリズム現象への関心がはじめて高まった。先駆的で代表的な研究としては小泉政治に関する大嶽秀夫の研究（二〇〇三）（二〇〇六）があげられ、最近は、ポピュリズムとはそもそも何かという研究も始まっている。

このようにわが国のポピュリズム研究の歴史が浅いことと同様に、わが国におけるポピュリズム的な首長については、学術書をはじめ研究論文も少ない。ただ最近、総合雑誌すなわち論壇における評論を中心に、さまざまな分野から橋下徹関連のポピュリズム研究がみられ始めた（この状況は8・9章で詳述）。

ここでは、日本の研究者によるポピュリズムに関する主な先行研究をまとめてみたい。それは大きく、①歴史的にみた考察、②各国のポピュリズムからの考察、③個別事例の考察、さらに③の延長線上といえる④複数事例からの考察、に大きく分けられる。なお、ここの③④にあげる事例は、日本のポピュリズムであって海外の事例研究は除いてある。

（1）歴史的考察・各国のポピュリズム研究

まず①歴史的考察には、吉田徹（二〇一一）、森政稔（二〇〇八）などがある。

たとえば吉田徹（二〇一一）は、ポピュリズムの一連の歴史と海外の状況さらに諸説からその意味・原因などを考察し、ポピュリズムを先進国に共通する現象としてとらえ、小さな政府や民営化・市場原理主義など第一義的に経済政策から特徴づけられる新自由主義を伴うネオ・リベラル型ポピュリズムが一九八〇年代に登場し、その延長線上に、一九九〇年代以降の「現代ポピュリズム」があるという。それは、企業的発想に基づく政治、物語の政治、敵づくりの政治、の特徴を持ち、日本では小泉政治が本格的に実践したという。森政稔（二〇〇八）は、民主主義をテーマにした著書であるが、その中でポピュリズムの概念と歴史をコンパクトにまとめ、新自由主義と結びついたポピュリズムを「現代のポピュリズム」（本書1章で参照）とし小泉政権まで考察している。そして、民主主義への幻滅感を持ちつつ自分達を本当の多数者と考え代表してくれる指導者を求める点に、民主主義に対するポピュリズムの「ゆがみを含んだ反映関係」を見ることができるとする。

次に②各国のポピュリズムからの考察は、篠原一（二〇〇四）、島田幸典・木村幹（二〇〇九）、高橋進・石田徹（二〇一三）と先ほどの吉田徹（二〇一一）などがある。

篠原一（二〇〇四）は、著書全体はポピュリズムをテーマとしてはいないが、その中で各国のポピュリズムの共通点を取り出し、まず、ポピュリズムの中核概念はピープル（人民・大衆）で、自分たちはピープルを代表すると主張し、その人気を独占しようとする傾向があること。次に、既成の体制に対する反抗を示し、強いリーダーシップと断定的言語を対置する特色があるとする。

島田・木村（二〇〇九）は各国のポピュリズムを広く考察するものであり、ポピュリストは、非日常的・非制度的・非間接的な方法によって大衆の、特にルーティン化された経路では見解や利益を十分に表出できないと感じている周縁化された未組織の人々の支持獲得を目指すと考察する。

高橋・石田（二〇一三）は、ヨーロッパを中心に各国のデモクラシーの現状とポピュリズムの関係、極右・急進右翼とポピュリズムの関係を幅広く取り上げ分析した研究で、現代デモクラシーの問題点と課題を明らかにし、ポピュリズムを超える道としての市民社会の強化なども論じている。

吉田徹（二〇一一）は、海外のポピュリズムの歴史やポピュリズムの理論を考察した上で、現在の政治体制には自分たちの意見が反映されていないという不満をエネルギーに、ポピュリズムは敵を創出していくことで「人々」や「私たち」を作り上げていくとし、民主主義を採用する以上、ポピュリズムを否定的でなく前向きにとらえ政治を刷新していくべきとしている。(7)

以上の①歴史的②各国の考察は、本書の1章1「ポピュリズムの歴史と劇場型政治」の参考にしている。そこで述べたように、一九八〇年代のサッチャー、レーガンから始まり近年ヨーロッパで台頭する右翼ポピュリズムなども視野に入れて、本書では、「現代のポピュリズム」を、大衆民主主義が成立した社会において、「政治リーダーが一般の人々の幅広い支持を直接獲得するため、現在の政治体制は十分機能していないといった人々の不満を巧みに利用して、上から変革を進める政治」と整理している。さらに、その核心要素の基本は、「既得権益に対する攻撃」であり、その政策は「市場主義に融和的な政策」を採用する傾向があるとし、「既得権益に対する攻撃」によって「私たち」と「彼ら」の線引きを行い、前述の「一般の人々」を作り出して、政治リーダーは一般の人々の側に立とうとすると指摘した。

ところで、以上の①②のポピュリズム研究をみると、海外のポピュリズムを海外の研究者の理論を取りいれながら分析し論じるものが多い。一方、次にみる日本でおきたポピュリズムについては、海外の研究者の理論を用いて分析することもあるが、むしろ、そのポピュリズム現象の特色を整理して独自の見解を出すのが目立っている。

（2）日本におけるポピュリズムの先行研究

③個別事例の考察は、小泉首相の考察（大嶽秀夫 二〇〇三・二〇〇六、詳しくは2章2（3）参照）、石原東京都知事の考察（松谷満 二〇〇九）、橋下大阪府知事・大阪市長の考察（松谷満 二〇一〇・二〇一二、高寄昇三 二〇一〇a・二〇一〇b、村上弘 二〇一〇・二〇一四、森政稔 二〇一二、中井歩 二〇一三）、竹原阿久根市長の考察（平井一臣 二〇一一a）などがある。ここでは、二〇一一年一一月の大阪ダブル選後の橋下徹に関する興味ある分析を紹介したい（9章で詳しく紹介）。

松谷満（二〇一二）は、橋下支持派は、「公務員への不信」と「リーダーシップ重視」のポピュリズム的要素と「新保守主義的な価値意識」があり、その橋下徹の政策は多数派の意見に沿ったものが多いという。その結果、支持派は幅広いミドルクラスになっていると分析する。

森政稔（二〇一二）は、橋下現象について幅広く論じているが、その中で橋下徹を批判しにくい理由は、それなりに筋の通った論理的な政策主張と、それと対照的な感情的に敵を名指し支持を得るポピュリズム的な面が同居し、これらを使い分けているからだとする。たとえば、橋下徹を独裁だと批判しようとすれば橋下徹の比較的合理的な政策を評価する人々からは、感情的だと映ってしまう。一方、個別の政策を批判・議論しようとすると、橋下徹は詳しい知識でいったん反論し「無能で実際を知らない学者」というステレオタイプで逆襲する。この使い分けで、橋下は政治的に有利な立場を確保しているという。

そして④複数事例の考察は、高寄昇三（二〇一一）、松谷満（二〇一一）、有馬晋作（二〇一一）、平井一臣（二〇一一b）、田村秀（二〇一二）、植松健一（二〇一二）などがある。この④複数事例の考察は、本書で取り上げた首長を考察しているので、ここで詳しくみてみたい。

高寄昇三（二〇一二）は、橋下知事・河村市長・竹原市長を取り上げ、地方ポピュリズムの戦略は、①大衆扇動・迎合的戦術、②地域政党の創設、③直接的参加の活用、④マスメディアの巧妙な活用、だと批判する。

松谷満（二〇一一）は、石原・橋下は、大嶽秀夫のいうポピュリズムの特徴である反エリート、「ふつう」の人々側に立つこと、善悪二元論、リーダーシップ、直接性の五つの特徴を非常に備えているという。そして、アンケート調査を用いた実証分析で、愛国心などを重視するナショナリズムと、格差や競争に肯定的であるネオ・リベラリズム（新自由主義）の二つの政治的価値を持つ人ほど、石原・橋下を高く支持する傾向があるとし、支持する人々の層が厚く多くの支持を得るのに有利だとする。

平井一臣（二〇一一b）は、竹原市長をはじめ劇場型政治を行う首長が増えていることを危惧し、共通点は、①バッシング政治、②センセーショナルな政策の提起や施策の実行、③巧みにメディアを利用し支持拡大を図ることで、この背景には、①地方に漂う閉塞感、②新自由主義的な心性と結びついたジェラシーの政治があるとする。

田村秀（二〇一二）は、ポピュリズム的な首長だけでなく橋本高知県知事など近年の改革派首長をとりあげ、その改革がどれほど成果をあげたのか、そもそも改革が必要なのか疑問を提示し冷静に現状を把握すべきとする。また諸外国の地方自治、分権改革のあり方まで言及している。

植松健一（二〇一二）は、橋下知事・河村市長をポピュリズム首長と位置づけ、新自由主義路線の点ではポピュリスト政治家の先輩格・石原都知事と同質で、リージョナルに訴える政治手法では東国原知事の地域ポピュリズムの手法を踏襲しているが、①選挙・住民投票の戦術的利用による民意の調達、②議会の軽視・無視、③ワンフレーズと対決型政治による自治体ポピュリズムの鼓舞、の特色があるとする。

なお、山口二郎（二〇一〇）は、小泉政権以降のわが国のポピュリズムを、海外での歴史・理論も含め幅広く分析している。前述の分類①歴史的②各国の考察の側面もあるが、東国原と橋下の両知事をポピュリズム的な知事とし、既存の政治や行政運営に対する外部者であることを最大の財産に、メディアを使ってアマチュアの視点から役所の常識を変革すると訴えて支持を獲得していると分析している。[8]

以上の研究をみると、前述したように、日本でおきたポピュリズムについて、そのポピュリズム現象の特色を整理して独自の見解を出す傾向があることが分かる。

3　劇場型首長研究の特色

前述の③個別事例、④複数事例の考察は、本書で取り上げた劇場型首長に関する先行研究といえる。そこから分かるのは、これまでの政治学による分析では、どちらかといえば、石原・橋下を新保守主義と結びついたポピュリズムとみた上で、その特色を考察しており、明確に劇場型政治の視点を入れたポピュリズムの分析は、大嶽秀夫（二〇〇三）（二〇〇六）、有馬晋作（二〇一一）、平井一臣（二〇一一a）（二〇一一b）と少ないということである。なお松谷満（二〇一一）は、劇場型とはいってないが橋下徹を大嶽秀夫のポピュリズムすなわち本書でいう「劇場型視点を持つポピュリズム」に該当するとしている。

以上のポピュリズムの先行研究の状況から、有馬晋作（二〇一一）（二〇一三）（二〇一五）および本書の特色を明らかにしたい。まず、海外のポピュリズムの状況をふまえた上での劇場型政治の視点を前面に出した数少ないポピュリズム研究であること、またテレポリティックスが本格化した二〇〇〇年以降の田中康夫長野県知事、東国原英夫宮崎県知事、橋下徹大阪府知事、河村たかし名古屋市長、竹原信一阿久根市長の五人と分析対象が広いことがあげられる。なお有馬晋作（二〇一五）では、劇場型首長の取る戦略にポピュリズムの要素があることを、いったん仮説として提示し、その仮説を劇場型首長の行政・政治手法を五つの要因で分析し立証するという研究スタイルを取っている。(9) さらに、学問的意義としては、わが国ポピュリズム研究の先駆的研究とされる大嶽秀夫の「劇場型政治の視点を入れたポピュリズム」が小泉政治分析のためアメリカのポピュリズムを参考に導き出したものであったのに対し、複数の劇場型首長分析によって「劇場型ポピュリズム」として他の事例にも適用できるよう普遍化・一般化しようとする試みであるといえる。なお実際、本書「補論」でトランプ劇場に適用し一定の考察を行っている。

ちなみに、拙著（有馬晋作 二〇一一）では「功罪」としてメリット・デメリットを明らかにしているが、他のポピュリズム研究でメリットを挙げるものは少ない。メリット・デメリットというと誤解が生じるので、ここでは「効果」「弊害」という言葉にしたい。

まず「効果」は、第一に、政治を劇的に見せ分かりやすくすることによって、一般の人々すなわち住民が県・府政や市政に興味を持ったり身近に感じて、政治的関心が高まることである。第二に、首長への支持や住民の府・県・市政への関心が高くなるため、反対がある改革や長年の懸案事項について取組みやすくなることである。

一方、「弊害」は、第一に、一般の人にとって分かりやすくするために、実際は複雑な問題なのに単純化・劇的にして、問題の正しい把握や解決を阻害する恐れがあることである。これは前述の第一の「効果」の弊害ともいえる。第二に、テレビなどマスメディアによく登場したり敵を設定するので、たとえいっこうに成果が出なかったり問題解決の方法が間違っていても、「がんばっている・戦っている」というイメージを一般の人々に与え、高い支持につながることがある。なお、これは首長にとってはまさしくメリットといえる。第三に、過度または感情的に攻撃すると、攻撃される側は反感が強くなって対立が泥沼化・長期化したり、または逆に批判を控えることである。後者の場合、首長が独善的になる恐れがある。

劇場型首長をはじめポピュリズム的な力強い政治リーダーは、このように「効果」だけではなく「弊害」も大きいので、有権者は冷静にその政策や行政手腕を評価する必要があるといえる。

4　ポピュリズム論としての劇場型首長研究の意義

(1)　劇場型首長はポピュリストか

有馬晋作（二〇一一）の劇場型首長研究は、二〇一一年一一月の大阪ダブル選挙後、ポピュリズム研究の論文でしばしば取り上げられるようになった。たとえば、植松健一（二〇一二）は、「近年の政治・行政学の分析は、橋下に加え、政令市・名古屋市（河村たかし）、人口三万人弱の地方都市・鹿児島県阿久根市（竹原信一）という規模の異なる三つの自治体に同時期に登場した首長の政治を、地方ポピュリズム（高寄昇三）、地方政治の劇場化（平井一臣）、劇場型首長（有馬晋作）などと捉える」（植松健一 二〇一二：一二）と述べている。

しかし中には、有馬晋作（二〇一一）の劇場型首長研究を参照し、近年のポピュリズム論および劇場型政治論は、あまりに多くの対象を包含することになってしまうため、より正確な分析のためには範囲を絞った分析が必要との指摘（松谷満 二〇一二：一〇四）もある。また、ポピュリズムをもっぱら政治スタイルに注目する見方だと、人気取りの政治家一般もポピュリズム右翼も等しくこの範疇に入れて処理してしまうので適切でなく、歴史的考察が重要という指摘（篠原一 二〇〇四：一四三）も以前からあった。

そのため、以上の批判的な指摘を参考に、次の二つの「問い」を設定し、それに答えることによって、ポピュリズム論における劇場型首長研究の意義を明らかにしたい。

問１「劇場型首長はポピュリストすなわちポピュリズムに該当するのか」
問２「ポピュリズム現象の中で、劇場型首長は歴史的にどう位置づけられるのか」

（２）劇場型首長研究の意義

ここで、本書第Ⅰ部で、これまでポピュリズムについて考察したことを、あらためてまとめておきたい。本書では、ポピュリズムの歴史を考察することによって、「現代のポピュリズム」を、大衆民主主義が成立した社会において、「政治リーダーが一般の人々の幅広い支持を直接獲得するため、現在の政治体制は十分機能していないといった人々の不満を巧みに利用して、上から変革を進める政治」であって、その核心要素の基本は、「既得権益に対する攻撃」であり、その政策は「市場主義に融和的な政策」を採用する傾向があるとした（1章1（2））。

さらに、劇場型首長については、「大衆民主主義においてメディアを舞台に一般の人々にとって分かりやすく劇的に見せる政治手法を用いて、自分の政治目的を実現しようとする首長」と定義し、この劇場型政治は劇場型首長のカリスマ性ともいえる全体像であり、その戦略にはポピュリズム的要素があり、戦略は、次のように一つの政治スタイルと、二つの政治手法で構成されるとした（1章4（1））。

(1) 自分（首長）の立ち位置を一般の人々の側とし、既得権益にしがみつく既存勢力と戦うヒーローとして、政治・政策課題の解決を進めようとする政治スタイル。
(2) 一般の人々と自分（首長）を、メディアを利用して直接結びつけようとすること。
(3) 政治・政策課題を単純化したり劇的に見せようとすること。

では、以上のポピュリズムの定義と劇場型首長の定義・戦略を比較することによって、問1「劇場型首長はポピュリストすなわちポピュリズムに該当するのか」に答えたい。

劇場型首長の定義の中の「一般の人々にとって分かりやすく劇的に見せる政治手法」は先ほどの「現代のポピュリズム」の中の「人々の不満を巧みに利用」に該当するといえる。それは、現在のようにマスメディアが著しく発達した大衆民主主義社会すなわち「可視化された大衆民主主義」においては、また本格化したテレポリティックスすなわち「政治のメディア化」の下では「劇的に見せる政治手法」が一般の人々の幅広い支持を直接獲得するのに特に効果的だからである（2章参照）。また小泉政権の構造改革以降、地方には格差拡大のほか地域経済の低迷による閉塞感つまり住民の不満がある。すなわち、劇場型首長は劇場型政治を用いて不満を持つ住民と直接つながり、幅広い支持を獲得しようとしている。

さらに、前述の劇場型首長の戦略の中の「既得権益にしがみつく既存勢力と戦う」政治スタイルは、先ほどの「現代のポピュリズム」の核心要素である「既得権益に対する攻撃」を満たしている。

ただ「現代のポピュリズム」の二つ目の核心要素である政策について、「市場主義に融和的な政策」を劇場型首長の戦略が満たしているとは限らない。たとえば、田中長野県知事は、脱ダム宣言が示すように「コンクリートから人へ」という民主党政権の政策のような側面もあった。一方、東国原宮崎県知事は地方の声の代弁者となり、利益誘導型の旧来の自民党的な面があったが、二〇一二年衆院選で「日本維新の会」から出馬し反自民に転じた（その後、国会議員を辞任している）。また橋下大阪市長は、その府・市政運営は効率性重視で、経済重視のようにみえるが反原発を唱えてもいる。このように劇場型首長は民意に沿って柔軟に政策を変える特色がある。ただし、この民意に沿った柔軟性はポピュリズムの一般的意味の「大衆迎合」と整合性がある。すなわち、劇場型首長の政策は、各々の地域の実情や住民の要望などに沿ったものといえる。一方、国政で登場するポピュリズムは、冷戦崩壊後のグローバル化によって国民に広がった新自由主義的な意識を反映しているといえよう。ただ、この両者は、ともに「大衆迎合」という意味では同じといえる。

以上のことをまとめると、劇場型首長の劇場型政治（劇的にみせる政治手法）が「現代のポピュリズム」の定義の「人々の不満を巧みに利用」に当てはまり、劇場型首長の戦略の中の政治スタイルが「現代のポピュリズム」の核心要素である「既得権益に対する攻撃」を満たし、劇場型首長の取る政策は住民のニーズに沿うものでポピュリズムの一般的意味の「大衆迎合」を満たすことから、劇場型首長はポピュリストすなわちポピュリズムに該当するといえる。

さらに、1章の「図1-1　ポピュリズムの歴史と劇場型政治」において、ポピュリズムと劇場型政治の重なる部分に劇場型首長が位置づけられた。また、1章の「図1-2　劇場型首長のイメージ」においては、劇場型政治を劇場型首長の全体像として位置づけるとともにポピュリズムを劇場型首長のとる戦略と位置づけ、全体像と戦略は大きく重なるとした。このことからも、劇場型首長はポピュリストすなわちポピュリズムに該当するといえる。

ただし、戦略なき単なるパフォーマンスだけの首長は、ポピュリズムから外れる可能性もある（図1-1のポピュリズムと重ならない部分）。したがって、ある意味、前述（本章4(1)）の松谷満（二〇一二）による分析の対象を広げすぎという指摘は正しいこともあり得る。ただ、劇場型首長研究は、大嶽秀夫が提示した「劇場型視点を入れたポピュリズム」をわが国の事例で普遍化・一般化する研究であるとともに、ポピュリズムの核心要素を満たしつつ劇的な要素を取りいれるポピュリズムすなわち「劇場型ポピュリズム」が登場したという新たな視点を、ポピュリズム論に明確に提供したといえる。吉田徹（二〇一一）は、ベルルスコーニやサルコジに「物語の政治」言い換えれば「劇場型政治」の特色があるとしていたが、有馬晋作（二〇一一）は、日本の事例研究である劇場型首長研究によって、近年、劇場型ポピュリズムが生じていることを立証したと考える。

次に、問2「ポピュリズム現象の中で、劇場型首長は歴史的にどう位置づけられるのか」に答えたい。

「現代のポピュリズム」は先ほど述べたとおりであるが、劇場型首長の支持率は高くなる傾向にあり（5章参照）、現在の日本で一般の人々の支持獲得に最も成功したのは劇場型首長といえる。その理由は、劇場型首長自体が持つ劇的な要素が、現在の本格的なテレポリティックスすなわち「政治のメディア化」が到来した大衆民主主義つまり「可視化された大衆民主主義」においてメディアの注目を集め人々の支持を得るのに特に効果的だからである（2章参照）。なお本書は、「政治のメディア化」において、劇場型政治が支持獲得になぜ効果的であるかをネット社会も視野に入れて具体的に分析している点も新しいといえる。

さらに「既得権益への攻撃」などの戦略が、現在の政治に不満を持つ無党派層の増加と、小泉政権後の社会状況すなわち「閉塞感」や「既得権益批判意識」の広がりに適合しているからである。以上のことから問2の回答は、劇場型首長は、わが国における最新で、かつ社会への影響が大きいポピュリズム現象といえる。

最後に、有馬晋作（二〇一一）（二〇一三）（二〇一五）も含め、特に本書が明らかにしたことの学術上の意義について、あらためて短くまとめたい。

まず有馬晋作（二〇一一）および本書は、わが国における小泉政権後の最新のポピュリズム現象を具体的に明らかにしたものといえる。また学問的には、複数の劇場型首長分析によって、わが国ポピュリズム研究の先駆的研究とされる大嶽秀夫の「劇場型政治の視点を入れたポピュリズム」を、「劇場型ポピュリズム」として普遍化・一般化しようとする試みであるといえる。このとき本書1章で提示した劇場型首長の構造的理解（図1-2のイメージ）は、劇場型ポピュリズムとしての分析に役立つと考える。実際、本書では「補論」で図1-2を用いて、話題のアメリカ大統領候補時のトランプを「劇場型ポピュリズム」に該当するとし分析を行っている。

また今回、本書第Ⅰ部で論じたことに関し、劇場型首長研究のポピュリズム研究としての意義としてあげられるのは、劇場型政治とポピュリズムが異なる政治現象であることを明確にした上で、劇場型首長研究が劇場型政治論とポピュリズム論とを接合し、またポピュリズム論に新たな視点を提供したことである。この新たな視点とは、たとえば、まず明確にポピュリズム論に劇的な要素の重要性を認識して論じ「劇場型ポピュリズム」を提示したことである。そのほか、劇場型首長の政策をみると、「現代のポピュリズム」の二つ目の核心要素である政策について「市場主義的な政策」を満たさない場合があることである。これは、地方によって実情が違うため、政策については大衆迎合的な状況、言い換えれば住民のニーズに沿った政策になるからである。この政策に柔軟性があることはヨーロッパの右翼ポピュリズムなどの研究で指摘（1章1(2)）されていることではあるが、日本の事例で明らかにしたことが劇場型首長研究の意義といえよう。

さらに、わが国の政治におけるポピュリズム現象は、小泉首相、石原東京都知事、橋下大阪府知事

（大阪市長）が代表的であって、いずれも新保守主義として位置付けられるものであったが、劇場型首長研究は、新保守主義以外の例（たとえば田中康夫長野県知事、東国原英夫宮崎県知事）も分析対象としたため、ポピュリズムに関する知見を広める研究になったと考える。

注

（1）吉田徹（二〇一一：一四、六九）。
（2）久米・川出・古城・田中・真渕（二〇一一：三七四）、森政稔（二〇〇八：二五〇）参照。
（3）川崎修・杉田敦（二〇一二：一五三）。
（4）ライカー（一九九一：二二、二三、原著一九八二：九、一〇）。川崎・杉田（二〇一二：一四三）一部参照。
（5）吉田徹（二〇一一：六九、七〇）。一部、原著（邦訳なし）を確認し説明追加。
（6）水島治郎（二〇一四：一二七）。ラクラウの説明は、吉田徹（二〇一一：九六、一〇二）。
（7）以上、詳しく紹介した文献は本書最後の参考文献一覧にも掲載。
（8）以上、詳しく紹介した文献は本書最後の参考文献一覧にも掲載。
（9）この研究スタイルを取ったのは、拙著（有馬晋作 二〇一一）に対し、劇場型首長の戦略をいったん定義して、その定義を構成する五つの要因で五人の首長が満たしているというのはトートロジーだという指摘（日本行政学会誌『年報行政研究四八号』二〇一三年、拙著を取り上げた辻陽による書評）があったためである。この指摘への反論として、この論文では、最初の定義は仮説であるとして展開している。

第Ⅱ部　改革派首長の歴史と劇場型首長

第4章　改革派首長の歴史からみる劇場型首長

第Ⅱ部では、「改革派首長の歴史と劇場型首長」と題し、わが国の戦後地方自治を振り返りながら、改革派首長の歴史において劇場型首長を改革派として位置づけられることを明らかにした上で、三人の劇場型知事を取り上げ、その改革面と劇場型政治を分析し、最後に近年最も注目された橋下大阪市長を、大阪都構想と政党「維新」の動向も含め考察したい。

ところで、政治学における地方政治や地方自治の研究は、以前は、それほど重要視されておらず研究も盛んとはいえなかった。それは、わが国は依然として中央集権で地方は中央の統制に服して研究の範囲は狭く、また、「しがらみ」に支配され科学的分析になじまないという見方があったからである。しかし、「地方の時代」が提唱され始めた一九八〇年代以降、地方政治や地方自治の独自性を強調する研究が出始める。(1)

本章は、戦後の地方自治における首長の変遷から改革派首長の歴史を考察することによって、劇場型首長のわが国における歴史的位置づけを試みるものである。これは、知事・市長の研究すなわち「首長研究」にも該当する。前述の研究状況からみると、当然、地方における政策決定などにおいて、首長を主要で重要なアクターと位置づけて、自治体の独自性を強調する研究でもある。

1　戦後地方自治における首長の特色と変遷

ここでは、まず、戦後の地方自治における首長の特色と変遷について、その全体像をみてみたい。

わが国の戦後すなわち第二次大戦後の地方自治制度は、戦前における知事は国の官僚が任命される「官選知事」、市町村長は議会から選出という仕組みから、大きく変化する。つまり戦後は、アメリカの大統領制の影響を受け、首長も議会議員も住民が直接選挙する二元代表制を採用する。そして、首長の任期は四年と決まっていて安定しており、自治体全域を選挙区として選出される首長は、自治体全域の政治的代表者としての性格を持つ。

また、首長の経歴は多彩である。首長は、いわば「一国一城の主」で、政治家として魅力ある地位であるため、多様な経歴を持つ者が立候補するからである。たとえば、首長の前職は、副知事・副市長などの自治体職員、旧自治省等の国の官僚、都道府県議会・市区町村議会の地方議員や国会議員、そのほか経営者や各種団体代表、学者、文化人、タレント、市民活動家などさまざまである。ただし知事についてみると、約六割が自治体職員や国の官僚、二割弱が議員と、行政・議員経験者が多い。

このような多彩な首長も、その党派性をみると、時代による一定の変化がみられる。戦後から一九六〇年代までは保守系無所属が多かったが、高度経済成長期の一九六〇年代後半から一九七〇年代にかけては、都市部の自治体を中心に社会党などが公認・推薦する革新首長が登場した。その後、一九八〇年代には各党の相乗り候補が多数当選する。一九九〇年代に入ると、特に都道府県・政令指定都市の首長選挙では、政党の公認・推薦をあえて受けない無党派首長が増える。そして現在、首長は、無党派・改革派であることを前面に打ち出す傾向が強くなっている(2)。

このように戦後の首長には、「保守⇒革新⇒相乗り⇒無党派⇒無党派・改革派」という変遷がみられる。ただ農村部や自治体の規模が小さいと、首長や議員の党派性は薄くなって保守系無所属が多くなるので、この変遷が、どの自治体にも当てはまるとは限らないといえる。

2　保守から革新首長へ——一九六〇～七〇年代

(1)　高度経済成長時代と革新首長の台頭

国政において五五年体制以後に長期保守政権が成立した背景には、地方における強固な保守優位があったといわれる。すなわち、戦後、長くにわたって地方自治では保守優位が続いた。しかし、池田勇人内閣が一九六〇年に所得倍増計画を掲げて本格的な高度経済成長の時代に入ると、時が経つにつれ高度成長の弊害によって地方自治の状況も変化する。

急速な工業化・都市化によって、都市部では公害・過密による生活環境の悪化、また地方では過疎などの諸問題が噴出する。そのため、各地で公害対策や環境改善を求める住民運動が活発化することになる。一方、国民は幅広い意味で社会福祉の充実を求めるようになる。これに対して自民党は、有効な政策を打ち出すことができなかった。それに対し、革新系（社会・民社・共産）の首長すなわち革新首長が就任した「革新自治体」は、「生活環境優先と福祉の確立」をスローガンに、公害防止・宅地開発規制など環境重視の都市政策を推進するとともに、乳児や老人医療費の無料化や児童手当支給などの福祉政策に重点を置いた。さらに、行政運営で市民参加を重視するとし、自治体が市民に対してなすべき最低限のミニマムを設定するシビル・ミニマム論（松下圭一）も唱えられた。

革新首長の推移をみると一九六三年の統一地方選で、社会党の衆議院議員だった飛鳥田一雄が横浜市長に初当選し、そのほか大阪市など都市部に革新首長が誕生する。翌年には全国革新市長会（飛鳥田横浜市長が会長）が設立され、一九七三年頃にはメンバーは一三〇市を超えピークを迎える。また知事も、一九六七年の統一地方選で初の「革新都政」すなわち社会・共産推薦による美濃部亮吉東京都知事が誕生する。このとき革新知事は、美濃部都知事のほか千田正岩手県知事、蜷川虎三京都府知事、木下郁大分県知事の計四人しかいなかったが、八年後の一九七五年の統一地方選では、革新知事は四七都道府県のうち一〇人にも達する(3)。

このような革新首長台頭の背景には、勤労者や所得の増加によって、都市部を中心に勤労者・労働組合を基盤とする革新勢力が確実に伸びていたという政治状況の変化もある。一方、農村部では、自民党は公共事業などをめぐる利益誘導型政治によって、その勢力を維持していた。

さらに、これら革新首長の当選は、戦後の地方自治制度が首長を住民が直接選挙で選ぶ首長公選制を採用したことも影響している。戦前と違って選挙で住民が直接選ぶので、議会で多数派でなくても革新政党が魅力ある候補者を擁立して首長を送り込むことができたからである。実際、戦後間もない頃から革新首長が登場していた。すなわち、候補者の魅力に保守分裂などが加わったりして、革新勢力の力が弱い地方でも首長選挙を勝利する余地が十分あった。たとえば、この例としては、一九五五年に保守候補未統一の間隙をぬっての革新系木下郁大分県知事（五五～七一年）の登場があげられる。木下知事は大分県知事歴代最長の四期一六年の長期政権になり、佐藤内閣の高度経済成長と重なることになった。[4]

（2）代表的な革新知事

ここでは代表的な革新知事として、蜷川虎三京都府知事（五〇～七八年）と美濃部亮吉東京都知事（六七～七九年）をみてみたい。

蜷川虎三は、一九五〇年に社会党公認で京都府知事選を勝利し、その後、七期二八年の長期政権となった。蜷川知事は一貫して護憲を提唱して、「憲法を暮らしの中に生かそう」の垂れ幕を府庁舎に掲げた。「一五の春は泣かせない」というスローガンのもと、高校入試緩和のために高校の小学区制・総合制（普通科に職業科も併設）の入試を行った。また、高齢者の医療費助成制度も創設したほか、地場産業保護や観光にも力を入れ、京都ブランドの確立を積極的に進めた。ただ、高速道路建設や大規模公共事業には、公害対策の意味合いもあって消極的だった。一方、府政にイデオロギー色が持ち込まれることや高校生の学力低下などへの批判もあった。

美濃部亮吉は、天皇機関説で著名な憲法学者の美濃部達吉の長男で、東京教育大学の経済学の教授でテレビの経済教室に出演していて人気を博していた。一九六七年の東京都知事選に当選し、最初のタレント知事ともいえ、革新知事のスター的存在となって三期一二年続くことになる。その政策面をみると、歩行者天国の実施、都主催の公営ギャンブル廃止、都電の撤去、老人医療費の無料化、公害防止条例の制定など、先進的な施策を推進した。しかし、任期終わりには多額の財政赤字を残すことになる。(5)

3　「地方の時代」の到来——一九八〇年代

(1)「地方の時代」の状況と背景——相乗り・実務型首長の登場

革新自治体の時代は、一九七〇年代後半まで続いたものの、やがて終焉を迎える。一九七三年の第一次オイルショックを契機に、その後の低成長経済の中で税収が減って自治体財政が厳しくなり、いつまでも福祉の大盤振舞いを続けられなくなったのが原因とされる。たとえば宮本憲一（二〇〇五）は、革新首長が主張するシビル・ミニマム論には財政政策と産業政策が抜け落ちるという弱点があったからだとする。すなわち革新首長は、高度経済成長を批判しつつも、その政策は高度成長がもたらす財源に依存していたため、高度成長終焉とともに政策を維持できず「バラマキ福祉」と批判され消えていくことになる。

ただ、森脇俊雅（二〇一三）は、「バラマキ福祉」批判は自民党側の意図的なものであり、革新自治体衰退の原因は、個性的な革新首長を受け継ぐ人材の欠如、また福祉・公害防止など先進的政策が国の政策に取り込まれ革新側が独自性や新たな対立軸を打ち出せなかったことであると指摘している(6)。

国においても低成長による税収減で財政が厳しくなり、鈴木善幸政権（八〇〜八一年）の下、第二次臨時行政調査会（臨調）が一九八一年に設置される。その後の中曽根康弘政権（八二〜八七年）の下で、増税なき財政再建を訴えて国鉄など三公社の民営化すなわち「行政改革」が本格的に始まる。これは、わが国における新自由主義政策のスタートであった。このとき、自治体の行政改革もまた重要テーマとなる。そのため、自治体財政を立て直す人材として官僚出身の知事など実務型首長が増える。また、各党の相乗り型、たとえば「自民・公明・民社」さらに「自民・社会・公明・民社」の政党が議会与党となって、これら実務に詳しい首長を支えた。こうして相乗り・実務型首長が多く登場することになる(7)。

このときの地方政治の状況は、相乗りが多くなった理由から明らかにできる。まず高度経済成長を経て国民が豊かになり、また「行政改革」が改革のシンボルとなって、労働組合を基盤とする革新勢力にとっては不利になり革新勢力が衰退したことが理由である。このとき、革新勢力のみで当選する候補者擁立が困難になった。その結果、野党側が当選有望な候補者を与党と一緒に事前に支持する相乗りが生じた。これは、地方議会の議員も、それぞれ一定の支持基盤を持っており、その支持基盤の要望実現には予算編成権を持つ首長と良好な関係を持ちたいという思惑があるからである。これは、すなわち、首長と議員の関係で、首長の方が相対的に強くなっているということである。もともと首長には条例や予算の議会提出権もあり、首長優位の二元代表制であった。

前述のように自治体行政において行政改革の必要性が強くなる一方で、一九八〇年代は「地方の時代」ともいわれた。「地方の時代」という言葉は二〇〇〇年以降の地方分権の進展と相まって現在でもよく使われるが、一九七九年の統一地方選で「地方の時代」というスローガンが全国で使われたことが、この言葉が広く使われるきっかけとなった(8)。つまり八〇年代は「地方の時代」提唱が始まった時期ともいえる。この「地方の時代」というスローガンは、中央集権の下での成長路線から、地方の発想によって生活と福祉を向上させようという考えである。自治体運営の理念としては、「市民自治充実」、「地域経済自立」、「地域文化創造」を目指すものであった(9)。ここでは、これを「地方の創意工夫に基づく地域活性化策」と呼びたい。

このように「地方の時代」のスタートとして位置付けられる一九八〇年代は、一九八五年のG5(先進五か国蔵相・中央銀行総裁会議)のプラザ合意後の円高不況、それに対応した内需拡大策、そしてバブル景気と推移して、自治体財政はいったん一息をつくことになる。世界的には、一九八九年にベルリンの壁が崩壊し、米ソ首脳が冷戦の終結宣言を行うとともに、この頃から経済のグローバル化も大きく進展することになる。高度成長から安定成長に移行した八〇年代に登場した相乗り・実務型首長の中には、先ほどの「地方の創意工夫に基づく地域活性化策」で特色を発揮する首長が出てくる。これらの首長が「地方の時代」を代表する首長として、注目されることになる。

(2)「地方の時代」の代表的な知事

八〇年代を中心とする「地方の時代」における代表的知事としては、「地方の時代」の提唱者であって最後の革新知事でもある長洲一二神奈川県知事（七五～九五年）、一村一品など地域おこしで有名な平松守彦大分県知事（七九～〇三年）、「くまもと日本一づくり」「くまもとアートポリス」運動で元気な地域を目指し後に五五年体制以後初の政権交代の首相となった細川護熙熊本県知事（八三～九一年）のほか、有リン合成洗剤禁止の「琵琶湖条例」で有名になった武村正義滋賀県知事（七四～八六年）などがあげられる。次に、この時代の代表的な二人の知事の県政をみてみたい。(10)

長洲一二神奈川県知事（一九七五～九五年）

神奈川県では保守県政が続いたのち、一九七五年、横浜国立大学教授で革新系の長洲一二が、官僚出身の対立候補を大差で破って当選する。長洲知事は、改革的な政策を進めると同時に政治力にもすぐれ、二期目からは自民党、三期目は共産党も支持し無風選挙で任期を更新し、五期二〇年の長期政権となった。長洲知事は、普通高校増設、市町村や出先機関への権限移譲のほか、厚木基地の完全撤廃要求など革新知事らしい活動もした。一方、財政が厳しいという認識の下、法人県民税・法人事業税の超過課税、公共料金の値上げなども進め、後の自治体で一般的になる行政改革を「システム改革」の名で先取りした。また民際外交を標榜し、湘南国際村構想を民活路線で進めた[11]。

ところで、次にみる平松大分県知事など「地方の時代」の代表的知事の多くが、その「地方の創意工夫に基づく地域活性化策」で注目されたのに比べると、長洲知事は後述するように行財政改革を含め幅広い分野にわたって問題提起を行った。これは、現在の改革派首長の問題意識を先取りするものであった。

平松守彦大分県知事（一九七九〜二〇〇三年）

平松知事は、通商産業省出身の官僚で、一九七九年の知事選では共産党候補のみを相手に、すなわち各党相乗り候補として勝利する。知事に就任すると、県民との対話に努めるとともに持ち前の行動力で、大分県のセールスマンとして特産品の売り込みや企業誘致に積極的に取り組んだ。これは、新しい知事のスタイルとして全国的に注目された。また、一九六一年から「梅栗植えてハワイに行こう」のキャッチフレーズで特産品作りに成功した大山町（現在、日田市）をヒントに、市町村ごとに特産品を作りまちおこしにつなげる「一村一品運動」を展開し一世を風靡し、平松知事は「地方の時代」の看板的存在となった。なお、この一村一品運動は、同じ手法が東南アジア諸国などの地域振興策として取り入れられ、一九九五年には平松知事がアジアのノーベル賞とされるマグサイサイ賞を受賞しローカル外交にも発展している。また、テクノポリス構想を提唱し、大分空港周辺のＩＣ産業など付加価値の高い企業の誘致につながった。しかし意欲的に取り組んだ高速道路の整備は、九州自体歴史的に鉄道・道路整備が他地域より遅れ気味なこともあってかならずしも順調でなかった。また退任前、サッカー・ワールドカップ誘致のため多額の資金をかけて競技場を建設したが、これがその後の財政悪化の原因となった。

その結果、二〇〇三年、平松知事退任のあとを継いだ広瀬勝貞知事は、就任早々、大分県財政は財政再建団体転落の危機にあるとし、香りの博物館など赤字施設の廃止・統合など財政改革に取り組むことになる。[12]

(3)「地方の時代」の問題提起――改革派首長の源流

ここからは、長洲神奈川県知事が「地方の時代」を提唱した経緯と、その幅広い問題提起をみてみたい。

長洲知事が、はじめて「地方の時代」という言葉を使ったのは、一九七七年四月の職員向けの月例談話とされる。同年一二月には、東京都、埼玉・神奈川県の知事と横浜・川崎の市長からなる首都圏地方自治研究会を発足し、その成果発表会として七八年に横浜市で「地方の時代」シンポジウムを開催している。[13]

長洲知事のブレーンとされる後藤仁（二〇〇九）によると、このシンポジウム開催の背景には、経済も厳しく地方もそれぞれ厳しい局面を迎えて国に頼っていては展望が開けないという実感、そして単に革新自治体の転換期というだけでなく時代の転換期として、背後に大きな世界的変化が起き、それを受け身や逃げたりするのでなく真正面から受け止め自己変革すべきとの問題意識があったとする。また「地方の時代」が一般的に意味することは、前述したように地方の発想による生活と福祉の向上ではあるが、新藤宗幸（二〇一〇）によると、「地方の時代」という言葉は単に時代の名称でなくより深い意味があったとされる。それは、政治・行政関係のあり方を表現した「地方分権改革」や「地域主権改革」といったものでもない、広いパースペクティブで政治・経済・科学・技術・文化のあり方を問い、新たな文明モデルの構築と、それに向けての時代の変革を求める思想と運動を表現する言葉であったという[14]。

現在でもよく使われる「地方の時代」という言葉に、このような深い意味があったことを、人口減少による「自治体消滅論」が唱えられる今こそ、あらためて認識すべきであろう。

ところで、先ほどの一九七八年開催の「地方の時代」シンポジウムは、長洲知事退任の前年九四年まで一七回も開催され、幅広い問題が提起された。たとえば、毎回のテーマも「地域経済」「国際交流」「高度情報社会」「人生八〇年時代」「男女共同社会」「文明と環境」「地方分権」など幅広かった[15]。その後に登場する改革派首長による問題提起の多くが、この時点ですでに認識・議論されていたといえる。後述するように改革派首長のルーツは一般的に橋本大二郎高知県知事とされるが、以上のことより、改革派首長の源流を長洲知事に求めることができよう。

4　改革派首長の時代――一九九〇年代以降

（1）無党派・改革派首長の登場

一九九一年のバブル経済崩壊のあと、わが国の景気は長期低迷となり「失われた一〇年」と呼ばれたが、二一世紀を迎えるにあたって、地方自治にも国政にも大きな変化が訪れつつあった。二〇〇〇年の地方分権一括法施行を見据え九〇年代後半から地方分権化の時代になり、この地方分権は自治体の主体的運営を目指す制度的な改革だったため、改革的な首長の登場を促すという点では前述の「地方の時代」より意味が大きかった。一方、国政では五五年体制後の初の政権交代がおきた。一九九三年八月に成立した非自民の細川護熙政権（～九四年四月）は、初の知事出身総理という点でも画期的であり、地方分権を規制緩和と並ぶ行政改革の主軸とした。さらに、一九八九年のリクルート事件など「政治とカネ」の問題が続いたため、一九九四年には政治改革として衆議院の小選挙区比例代表並立制の導入が決まる。また一九九〇年代は、九一年のバブル経済崩壊後の景気対策として国債や地方債を財源とする積極的な公共事業の時代であった。しかし、それは景気回復にはつながらず、「失われた一〇年」と呼ばれ現在の苦しい財政を招く原因ともなった。(16)

このようななか、九四年の政治改革後、政党の離合集散や「政治とカネ」の問題が続いたため、支持政党なしの無党派層が増加する。そのため、既成政党の公認・推薦を受けない無党派首長が登場し始める。

知事についてみると、一九九一年に高知県に橋本大二郎知事（九一～〇七年）、一九九五年に東京都で青島幸男知事（九五～九九年）、大阪府では横山ノック知事（九五～九九年）が、政党の推薦などを受けることなく政党推薦候補を破って当選した。これは、橋本知事がNHKのニュースキャスター、青島知事が元放送作家、横山知事が元漫才師と、いわゆるタレント知事だったこともあって、全国的に大きく注目された。また、浅野史郎宮城県知事（九三～〇五年）、田中康夫長野県知事（〇〇～〇六年）などが、無党派として当選し改革派と呼ばれた。また政党公認や推薦を受けても、その新しい行政・政治手法によって改革派と呼ばれる知事が登場する。たとえば、北川正恭三重県知事（九五～〇三年）、増田寛也岩手県知事（九五～〇七年）、片山義博鳥取県知事（九九～〇七年）、松沢成文神奈川県知事（〇三～一一年）などである。[17]

砂原庸介（二〇一二）によると、前述した「相乗り」知事は一九八〇年代から増加し始め、九九年には全体の六割を超えるまでとなり、「無党派」知事は特に二〇〇〇年以降急速に増加しているという。[18] そして、「無党派・改革派」が登場する。

以上のような改革派首長について、山口二郎は、「バブル経済崩壊後、国主導の地域開発や経済振興策が失敗を重ねる中で、地方の創意工夫による政策作りが必要となるとともに一九九〇年代に各地で登場した新しいタイプの知事、市長村長」と定義し、「選挙基盤において政党や有力な団体に縛られず、政治手法において情報公開を徹底して旧来の行政における矛盾や無駄を暴露した上で、改革を目指すという共通点を持っている」（『知恵蔵』二〇一四年版）としている。

また岩井奉信（二〇一二）によると、改革派首長は、革新首長に比べ単に党派的なイデオロギーが薄まっただけでなく、独自の政策や政治手法で中央に反旗を翻し、地方の主体的な自治を目指したという。そして、これら改革派知事を含め改革派首長のルーツは、一般的には、無党派知事の先駆的存在で前例にとらわれない市民感覚の県政運営を行った橋本大二郎高知県知事とされる。さらに砂原庸介（二〇一二）は、改革派首長の改革で重要な理論的支柱となったのは、税金を無駄なく有効に使うという「納税者の論理」だとする。[19]

本章では、改革派首長について、「市民・民間感覚の新たな政策や政治・行政手法を積極的に導入しようとする首長」と定義したい。[20]では、このような改革派首長の登場する地方政治の状況は、どのようなものであろうか。まずあげられるのは、無党派層の増加である。これは、「政治とカネ」の問題のほか選挙制度改革によって政党の離合集散が繰り返され、また長期不況に対して政府が有効な対策を打ち出すことができないなどの要因で、国民に政治と政党への不信感が広がったからである。また、厳しい財政状況と長期の不況もあって、政治・行政の分野に対して改革を求める住民が多くなり、無党派であって改革を求める住民が増加したといえよう。

(2) 代表的な改革派知事

ここでは、改革派首長のルーツとされる橋本高知県知事を含む、代表的な二人の改革派知事の県政をみてみたい。

橋本大二郎高知県知事（一九九一～二〇〇七年）

橋本大二郎は、後に首相になる橋本龍太郎の弟であって、NHKで社会部記者を経てニュースキャスターとして活躍していたため全国的にも知名度が高かった。橋本大二郎は、高知県への勤務経験も地縁・血縁もなかったが、市民グループなどの出馬要請を受け、一九九一年、無所属で知事選に立候補する。知名度も功を奏し、全国最年少の四四歳で、前知事後継者で自民公認の候補者を破り当選する。

橋本知事は、無党派ということもあって、しがらみのなさを武器に、また社会部記者出身らしい市民感覚で前例を見直し新たな政策を打ち出す。たとえば、当時、全国で予算獲得などのため一般的に行われていた県庁職員が国の役人を接待する「官官接待」を廃止したり、例年、開催県が優勝するという国民体育大会のあり方を見直した。また知事交際費を公開するなど情報公開にも積極的に取り組んだ。さらに政策面では、国の減反政策に反対したほか、森林環境税の創設、公設民営の高知工科大学新設など新たな政策を行って、「改革派知事」の名声を獲得していく。しかし、任期の後半では、腹心の元副知事が闇金融事件で逮捕されたため、二〇〇四年には議会で知事辞職勧告が可決され、出直し知事選を経て知事に返り咲くなど、かならずしも順調でない面もみられた。[21]

ただ、先ほどの新しい政治スタイルや前例にとらわれない政策は、のちに登場する改革派知事の県政運営に大きな影響を与えることになる。

北川正恭三重県知事（一九九五〜二〇〇三年）

一九九五年の三重県知事選は、自民・社会両党による副知事擁立に対し、中央で野党として自民と対峙する新進党による衆議院議員の北川正恭の擁立となった。さながら中央政界の代理戦争の観を呈し、その結果は、僅差で北川が勝利した。なお二期目は無所属として出馬している。

北川正恭は知事就任後、早速、「生活者起点」を唱え、市民・民間感覚を取り入れた改革に積極的に取り組む。そのため県庁職員からは「宇宙人」、「黒船襲来」と言われたりもした。その改革は幅広く、事務事業評価システムの導入、予算編成改革、発生主義会計導入などＮＰＭ（ニュー・パブリック・マネジメント：新公共経営）に基づくトータルな行政システム改革だった。森脇俊雅（二〇一三）は、北川知事の改革は単なる行政改革でなく県政改革であり全国の自治体に大きな影響を与えたと評価している。

一方、政策面をみると、環境先進県を標榜し「ごみ固形化発電（ＲＤＦ発電）」に一〇〇〇億円以上費やし取り組んだが、トラブル続きで最終的には廃止となり、一三五億円の補助金を投入して誘致したシャープの液晶テレビ工場が一〇年もたたないうちに撤退するなど、県政のすべてが成功したというわけではなかった。このため、さまざまな実験を行ったのは評価されるが、その成果については評価は分かれている。

ところで、北川知事が提唱した地方選挙へのマニフェスト（ローカル・マニフェスト）導入は、二〇〇三年の知事退任後も全国に広まり、自治体におけるマニフェストを軸とした計画的な行政運営が促進された。そして周知のように、選挙でのマニフェスト提示は、その後、国政レベルまで広がった[22]。

（3）改革派首長の普及度――二〇〇〇年以降

無党派首長が増えることは、地方政治において無党派の住民が増えていることを意味し、その傾向は確かなものとなっている。その背景にあるのは、前述したように政党や政治に対する住民の不信感であろう。では、改革派首長は全国にどのぐらい誕生しているのだろうか。革新首長のように、選挙時の公認・推薦の状況で判断できないので、正確な数値を把握するのは難しい。

ただ、本章で取り上げた「地方の時代」の代表的知事や改革派首長のルーツとされる橋本高知県知事が、地方の創意工夫による地域活性化策や市民目線の新たな政策を指向していたのに対し、北川三重県知事以降の改革派は、行政改革のほか情報公開、マニフェスト、さらにNPMなど新たな行政運営の積極的な導入が特色であった。そのため、本章では前述のとおり改革派首長を「市民・民間感覚の新たな政策や政治・行政手法を積極的に導入しようとする首長」としたが、これにより行政改革やNPMの導入状況によって改革派首長かどうかの測定が可能といえる。実は国の指導もあって、行政改革は多くの自治体が取り組むようになっている。二〇〇〇年以降は、NPMの行政手法、たとえば行政評価、指定管理者制度、独立行政法人、PFIそして情報公開を多くの自治体で導入している[23]。

ただし、これらのことが首長のリーダーシップによって導入されたかは分からない。そこで、別の方法によって改革派首長がどの程度登場しているか測定してみたい。実は首長選挙でのマニフェストを契機に、ＮＰＭの核心的要素とされるＰＤＣＡサイクル（PDCA＝plan, do, check, action）すなわち民間感覚の計画的な行政運営を採用している例がある。筆者は、これを「マニフェスト型行政」（有馬晋作 二〇〇九）とネーミングしたが、この計画的な行政運営を、どれだけの首長が導入したかで測定する方法がある。なぜなら、マニフェストは、選挙で提示するという首長の最初の決断があるからである。そして二〇〇七年、有馬晋作（二〇〇九）によると、九州各県の知事について七県のうち四県と多くの知事がマニフェスト型行政を導入していた。[24] このことから、マスメディアに大きく取り上げられなくても、全国で多くの改革派知事が誕生したことが推測される。

ところで、ＮＰＭやマニフェスト型行政を導入する首長が多くなり、普通の自治体にとってもこれが標準装備となったとき、また行政改革が進んでこれ以上の効率化が難しくなったとき、このような首長を改革派と呼ぶことはできないかもしれない。この観点からみれば、従来の改革派首長の時代も終焉を迎えつつあるのかもしれない。

5　劇場型首長の登場

一九九〇年代から始まる改革派首長の時代は、すでに二〇年以上も続いている。また、二〇〇〇年には地方分権一括法が施行された。この法律で国と地方は対等になって、首長を国の出先機関と扱うことで問題視されていた機関委任事務が廃止され、さらに「平成の大合併」すなわち市町村合併も進んだ。このような中で、本章で紹介した代表的な改革派知事のように発信力がある改革派首長が登場してきたわけであるが、二〇〇〇年に入り違うパターンの改革派首長が登場するようになった。

そのきっかけは、二〇〇一年四月に発足した小泉政権（〇一〜〇六年）である。小泉政権は、郵政解散選挙に代表されるようにマスメディアを巧みに利用し「小泉劇場」とまで呼ばれ、日本の政治に大きな影響を与えた。これに影響を受けるように登場した改革派知事として、山口二郎（二〇一〇）は、東国原英夫宮崎県知事（〇七〜一〇年）と橋下徹大阪府知事（〇八〜一一年）をあげ、ポピュリズム的な知事と位置づける。両知事は、既存の政治や行政に対する外部者であることを最大の財産とし、メディアを使ってアマチュアの視点から役所の常識を変革することを訴えて支持を獲得しているとする。また同じく二人の知事のほか河村たかし名古屋市長（〇九年〜）、竹原信一阿久根市長（〇八〜一一年）も取り上げ、岩井奉信（二〇一一）は「行動派首長」と呼び、メディアを巧みに利用して自らの主張をアピールする独自の政治スタイルを取っているとする。さらに有馬晋作（二〇一一）は、田中長野県知事のほか東国原宮崎県知事、橋下大阪府知事、河村名古屋市長、竹原阿久根市長の五人の首長を取り上げ「劇場型首長」と呼び「一般の人々にとって分かりやすく劇的にみせる政治手法を用いて、自分の政治目的を実現しようとする首長」とし、既成勢力と戦うという政治スタイルをとっていると指摘した。[25]

ここでは、最も注目された橋下徹大阪府知事（〇八～一一年、その後、大阪市長を二〇一五年一二月まで務める）を、みてみたい。橋下知事は、就任早々、マスメディアを巻き込んで、不適切な財政運営をしていた府の財政再建を強力に進め成果を出す。また、学力テスト公開で教育委員会と対立したり、府庁移転問題で府議会とも対立した。その政治スタイルは、マスメディアを巧みに利用し府民の前で敵を設定して戦うスタイルである。また、その府政は効率重視の改革的なもので、多くの府民の支持を集めた。さらに、府議会での知事支持派過半数確保のため自ら代表となって地域政党「大阪維新の会」を立ち上げる。そして二〇一一年末、橋下知事は、大阪再生のため大阪市を廃止し府を都とする「大阪都構想」実現のために知事職を辞任し、大阪市長選に出馬する前代未聞の行動に出て見事当選している。なお、二〇一五年五月の大阪都構想住民投票の否決を受け一二月に市長を退任している（以上、詳しくは5・6章参照のこと）。

これらポピュリズム的首長いわゆる劇場型首長とは、マスメディアを巧みに利用して政治や政策を劇的に発信し、現在の地方政治や自治体行政に満足していない一般の人々の幅広い支持を直接獲得しようとする首長である。このように劇場型首長が登場する背景には、無党派層の増加による政党・政治不信の広がり、テレポリティックスの本格化すなわち「政治のメディア化」の進展、さらに経済のグローバル化を背景にした小泉政権での構造改革以後の格差拡大や地域社会の閉塞感があるといえよう。そのため今後も登場することが予想されるが、幅広い支持獲得には、首長が劇的な政治手法やマスメディア利用が巧みかどうかにも大きく左右される。したがって、前述の改革派首長に比べると全国に広がるかは不透明で、地方自治における新たな「ひとつの時代」を作るかどうかの判断は難しい。

6　地方政治の現状と今後

地方政治の「政治」という言葉が「利害・価値の調整や代表」を意味するとすれば、わが国の地方自治では、調整機能や代表機能は首長や議会が担っている。また、この二つのアクターを住民が選挙を通じて選び、さらに、これら三つのアクターに対し政党、団体、国、国会議員、マスメディアも影響を与えるという分析の枠組みを設定することができる[26]。

「ジバン、カンバン、カバン」(支持基盤、名声、選挙資金)と呼ばれるように、かつては、政党、団体や個人後援会などの組織をいかに固めるかが選挙の勝敗の分かれ目とされていた。そこで、先ほどの枠組みを参考に、近年の「無党派・改革派首長」における地方政治の状況を表わすとすれば、「政党・団体の住民への影響力低下の状況での、改革を求める住民の増大」といえる。ここでは、従来の利益誘導型政治で大きな役割を発揮した国や政党・国会議員の影響力の低下が著しく、無党派層も増えている。また、ポピュリズム的首長すなわち劇場型首長の場合は、先ほどの状況に加え、マスメディアが大きな影響力を発揮し、また住民がより改革を求めるようになっている。

ちなみに、実証主義的志向を持つアメリカ政治学の影響力が強くなっている現在の政治学では、しばしば、先ほどあげた「アクター」を取り巻く構造・制度が同じであれば、そのアクターは同様の行動をとるという前提が置かれる。しかし、小泉政治を分析した内山融（二〇一二）は、同じ構造的・制度的文脈でもアクターの個性が異なれば政治的帰結も異なるはずだとし、その際、アクターの持つ思想（アイディア）が重要だとして政治学における歴史と個性の意義を強調している。[27]本章も、このような考えに基づき首長の特性を重視した歴史研究となっていることを念のため指摘しておきたい。

ところで、人口減少時代に入り二〇一四年の民間シンクタンクによる「自治体消滅論」は大きな衝撃を与えたため、最近、雇用創出・出生率回復を柱とする「地方創生」が唱えられているが、これまでみてきた改革派首長の時代の次に来るのは、どのような首長の時代であろうか。これを予測するのは難しい。行政における新たなイノベーションの動向も、ひとつのヒントである。たとえば、公立図書館のツタヤへの民間委託などで有名になった佐賀県の樋渡啓祐武雄市長のように、劇場型の要素も持ちつつアイデア市長とも呼ばれ、フェイスブックなどＳＮＳを駆使した新たな市政にも取り組んでいる首長がみられる（ちなみに樋渡市長は、二〇一五年一月の佐賀県知事選に自民支持を受けて出馬したが落選している。本書終章で詳述）。

このような新たなツールを駆使する首長のほか、最近、西尾勝（二〇一三）は「自治充実の時代」[28]にふさわしい首長を主張している。すなわち、これまでの地方分権という制度改革の成果を活かして、住民の目に見える形で、住民サービス向上を目指す首長である。本章では、最後に、劇場型首長が二〇〇〇年以降の新たなタイプの改革派に位置づけられることをみてきたが、いずれにしても、今後どのような特色を持つ首長が、地方自治における新たな「ひとつの時代」を作るかも注目される。[29]

注

(1) 地方政治の研究状況は、森脇俊雅（二〇一三：七―一四）、曽我・待鳥（二〇〇七：一三―一三）、馬渡剛（二〇一〇：一五―二〇）が詳しい。

(2) 以上、本節は、伊藤正次（二〇一一：五七―五九）を主に参照した。なお知事の出身のデータは田村秀（二〇〇五）参照。なお首長の変遷を、その政策を含め長期にわたる変遷を系統的に説明する研究は少ない。ただ近年、曽我・待鳥（二〇〇七）が、財政データ分析と政策の推移も含めた戦後の知事研究を本格的に行っている。

(3) 以上ここまでの革新首長の説明は、森脇俊雅（二〇一三：一〇三）、村松岐夫（二〇〇六：三〇―三二）、橋本行史（二〇一〇：一五、一六）、石川真澄（二〇〇四：一一四）、宮本憲一（二〇〇五：一五七）、大矢野修（二〇〇九：一九四）参照。

(4) 革新首長当選には戦後の公選制が大きく貢献した点は、松村岐夫（二〇〇六：三二）。木下知事の例は、豊田・後藤・飯沼・末廣（一九九七：三七七）。

(5) 以上、蜷川知事と美濃部知事の説明は、森脇俊雅（二〇一三：一二七―一二九）。

(6) 以上、宮本憲一（二〇〇五：一六二、一六三）、森脇俊雅（二〇一三：一三二）。

(7) 村松岐夫（二〇〇六：三四）。なお石川真澄（二〇〇四）によると、高度経済成長が始まる六〇年衆院総選挙では政党公認がないと当選が難しいとされていたが、社会党は教条主義によって現実に適合できず凋落傾向に陥ったとする。また鈴木善幸政権と、ときの中曽根行政管理長官の掲げた「行政改革」は、このあと長く続く政治シンボルとしての「改革」のはしりだったと指摘する。

(8) 地方自治のテキストでは、八〇年代は「行政改革と地方の時代」という区分が一般的である（たとえば『改訂版・ホーンブック地方自治』北樹出版）。本章では「地方の時代」を前面に出し、「地方の時代」にふさわしい政策展開しようとした首長を代表的首長とした。つまり行革のみでは代表的首長とはならない。ただ前述（注2）の曽我・待鳥（二〇〇七）は、八〇年代を「保守回帰の時代」と位置づけている。

(9) 八幡和郎（二〇〇七：一四〇）。「地方の時代」の自治体運営の理念は、伊藤正次（二〇一一：三二）。

(10) ここであげた「地方の時代」代表の知事は、八幡和郎（二〇〇七：一六七）参照。なお、武村知事については曽我・待鳥（二〇〇七）が保守回帰の知事として位置付け詳しく述べている。

(11) 八幡和郎（二〇〇七：一四〇）。毎日新聞の長洲県政特集も参照。

(12) 以上、平松知事とその後の説明は、八幡和郎（二〇〇七：四〇三）、豊田・後藤・飯沼・末廣（一九九七：三四二―三四四）。

(13) 後藤仁（二〇〇九：二一四―二一八）。

(14) 後藤仁（二〇〇九：二一六、二一七）。新藤宗幸（二〇一〇：二四）。

(15) 後藤仁（二〇〇九：二一三）。

(16) 村松岐夫（二〇〇六：三六）、橋本行史（二〇一〇：一八）。

(17) 村松岐夫（二〇〇六：三七）、森脇俊雅（二〇一三：一七六）。

(18) 砂原庸介（二〇一二：一二三）。

(19) 岩井奉信（二〇一一：二三六、二三七）。砂原庸介（二〇一二：一二五）。

(20) 本章のベースとなった論文（有馬晋作 二〇一四）では、改革派首長の定義のうちの「行政手法」の中に「政策」が含まれると考えていたが、今回、明確にするため「政策」の文言を入れている。

(21) 以上、橋本知事の説明は、岩井奉信（二〇一一：二三七、二三八）、八幡和郎（二〇〇七：三六四）、田村秀（二〇一四：四七）。なお、毎日新聞の橋本知事特集も参照。

(22) 以上、北川知事の説明は、森脇俊雅（二〇一三：一七五）、有馬晋作（二〇〇九：一九）、田村秀（二〇

一四：五五、五六）。なお、北川知事時代財政課長を務めた田村秀が「その成果については評価が分かれる」と指摘している。

(23) 砂原庸介は、NPMによる行政改革が進み、初期の改革派が姿を消した二〇〇七年以降、改革の動きは停滞していると指摘（砂原庸介 二〇一二：一二七）しており、筆者と同様な見解である。

(24) 有馬晋作（二〇一一：二一―二三）。

(25) 山口二郎（二〇一〇：一〇七、一〇八）、岩井奉信（二〇一一：二四五、二四六）、有馬晋作（二〇一一：一―三）。

(26) 馬渡剛（二〇一〇：一五）一部参照。

(27) 内山融（二〇一二：三六、三八、四一）。なお内山融は、国あるいは地域がいったんある軌道を進み始めると後にその軌道を切り替えるコストが非常に高くなるという「経路依存」と、出来事の生じる順序が帰結に大きな違いをもたらすという「配列」という二つの考えを用いて、偶然的な出来事が歴史の展開に大きな影響を与えるとしている。

(28) 国の地方分権推進委員会委員を務めた西尾勝は、改革、改革と叫ぶより、市民に地方分権の成果が分かるような「自治充実の時代」に入るべきと提言している（日本自治学会シンポジウムの報告『ガバナンス』二〇一三年八月号、ぎょうせい、三九―四一頁）。

(29) なお本章は、日本地方自治研究学会編『地方自治の深化』（清文社、二〇一四年）の筆者担当「2章　首長の変遷からみる地域政治の変貌」を一部修正・加筆したものである。

第**5**章　劇場型知事の行政運営と政治手法

本章では、前章で紹介した代表的な五人の劇場型首長のうち田中康夫長野県知事、東国原英夫宮崎県知事、橋下徹大阪府知事（二〇一一年一二月まで、その後は大阪市長就任）を取り上げ、その行政運営と政治手法を考察する。これは、前章で改革派と位置づけた劇場型首長の改革面を確認するとともに、近年のポピュリズムが劇場型政治を取りいれようとする傾向が、わが国で台頭する劇場型首長において具体的に現われていることを明らかにする目的もある。それと、第Ⅲ部で橋下劇場の特色を明らかにするに当たって、橋下知事の劇場型首長としての特色を確認する意味もある。

なお、本章で述べていることは、すでに拙著（有馬晋作二〇一一）の三章から五章にわたって各々の知事について詳しく考察しているが、ここでは、あらためて本書を読む人々のためにコンパクトにまとめて紹介している。[1]

ちなみに、しばしば過激な発言をして劇場型の側面を持つといわれた石原慎太郎東京都知事（九九

〜一二年）を、本書では劇場型首長として取り上げていない。それは、石原知事はあくまでも「理念重視の保守主義者」ゆえの行動であって、自分の政治目的である保守主義実現のため劇的に見せる政治手法を意図的に用いているわけではない、というのが理由である。[2]

1　田中康夫長野県知事（二〇〇〇年一〇月〜二〇〇六年八月）

まず劇場型知事の元祖ともいえる田中康夫長野県知事をみてみたい。その政治手法は劇場型政治といえたが、その政策は非自民で改革的なものであった。

作家であった田中康夫は、県庁ＯＢが代々知事になるのに不満を持っていた地元経済人や文化人の求めに応じた形で、突然二〇〇〇年一〇月の長野県知事選に出馬する。そして、作家の知名度を武器に、短期間で急速に支持を拡大し勝利を勝ち取る。ちなみに、田中知事就任の時に「名刺折り曲げ事件」すなわち挨拶に訪れた知事の名刺を県幹部が折り曲げる様子が報道され、批判の電話・メールが県庁に殺到するという出来事がおきる。これは、田中知事を最初の劇場型首長と位置づけるのにふさわしい「発信力の高さ」と「テレビの影響力の大きさ」を、地方行政ではじめて実感する出来事となった。

(1) 県政の概要と政策展開

小泉政権発足直前にスタートした田中県政は、テレポリティックスが本格化した小泉政権と重なるように二〇〇六年八月までの二期約六年続いた。一期目就任当初から、知事は、約一〇年後の民主党政権の「コンクリートから人へ」を先取りするような政策をとった。すなわち「脱ダム宣言」に代表されるように大型公共事業を見直したため、全国の注目を集め知事の改革イメージを一気に高めた。就任当初の県民の支持率は九一％にも達した。しかし、前知事時代から着実に進めていた公共事業などを急に中止・縮小したため、県議会や市町村長との軋轢を生み、特に議会とは激しく対立した。この対立は、最終的には、議会による知事不信任議決の可決をもたらす。しかし、知事は議会解散でなく失職を選択し、出直し知事選で勝利する。

二期目の田中県政は「創る」をテーマとし、積極的な県政運営に取り組んだ。たとえば、後述のような本格的な財政再建や人事・組織改革、著名な研究者をメンバーとする審議会による先駆的な中長期ビジョン「コモンズ」の策定、さらに教育や福祉・医療などに県政の重点をシフトさせた。だが、田中知事は物議を醸す発言・行動をとったり、また市町村の十分な理解を得ることなく新たな政策を決定することが多々あった。そのため、結局二期目も市町村をはじめ議会と田中知事との対立構図が完全にはなくならず、一定の県民の支持は得ていたものの一期目以上に対立が深刻化した。このように県政の混乱が長引き、三期目に臨む二〇〇六年八月の知事選で田中知事は敗れることになる。

次に田中県政を、その政策展開からみたい。最初の知事選のときの公約の中に、「現場主義」とか

表5－1　田中長野県政の年表

	主な出来事
	（1期目）
2000年10月	長野県知事選で田中康夫初当選。就任の庁内あいさつ回りで名刺折り曲げ事件起きる。
2001年2月	「脱ダム宣言」発表。
5月	「脱記者クラブ」宣言。
2002年6月	知事，浅川（長野市）ダムと下諏訪（下諏訪町）ダム中止を正式決定。
7月	ダム建設中止に反発して県議会が知事不信任議決を可決。
	（2期目）
9月	知事失職を選択し，出直し知事選で圧勝。
2003年2月	財政改革推進プログラムを決定。
4月	大規模な人事異動実施と組織改革を行う。県議会議員選で田中知事派の勢力拡大ならず。
9月	田中知事が「好きなまちに住民税を納めたい」と長野市から泰阜村に住民票を移す。
2004年3月	中長期ビジョン「コモンズ」を策定。
4月	山口村が岐阜県中津川市との越境合併を申請。知事は「県が溶ける」と反対表明。
2005年1月	県議会が県下水道公社の知事「働きかけ」問題で百条委員会を設置。
2月	山口村の越境合併実現。
8月	田中知事，政党「新党日本」を結成し代表に就任。
2006年8月	田中知事，3期目の知事選に敗れる。

（出所）新聞関連記事より筆者作成。

「事業全般の公益性を再評価し税金の無駄遣いをやめる」という文章があったため、就任直後から積極的に現場を視察し地元住民の声を聞いて公共事業見直しに取り組んだ。そして、二期目の二〇〇三年二月の「財政改革推進プログラム」では公共事業を削減し、教育や医療・福祉などへ予算を重点化し、さらに二〇〇四年三月の中長期ビジョン「コモンズ」では、地域での人々のつながりを重視した政策が提示される。このように、田中県政の政策は、まず財政改革による公共事業見直しに取り組み、財政再建計画の策定と同時に政策の理念を定め重点事業を決めるという流れになった。

(2) 政治手法

田中知事の政治手法は、自民党の小泉首相のような劇場型政治だったといえる。たとえば、樺嶋秀吉(二〇〇四)は、田中知事の政治手法を、県民を応援団にして押し進める手法で、①重要な政策立案は審議会、検討委員会方式で「しがらみのない」県(庁)外の有識者に任せる。②その実行にあたっては反対勢力との対立を際立たせて推進力にする。③その過程と結果は、作家、タレントとして培った人脈を使いマスメディアを通じて広く県内外に発信する、という三つからなると指摘している。(3)

このように問題提起と反発する既存勢力との対立でマスメディアに注目され、またマスメディアを利用し県内外に発信して県民に政治を劇的に見せることにより県民の幅広い支持を取りつけて、自分にとって有利な展開を目指す劇場型政治の手法を、田中知事はよく用いた。すなわち、自分は県民側に立って議会など既成勢力と対立し、かつメディアを巧みに用い県政を劇的に見せる政治手法だった。

それと、県外の有識者をメンバーとする審議会・委員会を活用したブレーン政治の側面もあった。

具体的にみると、この問題提起の手始めが、「脱ダム宣言」のように都市部の人々が日頃から疑問に感じていた多額の公共事業であった。この問題提起は、全国から注目され県民も支持していた。県民も支持していたことは、ダム中止問題などを理由に、議会から不信任議決を受け失職したが、出直し選挙で再選されたことからも分かる。

しかし二期目は、この政治手法も、幅広い支持につなげることはできなかった。まず、問題提起をしながら打ち出される新たな政策も、市町村など関係者の意向を確認しないまま決定したりするため、市町村長の知事への不信感が高まっていった。また、自分の好きな町に住民税を納めたいと県庁から遠く離れた村に住民票を移すなど時に物議を醸す行動や発言もあり、批判的な人々からは独善的なパフォーマンスと言われた。議会や市町村と知事の対立は、結局、その全任期にわたって長く続いた。このように、劇場型政治はかならずしもすべて有効ではなかった。それは、県民の知事支持率の低下と三選を果たせなかったことが、如実に示している。

ところで、田中知事の劇場型政治が二期目に有効でなくなった理由のひとつとして、長野県のマスメディアでのテレビの影響力が都市部に比べ強くないこともあげたい。この点は、のちほど詳しくみたい。

2　東国原英夫宮崎県知事（二〇〇七年一月〜二〇一一年一月）

福島県、和歌山県につづき宮崎県も安藤忠恕知事が官製談合事件で逮捕されたため、二〇〇七年一月に出直し知事選が行われた。実質上の保守分裂となり官僚出身の有力候補二人が立ったが、当初は有力と思われていなかった元お笑いタレントの「そのまんま東」が「しがらみのなさ」を訴え初当選する。東国原知事誕生は全国的に話題を呼び、就任当初、宮崎県民は、知事の日々の動向を在京キー局の報道などで知るという他の県民が経験しないことを経験することになる。

(1) 県政の概要と政策展開

東国原県政は、本格的なテレポリティックスのスタートとなった小泉政権が終わった翌年の二〇〇七年一月にスタートした。小泉政権の構造改革による地方の疲弊が問題となっていた時期だけに、東国原知事は一躍、中央マスメディアで地方の声の代弁者的存在となった。

東国原知事は、発信力の高さで、一気に宮崎県の知名度を全国区にし、県庁に多くの観光バスが訪れたりマンゴーなどの売り上げが伸びるなど、観光や特産品などで目に見える成果を出した。当初はタレント出身ということで不安視された行政手腕も、マニフェスト重視の計画的な行政運営を行ったことで払拭された。田中知事が、その任期中、議会と対立し県政が停滞することがあったのに比べると、オール野党状態であった議会との対立構図は作らず手堅い県政運営だったといえる。一方、前述の地方の声の代弁者として、国に物申すという対決姿勢をとることが多々あったし、地元マスメディア特に地元紙（地元新聞）に対しても批判的だった。ただ、ガソリンの上乗せ税である道路特定財源の必要性を強く訴え道路などインフラ整備を重視するなど、都市部の人々から見ると、旧来の自民党政権のように教育・福祉より公共事業重視のようにみえることもあった。

任期後半には、自民党からの出馬要請に対し総裁候補という驚きの条件を付けるなど国政への転身騒動もおきる。これは知事特有のパフォーマンスともみられたが、自民から民主への政権交代前だっただけに全国から注目された。さらに、畜産県宮崎にとって戦後最大の危機といえる口蹄疫が発生し甚大な被害を受けた。このとき、東国原知事は陣頭指揮をとり、農林水産大臣と対決することもあった。この結果、任期全体にわたって九〇％近くの高い支持率を維持し、県民の県政への関心も高まった。

ただ、選挙で宮崎を「どげんかせんといかん」と訴え就任し、改革イメージがあった割には、県政全体としてみれば、裏金問題への対応や入札改革を除くと、財政改革をはじめ人事・組織面について目立った改革はなかった。また生活が向上したと実感する県民は少なく、医師不足など依然として多くの課題が残った。

宮崎県は農林水産業中心の県であり、九州の中でも遠隔地で高速道路や重要港湾も未整備の条件不利地域であった。このような宮崎では、一期は種をまくような政策、二・三期目が刈り取りというよ

表５-２　東国原宮崎県政の年表

	主　な　出　来　事
2007年１月	宮崎知事選に，そのまんま東が初当選。日向市の養鶏場で鳥インフルエンザ発生。
３月	第２期財政改革推進計画を策定。
６月	知事マニフェストを反映した新たな総合計画「新みやざき創造計画」を決定。
８月	県庁見学者が10万人突破。
11月	裏金問題で職員499名処分発表。知事のマニフェストがマニフェスト大賞特別賞を受賞。
12月	「どげんかせんといかん」が新語・流行語大賞に。
2008年２月	衆院予算委員会が宮崎市でガソリン税暫定税率に関する地方公聴会開催。
９月	入札改革見直し求め建設業決起大会に約3500人参加。
10月	知事，国政転身騒動。「今のところない」で終息。
2009年６月	自民党古賀選対委員長が知事に次期衆院選への出馬要請。知事は自身を総裁候補にとの条件を提示。
７月	知事，出馬を断念し「東国原劇場」とまで呼ばれた国政転身騒動が終息。
2010年５月	知事，口蹄疫「非常事態宣言」発令。
６月	鹿児島県と隣接し全国屈指の畜産地帯である都城市で感染疑いが出て危機感高まる。
８月	口蹄疫「終息宣言」。
９月	議会で東国原知事が２期目不出馬表明。
2011年１月	東国原知事が退任し後任に副知事だった河野知事就任。

（出所）宮崎日日新聞の知事関連記事より筆者作成。

うな長期的視点の政策が必要といえる。しかし東国原知事は、地方を変えるには地方分権が重要で国の統治システムを変える必要があるとして、二期目の知事選には出馬せず、一期のみで二〇一一年一月に退任した。

次に、東国原県政の政策展開や行政運営をみたい。それは、マニフェストを重視した計画的な行政運営であった。まず就任直後すぐに総合計画を新たに策定して、その中にマニフェストで約束した事項を重点戦略として位置づけた。次にマニフェスト実現に向けての工程表を作成し、県の正式な行政評価の対象となり、第三者機関によって評価されている。一方、状況の変化で生じる課題は、毎年、予算で重点施策として位置づけ対応する仕組みとなっている。そのため、入札改革による建設業界の疲弊や二〇〇九年のリーマン・ショック以降の景気後退を反映して、予算重点施策は、「雇用創出・就業支援対策」「中山間地域対策」「子育て・医療対策」などと、マニフェスト以外のものも取り入れ変化していった。

(2) 政治手法

県民への世論調査で支持率の高い理由の一番に、高い発信力があげられているように、知事の政治手法は、テレビ特に在京キー局を大きく活用したものだった。テレビ出演特に在京キー局への出演は、三人の知事の中では、最も多かった。したがって、就任間もない時期に中央マスメディアにおける地方の声の代弁者となり、ガソリンの上乗せ税の道路特定財源問題では道路整備は依然として重要と強く訴えるなど、時がたつにつれて地方の代表的な政治家となった。実際、自民から民主へと政権交代が起きた二〇〇九年夏の衆院選では、自民党からの出馬が取りざたされるという国政転身騒動もおきた。

ただ、田中知事や橋下知事が、県・府内でも敵を設定し対立を演出して劇的に進める劇場型政治であるのに比べると、その県政運営はむしろ協調的だった。議会との対立を避けたのは、対立が恒常化し三期目で落選した田中知事を反省材料にした行動のようにみえる。一方、国には物申すという姿勢を取り、中央マスメディアを通じて全国に発信した。また、地元紙に対しては対立的だったし、ブログで鋭く反論し知事への批判を牽制することもあった。さらに、一期のみ四年の間には就任当初の鳥インフルエンザや四年目の口蹄疫発生など農業県宮崎にとって戦後最大ともいえる危機が起き、農林水産大臣と対立することもあったが知事は県民一体となって乗り越えた。以上をみると、東国原県政は一期のみであったが対立の要素以外に物語性もあり、東国原知事もまた劇場型政治を採用していたといえる。なお、国に物申すという姿勢は、自分を地方・県民側に位置づけ、またそれは中央マスメディアを通して全国に発信され、地方分権によって国を変えたいという一期のみでの知事辞任のきっかけにもなった。

3　橋下徹大阪府知事（二〇〇八年一月〜二〇一一年一〇月）

太田房江知事の「政治とカネ」問題による三期目不出馬を受け、自民党は、茶髪のタレント弁護士として有名だった橋下徹を擁立し、二〇〇七年一二月に三三年ぶりの与野党激突の大阪府知事選が行われた。その結果は、橋下徹が、その若さと知名度を生かし幅広い支持を得て勝利する。橋下知事は、まず財政再建で、そのらつ腕を発揮して一気に改革イメージを獲得するとともに次々と敵を作りながら典型的な劇場型政治を展開する。

（1）府政の概要と政策展開

二〇〇八年二月に就任した橋下大阪府知事は、就任日に「（職員の）皆さんは破産会社の従業員でボーナスゼロは当たりまえ」と発言して「財政非常事態」を宣言し、早速、財政再建に着手する。そして、知事自ら関係者や職員労働組合との交渉にも臨み、短期間で財政再建計画を含む維新プログラムを策定し、就任早々、改革のイメージを定着させた。また、知事が「収入の範囲内で予算を組む」と発言したように、その府政運営の特色は、一般の人々や経営者に分かりやすい企業経営と似た効率性の重視、無駄の排除である。都市部は一般的には支持率は低くなる傾向があるが、府民の多くの支持を得て、就任当初はやや低かった支持率も八〇%近い高い支持率となった（二〇〇八年六月産経新聞調査八二・六％）。

任期前半は、「くそ委員会」発言で話題を呼んだ教育改革に力を入れたほか、大阪市の第三セクターによる高層ビルであるＷＴＣ（ワールド・トレーディング・センター）への府庁移転問題では議会と対立した。しかし、次第に知事の議会への影響力が強くなり、第二庁舎として事実上移転を進めることになった。ただ最終的に、東日本大震災を契機に耐震性の問題から移転を断念している。また国直轄事業負担金問題をめぐって国と対立し、過激な発言を伴う発信力の高さで知事優位に交渉を進め負担金廃止決定（一部実施）に国を追い込むなどして、地方の代表的な政治家となった。

任期後半は、大阪再生のため大阪市を複数の特別区に分割し府にインフラ整備と産業振興の権限を集中するという「大阪都構想」が中心的テーマとなり、構想では廃止となる大阪市の平松邦夫市長と激しく対立する。府議会では、大阪都構想実現を目指して知事が代表の地域政党「大阪維新の会」を立ち上げ、二〇一一年四月の統一地方選によって府議会で「大阪維新の会」が過半数を占めることになる。任期最後の一年は、教員を対象とした君が代起立条例や議員定数削減の条例を、議会で野党反対のなか強行採決するなど「大阪維新の会」の独走といえる状況が生じた。

そして二〇一一年一〇月、橋下知事は知事職を辞任し、大阪都構想に反対する平松大阪市長を追い落とすため大阪市長選に出馬するという前代未聞の行動を取り、一一月の大阪市長選に見事当選する。

次に橋下府政の政策展開をみたい。橋下府政では、マニフェストの位置づけが低いが、一方でブレーンをおき、ＷＴＣ府庁移転構想、ダム建設中止など財政再建のあとに次々と新たな施策を打ち出

表5－3　橋下大阪府政の年表

	主な出来事
2008年1月	大阪府知事選で橋下徹初当選。
2月	橋下知事就任,「皆さんは破産会社の従業員」と発言し財政非常事態宣言。
4月	財政改革プログラム試案を発表。橋下知事, 市町村との会議で財政再建のための市町村補助削減を涙ながらに訴える。
7月	維新プログラムを含む2008年度補正予算成立。
8月	学力テスト公開で「くそ委員会」発言。知事,WTC府庁移転構想表明。
9月	教育非常事態宣言。
2009年3月	府議会, WTC購入予算案, 府庁移転条例どちらも否決。 橋下知事が国の分権会議で国直轄事業負担金を「ぼったくりバーの請求書みたい」と酷評。
10月	府議会がWTC購入予算案を可決, しかし2度目の府庁移転条例案は否決。
2010年1月	「大阪都構想」発表。府市の水道事業の統合協議が破綻。
4月	「大阪維新の会」設立。
6月	WTCの所有権が府に移り, 名称を「咲洲庁舎」に変更。
10月	大阪府議会で「大阪維新の会」が第1党（会派）に。
2011年4月	大阪府議会議員選挙で「大阪維新の会」が過半数の議席確保。
6月	維新提案の全国初「君が代起立条例」と「議員定数削減条例」が府議会で成立。 政治資金パーティーで橋下知事「今の日本の政治で一番必要なのは独裁」と発言。
8月	咲洲庁舎（旧WTC）への府庁全面移転を断念。
10月	大阪市長選出馬のため橋下知事辞任。
11月	大阪市長選, 大阪府知事選のダブル選で橋下徹が大阪市長に当選。

（出所）新聞関連記事のほか読売新聞大阪本社社会部(2012)の年表より筆者作成。

す傾向がある。任期後半には、知事選の公約にはなかった「大阪都構想」を表明し、その後、構想と連動した大阪成長戦略を策定している。府政運営を全体としてみれば、就任当初の財政再建のため策定した「維新プログラム」が、実質的な橋下府政の政策となり、それをベースにブレーンとともに政策を打ち出す形となっている。さらに、府政は多くの分野を対象にしているが、知事のマニフェストは、その一部しかカバーしていないため、マニフェスト以外の重要または緊急性のある政策は毎年の予算で重点事業として進めようとしていた。

(2) 政治手法

橋下知事は、敵を設定しテレビカメラなどの前で攻撃、すなわち相手を説得するのでなく激しく戦っている姿をメディアで印象付け府民の支持を得ていくことが多かった。また、「くそ」「ばか」など激しい言葉を使って自分の考えをいきなりぶちあげてメディアを巻き込み、相手を揺さぶり闘いつつ落としどころを探る政治手法も取っている。その例としては、職員労働組合との対立のほか、「くそ委員会」「ぼったくりバーの請求書」「地方は国の奴隷」など過激な発言で注目された学力テスト公開問題、国直轄事業負担金問題があげられる。

このように橋下知事の政治手法は、テレビなどメディアを利用して次々と問題提起しさまざまな分野での対立が劇的に展開する劇場型政治といえる。また国とも対立して、中央マスメディアにおける地方の代表的な政治家となった。さらに前述したように二〇一一年四月の統一地方選では、議会と対立して自分が代表の地域政党「大阪維新の会」から多数の候補者を擁立したり、六月の政治資金パーティーでは決定できない民主政権への批判もこめて「今の日本の政治で一番必要なのは独裁」と発言し注目を集め、二〇一一年一一月には、大阪都構想に反対する平松大阪市長と対立して自ら大阪市長選に出馬した。

確かに、このように対立を軸に劇場型の政治手法をとっているので、がんばっている・戦っている、リーダーシップを発揮しているというイメージはある。しかし、成果を出した財政改革のほかは、次々と挑発的な問題提起をするものの、その一つひとつをみると話題を呼んだ割には、かならずしも具体的な成果が出ているとは限らない。中には、WTCへの府庁移転を断念したように失敗例もある。一期三年九か月で終わった橋下府政は、私立高校の授業料無償化や中学校の学校給食実施など目に見える成果はあるものの、話題になった大阪都構想や大阪成長戦略などはあくまで長期にわたって評価されるもので、任期中に行った政策の成果がすぐ出るとはいえず、その評価は難しい（二〇一五年五月、大阪都構想は住民投票で否決されている）。ただ効率性を重視した企業的な行政運営のほか、大阪都構想で代表されるように従来の改革派首長にみられない大きな制度改革に積極的に取り組もうとした。

4　三人の知事の相互比較

(1) 県・府政運営の比較

県・府政を行政運営からみると、田中知事は、ダム建設のような大規模な公共事業を中止する財政改革をはじめ、人事・組織面も含め前例を大胆に覆す改革を試みたが、議会などとの対立が続いたため、最終的には県民・市町村にも受け入れられなかった。東国原知事は、マニフェスト重視の計画的な行政という先進的な面がある一方、財政再建などは改革というほどでなく、むしろ現実的で協調的、手堅い行政手腕を発揮した。これに比べ、橋下知事は財政再建からスタートし短期間に大幅な収支改善を行い維新プログラムを策定したほか、ブレーンを置いて、次々と構想を打ち出す傾向がある。維新プログラムや大阪都構想をみても、効率的な行政・地域経営を目指していることが分かる。

このように、三人の劇場型知事の県・府政運営は、いずれも改革的な側面があり、前章の「改革派首長の歴史」でみたように改革派と位置づけるのは妥当であると考える。

最後に、以上の三人の知事の県・府政の全体像を要約すると、田中県政の場合は、「脱ダム宣言」が示すように民主党政権の政策的先取り、東国原県政の場合は、条件不利地域の宮崎を強調することによる地方の代弁者、橋下府政の場合は、財政再建も含め企業経営的と表現できる。なお、橋下府政の企業経営的側面は、その後の「大阪維新の会」の国政進出に当たっての評価できる面として流布されていたといえる。

(2) 政治手法の比較

政治手法という視点からみれば、いずれの知事もテレビなどマスメディアを重視するとともに、田中知事と橋下知事は激しい対立を伴う劇的な県・府政となり劇場型政治を展開したといえる。たとえば田中知事はダム建設中止などで議会と、橋下知事は次々と過激な発言を伴う問題提起で幅広い分野において対立構図を作った。特に橋下知事の攻撃性は任期全体にわたって続き、激しさを増す傾向があったといえよう。これに対し東国原知事は、県内では対立構図を避け、県外ではトップセールスなどを重視したのでＰＲ重視の県政運営といえた。ただ、東国原知事は、道路特定財源問題や口蹄疫問題さらに地方分権などで、国に対しては物申すという姿勢をとって対立構図を作ることがよくあり、また新聞など地元メディアとはしばしば対立した。さらに、畜産県宮崎にとっては戦後最大の危機といえる口蹄疫を乗り超えるなどの物語性もあった。

以上のことから、三人の知事が劇場型首長に該当するかみてみたい。いずれの知事も、自分の政策や政治目的を実現するために既成勢力との対立を演出し劇的に展開、つまり劇的にみせる政治手法を取ることがあり、また対立を演出することによって注目を集め、県民・府民の支持を得るのにある程度成功した。さらに、その人物像をみると、政治・行政の素人でアウトサイダー的に知事に就任するという物語性（これがカリスマ性につながる）があり、田中知事には物議を醸す発言・行動、東国原知事には国政転身騒動、橋下知事には過激発言とパフォーマンス的な要素もあった。つまり、三知事とも劇的性格、物語性、演技性があり劇場型政治を展開したといえる。それと、三知事とも前述したように議会や国・職員労働組合など既成勢力との対立つまり「敵対」、テレビなどメディアによる県・府民への発信つまり「大衆直結」、田中知事は脱ダム宣言、東国原知事は口蹄疫との戦い、橋下知事は大阪都構想など、政策・政治課題の「単純化・劇化」もあり、ポピュリズム的な戦略の基本要素を満たしていたといえる。このようなことより、三知事とも劇場型首長といえる。

しかし、橋下知事と異なり田中知事の場合、三選を果たせなかったことが示すように、その発言・行動はパフォーマンスと見なされたりし、また議会との対立は、最終的に県民の支持を幅広く得ることにつながらなかった。その理由のひとつとして、長野県ではテレビより地元紙の影響力が大きいことがあげられる。この点は、三人の知事のメディア環境の相違として次に考察する。

(3) メディア環境の比較

田中知事の場合、ほかの東国原・橋下の二人の知事と同じようにテレビ重視の劇場型政治を展開したにもかかわらず支持率が低下した。その理由として、地元メディアの状況の違いが考えられる。次に、この点について詳しくみたい。

実は、地方ではテレビより県単位で発行されている地元紙（地方新聞）の方が、地域における圧倒的な発行部数すなわち地域内シェア（市場占有率）が高いため世論への影響力が大きいとされる(4)。そのほかの理由としては、地方では、テレビ局の数も視聴者の数も少なく、情報・報道番組などの自主（地元）番組も少ないため、現在のテレビ報道の特色である多くの人を対象とした「洪水的報道」が起きにくいことがあげられる。

田中知事の場合、記者クラブの不要論を主張したり、一向に議会との対立が解消されなかったため、地元紙の信濃毎日新聞（シェア率六三％）が次第に批判的になっていった。また田中県政の時期は、国政で劇場型政治の小泉政権の時と重なったため相対的に地方より国に全国の注目が集まっていった。それは、田中知事の二期目は、一期目に比べ中央マスメディアで取り上げられることが少なくなったことからも分かる。

これに対して東国原知事の場合、小泉政権が終わり「地方の疲弊」や「地方分権」が問題となっていた。そして、それは自民から民主への政権交代につながる選挙での大きな問題として、在京キー局など中央マスメディアで注目されていた。田中知事の頃と比べれば、地方が大きく注目されていたため、東国原知事は地方行政の課題をはじめ地方の実情を分かりやすくコメントできる現職知事として、在京キー局に長期間にわたって登場し続けることができた。

ここで、あらためて、長野県、宮崎県、大阪府の民放テレビ局の状況をみたい（表5－4参照）。まず、長野県は、四つの民放テレビ局、宮崎県は二つの民放テレビ局で、いずれもその県のみ放送エリアとしている。これに対し大阪府には、大阪府、滋賀県、京都府、奈良県、兵庫県、和歌山県という二府四県を放送エリアとして四つの民放テレビ局があり人口二〇八〇万人に放送を行っている。その

表５-４　３人の知事のメディア環境

府·県	民間テレビ					地元新聞（発行部数，普及率）	人口（千人）2013.10.1
	東京放送	日本テレビ	フジテレビ	テレビ朝日	テレビ東京		
長野	信越放送	テレビ信州	長野放送	長野朝日放送		信濃毎日新聞 474,068 63.07%	2,122
大阪	毎日放送	読売テレビ	関西テレビ	朝日放送	テレビ大阪	—	8,849
滋賀	↓	↓	↓	↓	（大阪のみ放送）	—	1,416
京都	↓	↓	↓	↓		京都新聞 425,209 42.69%	2,617
奈良	↓	↓	↓	↓		奈良新聞 113,835 24.05%	1,383
兵庫	↓	↓	↓	↓		神戸新聞 543,815 22.31%	5,558
和歌山	↓	↓	↓	↓		—	979
宮崎	宮崎放送	テレビ宮崎（在京４局のクロスネット）				宮崎日日新聞 237,181 51.61%	1,120

（注）地元新聞は日本新聞協会加盟のもの。発行部数は日本ＡＢＣ協会集計のもの。人口は総務省統計局。

（出所）井上泰浩（2004）p.23（『日本民間放送年鑑2011』）を基に筆者作成。日本経済新聞「日経地域情報」357号，2000年12月18日。総務省統計局「都道府県人口2013年10月１日現在」（総務省ＨＰ資料）。

ほか、主に大阪府のみを放送エリアとするテレビ大阪がある。

これをみると橋下知事の場合、就任当初から、地元テレビ局の数は多く、それも在阪キー局と呼ばれ都市部を含む近畿地方全部をカバーして視聴者が多いという有利な状況があったことが分かる。また大阪の場合、有力な地元新聞がないという特色がある。たとえば、大阪出身で神戸新聞記者も経験したフリーのジャーナリストである松本創（二〇一五）は、細かい取材の上、橋下大阪知事誕生の頃の大阪マスメディアの状況について、タレント政治家への懐疑から一定の距離を保とうとした新聞に対し、在阪テレビ局はそれぞれ独自の番組を作り、また政治部がないこともあって橋下人気に乗ろうと応援スタンスで橋下知事の動向を各局が競って報道したと分析している[5]。このような大阪特有のマスメディアの特色もあって、橋下知事のテレビを利用した劇場型政治は、二〇一一年一一月の大阪ダブル選まで長期にわたり、発信力を維持できたといえる。

注

（1）本章で記述している内容は、すでに拙著『劇場型首長の戦略と功罪』（3～5章）で述べたものをコンパクトにまとめたものである。ここで、どのように調べ分析しているか紹介したい（具体的な引用元は拙著を参照されたい）。各首長の行政運営、政治手法は、まず新聞記事と既存文献（ルポ風のものも多い）によって事実つまり発生した出来事を確認、整理している。その上で、実際に県・府庁を訪問しインタビュー調査したり、また行政や議会の広報誌、議会議事録、各役所のHPの各種資料にて確認したりして、分析している。分析は、まず各首長を比較することが有効であった。なお、本章執筆の参考文献は前述の

ように ルポ風のものが多く、学術的なものは少ないのが現状である(橋下知事については学術的なものも出ている)。

(2) たとえば、中井歩は、君が代起立条例や教育基本条例で、橋下知事が石原知事と同列に論じられることがあるが、橋下知事は石原知事と違いナショナリスティックな思想・信条ではなく組織の規律重視の考えであり、それは民意を見ているとする(中井歩 二〇一三:一一〇)。筆者は、石原知事は保守主義の理念の人であって意図的に過激発言などをしているわけではないが、橋下知事は民意をみながら意図的に過激発言・対立やここにいう組織規律重視を打ち出しているとみている。

(3) 樺嶋秀吉(二〇〇四:一一〇)。

(4) 大石裕(二〇〇六:一三八)。

(5) 松本創(二〇一五:二一、二五、二六)。また二〇一二年一二月の参院選まで、橋下知事が映れば明らかに視聴率が上がったとされる(松本創 二〇一五:一七八)。

第6章　橋下大阪市政の全体像

前章で、橋下大阪府知事が改革派であって劇場型知事であることを再確認したが、本章では、二〇一一年一一月の大阪ダブル選で誕生し、地方自治でも国政レベルでも最も注目されることになった橋下大阪市政について、その特色が最も現われた就任以降の一年間をまず詳しくみた上で、四年間の大阪市政の全体像をみたい。政治手法には職員労働組合との対立など知事時代と同じものもあるが、行政運営にはマニフェスト重視という知事時代とは大きく違う面もみられる[1]。なお、大阪都構想と「維新」（日本維新の会が何度も名称変更したため、本書では国政・地域政党合わせて「維新」と呼ぶことがある）の動きは、次章で詳しくみたい。

1　二〇一一年大阪ダブル選の状況

自民・民主・公明・共産すなわち既成政党が反橋下のなか、二〇一一年一一月二七日実施の大阪ダブル選が一三日に告示される。告示当初は、政治資金パーティーでの決められない民主政権を意識した「今の政治で一番必要なのは独裁」発言によって、「橋下徹は独裁」という批判などもあり当初接戦とされた。しかし最終的には、大阪市長には橋下徹が七五万票、大阪府知事には「大阪維新の会」幹事長の松井一郎が二〇〇万票を獲得し当選する。それぞれ、市長選では現職の大阪市長である平松邦夫（五二万票）、知事選では全国市長会会長だった前池田市長の倉田薫（一二〇万票）を大差で破っての勝利だった。なお、市長選の投票率は六〇・九二％と四〇年ぶりに六割を超え有権者の関心は高かった。

この大阪ダブル選における「維新」側の勝因について、メディアでの分析をみると、①ダブル選に持ち込み選挙への関心を高め無党派の票を掘り起こしたこと、②最大の争点に据えた「大阪都構想」の是非を「現状を変えるか、変えないか」という二者択一に単純化したこと、③既成政党との対決構造を強調したこと、があげられている。(2)

そのほかの指摘としては、峰久和哲（朝日新聞編集委員）によると、「シンプルな争点」を掲げ「敵・味方を鮮明にする」という選挙戦術で小泉首相の二〇〇五年の郵政選挙に酷似しているとし、出口調査では前回の選挙より投票所に足を運んだ若者が増え、二〇代、三〇代の七割は橋下徹に投票したとされる。

また、今回の選挙の大きな特色として、大手週刊誌が橋下徹の生い立ちをとりあげ批判するという異例の報道を行ったこと、在京の有識者からファシズムをもじった「ハシズム」すなわち独裁という批判があったことがあげられる。そのため、有権者に橋下支持をためらう人が出てきたとの見方もある。このように橋下徹にとっては、告示当初は苦戦を感じたものの、最終的には先ほどの要因に加え選挙戦終盤の「大阪維新の会」所属の議会議員の組織的な選挙運動と、若い世代に照準を合わせた票の掘り起こしが功を奏し勝利に持ち込んだとされる[3]。

以上をまとめると、橋下徹の基本的な勝因は、ダブル選に持ち込み選挙への関心を高めた上での、①大阪都構想を軸に現状を変えるか変えないかという争点の単純化、②既成政党との対立構図、が大きな勝因といえる。ちなみに②は、政権交代後の民主党政権をはじめ既成政党への国民の失望を意識した戦略とも考えられる。

2　橋下大阪市政の基本的特色

ここでは、橋下大阪市政の基本的な特色を、市長の施政方針演説を糸口として明らかにする。そこからは、「決定できる民主主義」や「グレートリセット」をキーワードにした、市職員労働組合と激しい対立を伴う市政改革とブレーン政治を駆使したトップダウン型の行政運営が特色として浮かび上がってくる。

（1）橋下大阪市政の基本方針

橋下大阪市政の基本方針は、まず就任記者会見での当時の民主党政権への国民の失望を意識した「決定できる民主主義」の標榜といえるが、そのほかは二〇一一年一二月の市議会（大阪市の場合、「市会」と呼ぶ）での施政方針演説に示されている。

施政方針演説をみると、まず二大方針として、大阪を変えるための「大阪都構想の実現」と、市役所のマネジメント改革として「職員労働組合の是正」を掲げている。そして、市政改革に全力を尽くし、「大阪から日本を変える」、「府市一〇〇年戦争に終止符を打ち、大阪新時代の幕を開く」と述べ、既得権を破壊するのが自分の使命だとした。

まず市政改革をみると、区長に予算や人事などで大きな権限と財源を与え、市役所は住民サービスに徹してスリム化する方針を示したほか、補助金や福祉については、「特定の団体や市民への既得権を破壊する」と述べゼロベースで見直すとした。さらに、松井大阪府知事との連携を強調し、府と市が一体運営するための新たな組織「府市統合本部」を立ち上げ、そこで、府市の類似事業の仕分け、広域行政の一元化を行い、港湾、水道、病院などの一体的運用、市営地下鉄・バスの民営化を検討し進めると述べた。

実は、演説のうち最も熱がこもっていたのは、職員労働組合への厳しい発言だった。アドリブで「（国民の二割が公務員の）ギリシャを見てください。公務員の組合をのさばらせておくと国が破たんする。都構想と組合の是正によって日本再生を果たしていきたい」と強く宣言するほどだった[4]。

以上のように、橋下市長の議会での施政方針演説からみると、「決定できる民主主義」と「グレートリセット」をキーワードに、新たな統治機構である「大阪都構想」実現を目指して、橋下市長が既得権とする職員労働組合などとの対立姿勢を伴ったトップダウン型の市政改革が、橋下大阪市政の基本方針と分かる[5]。

（2）職員労働組合との対立と条例制定

職員労働組合との激しい対決

橋下市長は、先ほどの施政方針演説の中で、市長選のとき市営バス営業所内で職員労働組合による政治活動が発覚したことを取り上げ、「庁舎内での政治活動は許さない」と断言した。そして、「大阪市役所の組合の体質が全国の公務員組合の象徴。大阪市役所の組合を是正することによって全国の公務員組合を改めていく、そのことにしか日本再生の道はない」とまで述べた。このときメディアは、「敵に見立てた古い体質・勢力を徹底的にたたくことで多くの支持を集めてきたともいえる橋下市長が、次のターゲットに選んだのは労組なのか」（毎日新聞・大阪本社）と述べていたが、その後の展開を見ると、まさしくこの予想は当たったといえる。

二〇一二年二月、市営地下鉄の駅で職員のたばこ不始末が原因とみられる火災が発生し、五月には、駅長室で助役の喫煙によって火災報知器が作動し運行が遅れるという不祥事がおきる。橋下市長は激怒し、助役は懲戒免職（解雇）だと発言する（結局、停職三か月）。同じく二月には、児童福祉施設の職員が腕の入れ墨を児童に見せたことが発覚する。サービス業である公務員は入れ墨をすべきでないと橋下市長は激怒し、全職員への入れ墨調査を行うことになった。

以前から、ほかの政令市に比べ大阪市職員の不祥事は多いと問題視されていた。特にごみ収集など現業職員の不祥事が多かったが、このような市職員の度重なる不祥事もあって、橋下市長は組織規律を重視し、「法律で守られた公務員の身分保障が甘えを生む。民間のように厳しい競争にさらされるべきだ」と述べた。一方、職員を見る市民の目は厳しくなる。たとえば、二〇一二年一〜三月の間、市民からの市職員に関するクレームなどの通報は約二三〇件と前年同期に比べ倍増することになった。

このような中、第三者調査チームが市長選をめぐる政治・組合活動実態調査を全職員に行う。これには法曹団体から「重大な人権侵害だ」「思想信条の自由を侵害する」との批判が続出し、職員労働組合も府労働委員会に申し立てなどした。その結果、アンケート集計の凍結など混乱を招いたが、最終的には、職員労働組合も含め市役所ぐるみで平松前市長に対する選挙支援をし、その背景には労使癒着の構造があったという最終報告が出された[6]。

職員関連の条例制定

このような橋下市長と職員労働組合との激しい対立は、まず二〇一二年五月に、教員と市職員の人事管理徹底化の内容が含まれた「職員基本条例」の制定につながる。この条例は、職員評価に相対評価を導入し、二年連続で最低ランクの評価を受け、研修でも改善されないときは免職（解雇）もあり得るという厳しい内容である。そして、最終的には一二年七月末、次の三つの条例も制定される。

まず「職員の政治的行為の制限に関する条例」は、職員の政治活動の対象を、国家公務員法に準じて、一〇項目を新たに禁止し厳しくするものである。違反は原則懲戒免職と厳しい方針だったが、第二会派の公明が軟化を求め停職や減給も処分内容に併記する修正をした。次に、「大阪市労使関係に関する条例」は、職員労働組合と当局との交渉事項を明確化するもので、職務命令や予算編成など管理運営事項は交渉対象から外すとし、労使交渉はメディアに公開するとなった。交渉のメディア公開は、橋下市長が知事時代に大阪府政の財政改革で行った手法であり、職員労働組合を萎縮させる効果がある。そして、「政治的中立性確保のための組織活動に関する条例」は、市長選の三か月前から投票日までの間、市長や副市長、一般職員の政治的行為を制限するものである。(7)

これらの条例によって職員労働組合による政治活動は封じられることになった。また前述の職員基本条例に基づき、二〇一五年九月、勤務成績が良くないと男性職員二人を民間の解雇に当たる免職、女性職員一人を降任とする分限処分が発令されている。ちなみに9章でみる橋下劇場への批判的評論には、このような橋下市長の職員労働組合に対する対立姿勢や職員管理強化を問題視したものが目立つ。

(3) トップダウン型の行政運営とブレーン政治

二〇一一年一二月一九日に就任した橋下大阪市長は、就任早々、大阪市の最高意思決定機関である「戦略会議」を開催し、市の主要な施策や事業について、大阪府と新設する「府市統合本部」と二四区長でつくる「区長会議」、そして「市の改革プロジェクトチーム」の三つで検討することを決定した。

司令塔的役割を担う「府市統合本部」には、本部長として松井知事、副本部長として橋下市長が、顧問には堺屋太一（作家・元経済企画庁長官）、上山信一（慶應大学教授）、古賀茂明（元経済産業省官僚）、原英史（元経済産業省官僚）の四名が就任した。このような組織を整えた橋下市政の意思決定は、明らかにトップダウン型といえ、橋下市長が標榜する「決定できる民主主義」を具体的に示すものである。それは、市長が大きな方向性を示し、市職員に複数のプランを練らせ、最終決定は政治家である自身が下すというスタイルであった。

橋下市政が進むにつれブレーン政治の様相を帯びてくる。橋下市長は市長就任以降、次々と民間人を特別顧問などに登用し、平松前市長の離任時には三人だったものが就任ほぼ半年で六倍の一八人となった。さらに特別参与まで含めると五〇人を超えるブレーンがいた。特別顧問（表６－１）をみると、先ほどの堺屋太一、上山信一などのほか、実務経験のある研究者、さらに民間からの登用も目立

表6－1　大阪市の特別顧問

○府市統合本部	**○大都市制度**
堺屋太一（作家・元経済企画庁長官）	佐々木信夫（中央大学大学院教授）
上山信一（慶應義塾大学教授）	金井利之　（東京大学大学院教授）
古賀茂明（元経済産業省官僚）	赤井伸郎　（大阪大学大学院教授）
原　英史（元経済産業省官僚）	山田　宏　（前杉並区長）
安藤忠雄（建築家）	土居丈朗　（慶應義塾大学教授）
橋爪紳也（大阪府立大学教授）	**○人事**
余語邦彦（ビジネス・ブレークスルー大学大学院教授）	山中俊之　（人材開発会社社長）
	稲継裕昭　（早稲田大学大学院教授）
飯田哲也（環境エネルギー政策研究所所長）	**○西成区特区構想**
	鈴木　亘　（学習院大学教授）
○財政	**○区政**
高橋洋一（嘉悦大学教授）	中田　宏　（前横浜市長）

（出所）毎日新聞（大阪本社）2012年６月19日「橋下改革のブレーン図」より筆者作成。

つ。たとえば、企業再生を手がけてきた元カネボウ化粧品会長の余語邦彦、エネルギー政策では反原発論者で再生可能エネルギーの第一人者といわれる飯田哲也（環境エネルギー政策研究所長）、建築家の安藤忠雄や都市活性化の専門家としての橋爪紳也（大阪府立大学教授）のほか、市役所改革のため、山田宏前杉並区長、中田宏前横浜市長と政治家も起用している。ただ、これらの特別顧問には、改革全般を委ねるというより、分野ごとに専門家として任せる傾向があったという。

このような結果、庁内でのブレーンの発言力が大きくなっていった。それは、重要な会議には特別顧問らがほぼ出席して実質的に議論をリードし、また会議開催前にかならず特別顧問らに事前説明し了解を得ることになっていたからである。たとえば、二〇一二年一月の府市統合本部では、府立高校の学区撤廃について、府教育委員側が府議会で議論が尽くされておらず拙速な決定は教育現場に混乱を招くという理由で一年の猶予を求めたが、複数の特別顧問の反対意見に押し切られる形で二〇一四年度からの実施が政治決定されたという[8]。

このようにブレーン政治には、意思決定の早さと専門性の高さを評価する声がある一方、多様な意見が反映されるか、議会によるチェックなどが十分に機能するかという危惧される面もあった。

3　橋下市政の政策展開の特色

橋下徹の府知事時代をみると（5章参照）、全体的にみればマニフェストを軽視した府政になっていたが、大阪市長になると、知事時代とは対照的にマニフェストに沿った力強い政策展開となった。その理由は、二〇一一年大阪ダブル選のとき、マニフェストに現職の強みと経験を生かした政策項目をそろえたことと、大阪都構想という目的がしっかりとあったからだといえる。

ここでは、この力強い橋下市政の特色を、政策をどのように打ち出していくか、つまり政策展開をマニフェストのほか予算や市政改革プランに沿って明らかにしたい。

(1) マニフェスト・リード型の政策展開

「大阪維新の会」は、大阪ダブル選のとき「大阪秋の陣・市長選マニフェスト——維新の挑戦・体制維新」を発表しているが、このマニフェストに基づき主な政策も展開されたといえる。

マニフェストは総論と各論からなり、冒頭に目玉政策として、「大阪の統治機構を変える大阪都構想」、「公務員制度を変える職員基本条例」、「教育の仕組みを変える教育基本条例」、「エネルギー供給体制を変える関西電力株主権行使」の四つが掲げてある。総論は大阪の現状分析が主で、各論が、①政策編、②統治機構・府市統合本部編、③統治機構・基礎自治編、から構成されており、②では府と市が協力して行う大阪再生へ向けての成長戦略が掲げられていた。また①～③の分野に六二の具体的な事業が掲載された。なお、このうち主な項目は、表6－2のとおりである。

最大の目玉である「大阪都構想」に関しては、「大阪維新の会」の国政進出に危機感を感じる既成政党が、逆に都構想実現のための法律制定に協力的になったため、二〇一二年八月には、「大都市地域特別区設置法」として早くも成果を出していた。なお、ほかの政令市で、この法律を用いて特別区を設置しようという動きはなく、むしろ批判的な市長もいた。ちなみに、二〇一四年の地方自治法改正によって、二重行政解消のために道府県知事と政令市長で構成する「調整会議」が設置できることになった(9)。

マニフェストに掲げた具体的事業の就任半年時点での進捗状況（毎日新聞調査）をみると、予算案や条例案を議会で可決するなど「達成」は一五項目（二四％）、「実現の見通し」立ったは一三項目（二一％）、両者合計二八項目と、就任半年で全体（六二項目）の四五％に道筋をつけるなど、府知事時代に比べると速い進捗といえる。この速さが、橋下市長の改革イメージを高めていた。なお、先ほど「達成」と判定した一五項目のうち、最も多く占めるのは子育て支援分野で、橋下市長が選挙で「子

表６－２　市長選マニフェストの主な項目

（公務員改革） ・幹部ポストの公募制。 ・１万2000人以上の職員削減。給与を民間並みに。 ・天下りを原則的に禁止。 ・外郭団体を民営化，広域化などで全廃。 ・地下鉄・バスを完全民営化。運賃を値下げ。 （教育改革） ・小学校区隣接選択制採用による学校選択を可能に。 ・小中一貫，中高一貫教育の推進を図る。 ・公立小中学校普通教室にクーラー設置。 ・公立中学校の中学生を対象に給食実施。 ・学校の判断で土曜日授業と放課後授業可能に。 （財政改革） ・市債残高の削減目標設定し大幅に減らす。 ・補助金・交付金制度を見直す。	（子育て支援） ・保育所，幼稚園を民営化し待機児童解消。 ・妊婦健診や予防接種の内容を充実。 ・中学校卒業まで通院，入院の医療費無償化。 （保健医療・福祉） ・健康診断受診の補助や受診機会の拡大。 ・医療監視の強化，診療報酬の適正化を図る。 ・敬老パスを維持。私鉄などで利用できる制度改善。 （防災対策・エネルギー） ・関西電力に株主提案権を発動。 ・民間資本の活用や地産地消のエネルギー政策実施。 （計画施設についての対応） ・森之宮ごみ焼却工場の建て替え計画を凍結。 ・梅田北ヤード２期工事を市民が憩う森として設計。

（出所）毎日新聞（大阪本社）2012年６月19日「検証・大阪市長半年」のマニフェストの表より筆者作成。「大阪秋の陣・市長選マニフェスト」（大阪維新の会ＨＰ資料）も参照。

育て世代への重点投資」を約束していたからといえる。(10)

(2) マニフェストとリンクした予算

橋下市政の予算をみると、まず、前述のマニフェストを反映した就任後最初の予算が、二〇一二年二月に二〇一二(平成二四)年度一般会計当初予算案として発表されている。

市長選後すぐの予算案となったため、その総額は一兆五一六三億円(前年度当初比一一・九%減)で人件費など経常経費中心の骨格予算となっている。ただ事業内容をみると、高齢者向けの事業や文化団体への助成を廃止・凍結する一方で、中学生までの医療費助成の拡大、妊婦健診の実質無料化など子育て支援や教育分野に重点投資するなど、市長選のマニフェストを反映した予算となっている。そして七月末、総額一四八九億円の補正予算が市議会で可決・成立する。

以上の当初予算と補正予算を合わせてみると、前年度当初比三・二%減の一兆六六五二億円と四年ぶりのマイナス予算となっている。予算の特色は、住民サービスや補助金を見直したり人件費をカットする一方で、「現役世代への重点投資」と「現状を打ち破る取り組み」を掲げたことである。

具体的には、後述の市政改革プランに基づき、各種公共施設や事業の廃止・縮小などで住民サービスを計三一億円削減し、職員給与を民間並みとするために月額三〜一四%カットして人件費を約一三〇億円削減した。

一方、新規・重点事業をみると、重点投資は次世代育成分野で、教育面を中心に、二〇一二年度中に市立小中高の全教員に業務用ノートパソコンを配備し（六億四二〇〇万円）、小中学校に生徒用のタブレット型パソコンを配布した（一億三五〇〇万円）のほか、教頭が教育活動に専念できるように副校長ポストを小中一五校に設けるとした。また、来春定年退職によって空席となる小中校長約五〇名を全国公募するとし、府知事時代から教育に力を入れていた橋下市長の政策の特色が出ているといえる。さらに地域振興策として、日本最大の日雇い労働者の街「あいりん地区」を抱える西成区の結核対策やイメージアップ推進事業のほか、JR大阪駅北側の再開発地区「うめきた」に設けられるイノベーション・ビレッジの検討など、検討事項ではあるが将来に向けての施策もみられた[11]。

（3）市政改革プランの策定——行財政改革

橋下市長は、二〇一二年四月に市政改革プランの素案を発表する。このプランは、大阪都構想実現のための態勢整備と同時に橋下市政四年間の市政運営の基本方針となるもので、行財政改革も含んでいた。行財政改革では四四三事業を見直すとし、その中心に七〇歳以上が無料で市営地下鉄・バスを利用できる「敬老パス」の一部自己負担化や公共施設を三分の一に統廃合する案もあった。これに対しての市民の反発は大きく、約二万六〇〇〇件の反対意見（うち敬老パス関係は二六〇〇件ほど）が市民から寄せられたが、結局、削減額を縮小するなどして、一二年七月、次のようにプランが確定している。

まず市政改革プランの柱を、「①大きな公共を担う活力ある地域社会づくり」、「②自律した自治体型の区政運営」、「③無駄を徹底的に排除し成果を意識した行財政運営」の三つとした。前述した橋下市長の施政方針演説でも述べていた予算・人事などの権限と財源を区長に与える方針は、「②自律した自治体型の区政運営」に当たり、全国に区長を公募することになった。全国から、民間をはじめ弁護士、大学教授、主婦など一〇〇〇人以上の応募があり、二四名選考し一二年八月に就任することになった。

次に、「③無駄を徹底的に排除し成果を意識した行財政運営」をみると、前述のように各種公共施設の統廃合を含め一〇九事業の廃止・縮小を行うとし、二〇一二年度から三年間で約三九四億円削減するとした。具体的には、前述した「敬老パス」は年三〇〇〇円の更新料と一回五〇円の運賃負担を利用者に求め、地域密着型バスは公募区長が存続・廃止や路線再編を判断することになった。一方、当初の案では全廃となっていた男女共同参画センターや生涯学習センターも一部存続が決まった[12]。

以上の市政改革プランの考え方は、大阪都構想実現のために、広域行政と基礎的自治行政を明確に分離した上で、基礎的自治行政には徹底した効率的行政運営を求め、「①大きな公共を担う活力ある地域社会づくり」が示すように、住民生活を地域社会が支えつつ行政が支援する形だとされる[13]。やはり、この市政改革プランは、目玉である大阪都構想実現のための特別区導入に向けた受け皿づくりという面があるといえよう。さらに市政改革プランは、マニフェストの考えにあった「選択と集中」の発展版ともいえる。それは、一二年度予算で、高齢者向けの事業や文化振興関係を見直し、子育て支援や教育関係への予算を充実させたことからも分かる。

以上、これまで述べたことを整理して橋下大阪市政の政策展開の特色を明らかにすると、まず周到に準備されたマニフェストの実現、それと選挙の争点となった「大阪都構想」の実現に向けて、就任直後に早速、組織を整えた上で、トップダウンでブレーンを駆使しながら政策を打ち出す政策展開となっていることである。その結果、マニフェストと就任後策定した市政改革プランに基づいて、予算編成も行財政改革も力強く進められている。

4　就任一年目の橋下大阪市政

前述（５章）したように、橋下大阪府政は、まず財政再建からスタートし効率的かつ企業経営的な行政運営を行うとともに、マニフェストを軽視したブレーン政治的側面もあった。また、マスメディアを巧みに利用してさまざまな問題提起をして敵を設定し対立を軸に劇的に展開するという特色があった。

これに対し橋下大阪市政の最初の一年間をみると、「決定できる民主主義」をキーワードにブレーン政治を伴ったトップダウン型の行政運営が、より強化されている。また、二〇一一年大阪ダブル選の争点となった「大阪都構想」が盛り込まれたマニフェストや就任半年で決定した市政改革プランに沿って、予算編成や行財政改革、市役所改革も連動して進んでおり、その市政改革は、職員労働組合との激しい対立を伴いながら力強くスピードが速い。そして、その政策は、子育て支援や教育など現役世代を重視したメリハリをつけたもので、公募区長や公募校長など民間発想の新たなことにも積極的に取り組んでいた。

そのほか、維新政治塾の発足、国政政党「日本維新の会」設立など「維新」や大阪都構想に関する出来事も多い（詳しくは次章）。そのため、先ほどの橋下市長による力強くスピード感のある市政の改革は、まるで次期衆院選に向けての実績づくりのように見えてしまうぐらいであった。

ここで、橋下市長の支持率をみると、朝日新聞・朝日放送合同の二〇一二年二月の世論調査では、大阪市民の支持率は七一％（府民は七〇％）に達した。ところで、同じ調査で二〇〇八年二月に就任した橋下知事時代の支持率（府民）は、二〇一〇年一月七九％、一一年一月七一％と七割を維持していたが、同年一〇月には支持率は五四％まで落ち込み、そのとき政治手法を評価するは五九％だった。つまり、市長就任後、支持率は以前と同様の水準に回復していた。その後の市長就任半年目の毎日新聞とMBS合同の世論調査をみると、府民による支持率は六〇％（不支持一二％）で比較的高めの支持といえよう。この調査での支持する府民の支持理由をみると、多い順に、「指導力がある」二四％、「政策に期待できる」一七％、「人柄が良い」一二％となっている。

このように橋下大阪市政一年をみると、職員労働組合との対立姿勢を伴ったスピード感ある市政の改革は、日頃から行政の非効率や官僚組織などに不満を持つ市民にとっては、新鮮で強いリーダーシップを発揮しているようにみえ支持率も高くなったといえよう。

5　就任二年目以降の橋下大阪市政

就任二年目以降の橋下市政は、大阪都構想や「維新」を中心にメディアの注目を集めながら展開したといえる。大阪都構想と「維新」に関しては次章でみることとして、ここでは、それ以外の政策面を中心にみたい。

橋下市政の政策は時が経つにつれ順調といえない面が出ていた。就任二年目が終わる任期折り返し地点（二〇一三年一二月）で、水道事業統合の失敗や難航する市営地下鉄・バスの民営化問題など政策の進み具合も順調でなく、支持率も四九％（朝日新聞・朝日放送合同調査、前回二〇一三年二月は六一％）と下がっていた。つまり就任二年目以降になると、橋下大阪市政の特色である力強い改革も「ほころび」が生じていたが、予算面で政策をみると依然メリハリのきいたものとなっていた。

(1) 公務員制度改革と民間活力導入

職員労働組合との対立姿勢の中で実施された全職員への政治・組合活動つまり市長選関与のアンケート調査は、職員労働組合への不当労働行為と府労働委員会が認定し、その後、団結権やプライバシー権侵害の設問があったとして、二〇一五年一月に大阪地裁、一二月には大阪高裁で市が敗訴し確定している。なお、入れ墨調査は二〇一四年一二月に大阪地裁で市は敗訴したが、二〇一五年一〇月、大阪高裁では原告が敗訴し調査は適法とされた。ただ、この橋下市政の職員労働組合への厳しい対決姿勢は、職員の政治活動制限の一連の条例制定もあって、職員労働組合のこれまでの勢いを失わせることになったといえよう。

民間活力の導入をみると、市が大々的に公募した区長は、民間出身の公募区長一八人のうち四人が、重要会議欠席の業務怠慢、ツイッターでの不適切発言などで評判が良くなく、中には更迭される民間出身区長も出た。それと、橋下市長の強い意向でスタートした市立小中学校長の民間公募は、民間から採用された一一名の校長について、ハラスメント、経歴詐称など不祥事が目立った。同じく橋下市長の友人で民間登用の教育長が、二〇一五年三月、パワハラで辞任している。このように鳴り物入りで導入された制度もかならずしも順調とはいえなかった。

一方、府との連携で期待された水道事業の府・市一体的運営のための大阪広域水道事業団（府内二四市町村で構成）と大阪市水道局の統合案は、二〇一三年五月に破綻したほか、二〇一四年一一月には、市営地下鉄・バス民営化の条例案は議会で否決されている。これは、橋下市長の議会への対決姿勢が影響した議会側の反発も理由である[14]。

（2）予算と財政からみる橋下市政の政策の特色

二〇一五年一二月、橋下市政四年間が終了し、財政面も含め批判的な分析も出ているが[15]、ここでは、予算と財政分析（総務省公表の財政指標いわゆる「決算カード」を使用）を用いて、橋下市政の政策の特色をみてみたい。

予算からみた政策の特色

就任二年目の二〇一三（平成二五）年度当初予算をみると、総額一兆六七〇〇億円（前年度当初比〇・三％増）で、前年度と比べほぼ横ばいとなっている。予算編成の基本方針は、子育てや教育・雇用など「現役世代への重点投資」で、高齢者への過剰なサービスを見直し現役世代へ振り向けるものだった。事業をみると、自宅で子供を預る「保育ママ事業拡充」（九億二〇〇〇万円）、入所枠四割増を目指す認可保育所等の整備（三〇億二六〇〇万円）、中学校給食の全市拡大（一四億六二〇〇万円）などがあり、市によると子供・教育関連の政策的経費は一九六億円で二〇一一年度の約三倍とされた。

就任三年目は、都構想の区割りが進まないのを理由に、橋下市長辞任に伴う出直し市長選（橋下市長再選）となったため、義務的経費などを中心とした骨格予算と政策的な補正予算を合わせたものが、実質の二〇一四（平成二六）年度当初予算となった。これをみると、総額一兆六八二二億円（前年度当初比〇・七％増）で、小中学校の学力向上支援策など「現役世代への投資」や「活力ある大阪」としての魅力あるまちづくり関連事業などがある。なお、三月議会で議会側が批判的で減額修正した公募校長関連経費など六事業も再計上し予算化した。

そして、任期最終年度の二〇一五（平成二七）年度当初予算は三年連続増の一兆七二七〇億円の積極型予算となり、子育て・教育分野など現役世代への重点投資に加え防災対策に配慮している。たとえば、生徒指導のための「生活指導サポートセンター」開設などのほか、防災行政無線の緊急整備五億二〇〇〇万円がある。[16]

このように二年目以降の予算をみても、就任一年目の方針である現役世代重視がしっかり続いているようにみえる。ただ、その中身をみると、政策予算とされる二〇一四年度補正予算では新規事業はほとんどなされていないという指摘[17]もある。実は、保育所整備や中学校給食普及は多額になるのが実態で、苦しい財政下では、新規事業は控えたりソフト事業という小規模なものにして、浮いた財源をこのような額のかかる事業に投入するしかない。また高齢化に伴って社会保障費も年々増加する一方なので、新規事業がみられないのはやむを得ないといえよう。

ところで、メディアの毎年度当初予算の記事（毎日新聞）をみると、市の発表に沿って、二〇一二年「高齢者・文化を削減、子育てに重点」、二〇一三年「現役世代に重点投資」、二〇一四年「現役世代中心に、橋下色前面」、二〇一五年「三年連続増・現役世代へ重点」と、大きな見出しが出ており、市民は積極的に現役世代重視の予算編成がなされ額も大きく伸びているというイメージを抱いたと推測される。

そこで、決算ベースで目的別の支出をみてみたい（表6－3：本章執筆時公表の二〇一二・二〇一三年度のみ）。実は、福祉・教育に関する「民生費」と「教育費」は、平松市政の最終年度（二〇一一年度）に比べ、ほぼ横ばいといえる（民生費・教育費計二〇一一年度七九五四億円⇒二〇一三年度七九八七億円）。つまり、事業費が大きく伸びているわけではない。「民生費」の中には高齢者関係と、保育所など子

表６－３　大阪市の目的別歳出（決算ベース）

（単位：百万円）

	平松市政				橋下市政	
	2008年度	2009年度	2010年度	2011年度	2012年度	2013年度
民生費	549,392 (35.4)	599,986 (35.9)	653,889 (39.8)	676,248 (41.0)	676,445 (39.8)	678,997 (41.1)
教育費	115,356 (7.4)	120,070 (7.2)	106,714 (6.5)	119,194 (7.2)	110,559 (6.5)	119,660 (7.3)
民生・教育計	664,748 (42.8)	720,056 (43.1)	760,603 (46.3)	795,442 (48.2)	787,004 (46.3)	798,657 (48.4)
商工費	88,451 (5.7)	139,512 (8.4)	151,381 (9.2)	143,412 (8.7)	139,774 (8.2)	126,481 (7.7)
土木費	264,555 (17.0)	259,457 (15.5)	227,152 (13.8)	214,540 (13.0)	163,500 (9.6)	195,718 (11.9)
その他	535,105 (34.5)	550,738 (33.0)	502,098 (30.7)	496,503 (30.1)	608,977 (35.9)	529,546 (32.0)
計	1,552,859 (100)	1,669,763 (100)	1,641,234 (100)	1,649,897 (100)	1,699,255 (100)	1,650,402 (100)

（出所）総務省の決算カードより筆者作成。

育て関係が一緒になっているので、高齢者関係を削って子育てに充当しているのであろうが、総額は増えていないのが実態であるし、教育費も横ばいである。ただ「土木費」は平松市政最終年度に比べ大きく減少している（二〇一一年度二一四五億円⇒二〇一三年度一九五七億円）。また表６－４の財政面の分析をみると、地方債（市債）残高が減少（二〇一一年度二兆七四五〇億円⇒二〇一三年度二兆五七八六億円）していることから分かるように、公共事業を削減し、また収支改善を図りつつ積立金も積立てながら、少子化に対応した福祉や教育につけるという「やりくり型」の予算になっていることが分かる。そのため、経常収支比率の大きな改善もなく財政構造の硬直化も続いているが、この傾向は多くの自治体も同じである。

財政面の分析

財政面をみると、橋下市長が二〇一五年大阪ダブル選で財政改革をアピールしているが、実際にも財政再建は進んだといえる。ここでは、財政面の分析を、総務省が出している決算カードの指標から検証したい（表6-4：本章執筆時公表の二〇一二・二〇一三年度のみ）。

まず支出と収入の差し引き、つまり黒字・赤字の収支状況をみたい。自治体の多くは黒字とされるが、実際は貯金である積立金を取り崩して黒字としていることが多い。そこで、このような貯金からの取り崩しをなかったものとした収支つまり実質単年度収支をみると、橋下市政は平松市政のころに比べると確かに収支が大きく改善（二〇一一年度四四〇〇万円黒字⇒二〇一三年度六二九億円黒字）されていることが分かる。

ところで、橋下市政での収支改善には、どのような要因があったのだろうか。明確なのは人件費の削減である。平松市政の時代は新規採用職員の抑制による人員削減を進めてその効果は出ていたが、橋下市政では人員数は変わらないのに、一人当たり平均月額給与が三〇万二八〇〇円（二〇一一年度）から二八万六八〇〇円（二〇一三年度）と大きく減少している。すなわち橋下市長が主張した優遇された給与の見直しなど公務員改革の成果といえよう。それと、地方債すなわち市債残高については平松市政の時代から減少はしているが、橋下市政で減少ペースは加速した。一方、橋下市政に入ると、

表6-4　財政面の状況

	平松市政				橋下市政	
	2008年度	2009年度	2010年度	2011年度	2012年度	2013年度
経常収支比率（%）	99.2	100.2	99.4	99.5	101.9	98.3
義務的経費の割合（%）	55.1	53.4	57.5	59.1	58.3	60.0
地方債残高（百万円）	2,814,499	2,797,041	2,770,467	2,745,021	2,660,208	2,578,573
実質公債費比率（%）	10.7	10.4	10.2	10.0	9.4	9.0
将来負担比率（%）	245.7	238.7	220.6	199.9	180.8	152.5
実質収支比率（%）	0.1	0.1	0.1	0.1	0.1	3.2
実質単年度収支（百万円）	14	△58	19	44	119,028	62,860
積立金残高（百万円）	113,981	113,769	125,562	151,409	188,672	210,141
一般職員数（人）	20,772	23,491	22,678	21,949	21,311	21,333
1人当たり平均給料月額（百円）	3,146	3,136	3,149	3,028	3,022	2,868

（出所）総務省の決算カードより筆者作成。

貯金つまり積立金残高は平松市政の最後の年二〇一一年度に比べ若干増えているが、大きく増えているとはいえない。また、経常的な経費がどれぐらい占めているかの経常収支比率（二〇一三年度九八・三%）は依然として高く、容易に削減できない義務的経費の割合（二〇一三年度六〇%）も年々高くなっているので、財政構造の硬直化が大幅に改善されたとはいえない。おそらく、高齢化に伴う社会保障関係の費用増などによって一向に財政構造の硬直化は改善されない中、借金を抑え給与も抑え収支が大きく改善したにもかかわらず、積立金つまり貯金を大きく増やすまでは至っていないことが分かる。ただ大幅な収支改善と借金が減っている点からみれば、平松市政時代よりは、財政再建がかなり進んだのは確かである。

このような状況をみると、橋下市政の財政改革に疑問を呈する見方もあるが、地方債つまり市債残高は減少し収支は大幅に改善され積立金も若干増加（二〇一一年度一五一四億円⇒二〇一三年度二一〇一億円）しているので、財政再建が進んでいるのは明らかである。ただ、財政的に余裕ができて行政サービスの大きな伸びにつながるほどではない（なお執筆時点では二〇一三年度までの決算カードしか公表されていなかったため、橋下市長任期の前半までの分析になっている）。

以上の橋下市政二年目以降の全体像をみると、大阪都構想への態勢整備を図りながら、財政面では行財政改革によって収支改善を図りつつ予算措置としては現役世代重視を打ち出す政策を取っていたが、公務員改革や民間活力導入では「ほころび」も生じ、また水道事業統合は破綻し市営地下鉄・バス民営化は頓挫したほか、当初順調だった大阪都構想も二〇一五年五月には住民投票で否決されるなど紆余曲折の展開となった。

結局、橋下市長引退に伴う任期満了の市長選を、またもや大阪知事選とのダブル選挙とし、さらに都構想を再度掲げる形で選挙選を戦い、二〇一五年一一月、橋下後任の「維新」の衆議院議員吉村洋文の初当選、松井知事の再選とまた「維新」側の勝利に終わっている（次章の最後で詳述）。

注

（1）本章では、大阪市政の事実関係・出来事を、新聞記事・文献で整理・確認した上で、大阪市政広報誌や大阪市HP資料を基に確認・分析を行った。

（2）大阪ダブル選関連新聞記事参照。橋下徹の勝因分析は、毎日新聞と読売新聞より。

（3）北野和希「橋下維新、躍進の理由」岩波書店『世界』二〇一一年一二月号、二一四頁一部参照。

（4）以上、見出し（1）のここまでの施政方針演説からの分析は、演説全文のほか関連新聞記事も参考にした。

（5）「グレートリセット」と「決定できる民主主義」の二つが橋下市政のキーワードという見解は、読売新聞大阪本社社会部（二〇一二：一〇〇、一〇一）参照。

（6）以上、見出し（2）の内容については、関連新聞記事のほか読売新聞大阪本社社会部（二〇一二：一一八―一二八、一三五、一三六）参照。公務員バッシングに関しては、次のような見解がある。「橋下の戦略ははっきりしている。国や地方の行政組織、労働組合、教育委員会といった官に狙いを定め、過激な言動で攻撃する。自らは住民の代表として選ばれた政治家だと強調し、官との対決構図を印象づけ、あつれきをエネルギーに変えて高支持率を維持してきた。相手が反発すればするほど、抵抗勢力と戦い、改革を進めるリーダーの役回りである橋下の人気は高まる。だからこそ、橋下はさらに攻め込む。市役所に乗り込んだ橋下にとって、労組が平松の知人・友人紹介カードを庁内で勤務時間内に配布したという敵失は、労組攻撃を本格化させる格好の口実となった」（読売新聞大阪本社社会部 二〇一二：一一八）。

（7）以上、職員労働組合との激しい対決の状況（後述の二〇一五年九月の処分も含む）は、関連新聞記事参照。条例は、関連記事のほか鶴田・大阪自治体問題研究所（二〇一二：三五、三六）参照。

（8）以上、ブレーン政治の説明は、毎日新聞（大阪本社）二〇一二年六月一九日「検証・大阪市長半年」記事のほか読売新聞大阪本社社会部（二〇一二：一五二、一五三、一八四、一八五）参照。

（9）以上、マニフェストの説明は、大阪維新の会HP資料「大阪秋の陣・大阪市長選マニフェスト」より。都構想の動きは、関連新聞記事参照。なお、大阪のような特別区設置について批判的な首長としては、「地方分権でなく集権型の発想だ」と述べた矢田立郎神戸市長がいる（毎日新聞（大阪本社）二〇一二年七月三一日）。

（10）毎日新聞（大阪本社）二〇一二年六月一九日「検証・大阪市長半年」記事参照。ほか大阪維新の会HP資料「大阪秋の陣・大阪市長選マニフェスト」も参照。

（11）以上、予算の説明は、毎日新聞の予算関連記事のほか、大阪維新の会・政調会（二〇一二：四八、四九）参照。なお、西成地区対策については、読売新聞大阪本社社会部（二〇一二：一七九、一八〇）が詳しい。

（12）以上、市政改革プランの説明は、大阪市HP資料「市政改革プランの概要」、読売新聞大阪本社社会部（二〇一二：一七四―一七六）、毎日新聞（二〇一二年八月一日）の市政改革プラン関連記事参照。

（13）鶴田・大阪自治体（二〇一二：一二七）参照。

（14）以上、見出し（1）の説明は、関連新聞記事のほか大阪市役所HP資料。なお民間公募区長・校長の不祥事などは田村秀（二〇一四：八九―九七）が詳しい（ここでも参照した）。

(15) たとえば、藤井聡・村上弘・森裕之（二〇一五）『大都市自治を問う――大阪・橋下市政の検証』学芸出版社。

(16) 以上の予算の状況は、予算関連新聞記事（主に毎日新聞・大阪本社版）のほか大阪市市政広報誌（市政広報誌である「大阪市政だより」は平成二四年八月号まで発行され、それ以後は各区の広報誌の中の最後に「おおさか掲示板」というコーナーとして掲載。これは大阪都構想を意識した変更といえよう）、大阪市ＨＰ資料、参照。

(17) 森祐之（二〇一五：一三二）。なお、橋下大阪市政の財政分析の数少ない研究である。

第7章　大阪都構想と「維新」の動向

前章では、橋下大阪市政の全体像をみたが、本章では、橋下大阪市政における最大の政策課題であった「大阪都構想」と最大の政治的動きであった「維新」の動向をみてみたい。ちなみに「橋下劇場」の特色が最も顕著に現われたのが、この大阪都構想と「維新」をめぐる橋下徹の発言と行動だったといえよう（10章で詳述）。また、最後に、6・7章のまとめとして橋下市政四年間を振り返り、橋下大阪市政の劇的な面を確認したい。

1　大阪都構想の状況——否決された大阪都構想

(1) 都構想の推移

まず大阪都構想を説明したい。都構想とは、大阪の再生と府市の二重行政解消のために、大阪市を廃止して、基礎自治体である五つの特別区（現在は二四の行政区）に分割し、小中学校教育や生活保護など身近な住民サービス提供の業務を各特別区に担わせ、同時に重複する大阪府、大阪市の業務を一元化して、インフラ整備や産業振興の権限を府に集中するものであった。これは、東京都の二三特別区がモデルとされる。ただ、この構想が実現しても、名称は「府」のままである。

ちなみに、この都構想が出てきた背景には、大阪が東京に比べ長期にわたって低迷していること、さらに大阪府は香川県についで面積が狭いのに、大きな権限を持つ府知事と大阪市長が互いに競い合って失敗した大規模開発への反省と、大阪市が二七〇万近くの人口を抱え市長と住民の距離が遠く民意を反映しにくいという問題意識があった。[1]

ところで、都構想には、新たな府が二重行政解消で浮いた財源を用いて産業振興やインフラ整備など大阪発展の重点投資をし、それに成功すれば税収が増えて、住民サービスが向上するという考えがある。この考えは戦略的であり、企業経営的な発想といえよう。

なお、橋下大阪市長の就任二か月後の世論調査（朝日新聞・朝日放送合同で二〇一二年二月実施）によると、大阪都構想について大阪市民は賛成四八％、反対二七％で、二〇一一年一〇月調査のときの賛成四二％、反対三一％より賛成が伸びていた。

このような中、二〇一二年八月、都構想実施のための手続きを定めた「大都市地域特別区設置法」が国会で成立し、制度案作成を担当する法定協議会（知事、市長、府議、市議計一八名で構成）が二〇一三年二月に設置される。二〇一二年は、「大阪維新の会」と橋下市長の勢いは強く都構想の検討は順調に進んだが、翌一三年に入り状況は変化する。橋下市長の従軍慰安婦発言問題がおきた二〇一三年五月、橋下市長には批判の声が上がり「維新」の支持率も低下する。四か月後の九月には、都構想参加について是非を問う堺市長選が行われ、「堺はひとつ」と主張する参加反対の現職の竹山修身が当選する。これは、「維新」の党勢失速に追い打ちをかける結果となった。そして、造反もあって府議会で「大阪維新の会」が過半数割れとなる。

二〇一四年一月には、法定協議会において当初協力的だった公明が議論の進め方で対立姿勢を強めたため、公明、自民、民主、共産の反対によって、都構想の特別区の区割り最終案がまとまらない事態におちいる。このような状況を打開するために、また公明の方針変更に怒った橋下市長は市長選で直接住民に信を問いたいとして市長を辞任し、一四年三月に市長選が実施されることになる。しかし、この市長選は、野党側が候補者を擁立しない異例の選挙となった。結局、橋下市長は再選されたが投票率は二三・五九％（前回ダブル選六〇・九二％）と著しく低く過去最低となり、白票も九％に及んだ。このすなわち、橋下市長のしかけた出直し市長選は、多くの市民の支持を得ることはできなかった。この強引な出直し市長選も、橋下市長が、「選挙至上主義」（選挙さえ勝てば正当化される）と言われる理由でもある。

その後、一四年七月、法定協議会を再開し、「大阪維新の会」側は野党欠席の中で、単独で協定書（制度案）を決定したが、結局一〇月、協定書を府・市議会とも否決する。そのため、公明の裏切りで都構想が進まないと怒った橋下市長は、一四年一二月の衆院解散総選挙で公明前職が出馬する選挙区へ市長自ら出馬する考え、つまり対決姿勢を示す。しかし、任期一年を残し「投げ出し」との批判による都構想への悪影響などを配慮し、結局出馬しないことになった。先ほどの大阪市長選の出直し選に続き、奇策ともいえる強行策で乗り切ろうとする政治手法は、もはや限界にきていると思われ、今後、状況が急速に橋下市長や「維新」に不利に展開することが予想された。

しかし、思わぬことが起きる。党本部の指示で府・市議会の公明が住民投票実施を容認する姿勢に突然転じたのである。その要因として、二〇一四年一二月のアベノミクス解散に伴う衆院選において、「維新の党」が大阪府の比例で一一四万票を獲得（得票率三二・四％）し第一党を維持したことが大きかったとされる。[2]そして、翌一五年三月に府市の両議会で都構想の協定書（制度案）が可決され、五月に住民投票が実施されることになった。

以上のように、議会における野党との対立を軸に劇的といえる紆余曲折を経ての住民投票実施の決定であった。これまで、「大阪維新の会」側は大阪の課題解決には都構想しかないという主張で、野党側は現在の体制でも府と市が協議すれば解決でき都構想は不要という平行線だったのを、ついに二〇一七年四月の都構想実現をめぐって住民投票によって決着をつけることになった。ちなみに、この大阪都構想住民投票は正式には「特別区設置住民投票」といい、特別区設置の法律によって定められたもので、投票率が低くても、過半数の票を確保すれば都構想の実施が決定されることになっていた。また、公職選挙法の適用が一部除外され運動費用やチラシの配布、テレビＣＭなど呼びかけには制限はなかった。そのため、次に述べるように、二〇一五年四月二七日の告示から投票の三週間、激しい主張が展開された[3]。

(2) 住民投票の実施

ここでまず、住民投票直前における都構想の主な論点についての賛成派（大阪維新の会）と反対派（自民、公明、民主、共産）の主張をみてみたい。主な論点とは、住民サービス、二重行政、財政削減効果額などであった。ちなみに都構想の目的が大阪再生であれば、大阪再生のための成長戦略こそ重要といえるが、その議論は十分行われなかった。

まず住民サービスについて、賛成派は、府市の重複する公共施設など二重行政の解消で浮いた財源によって住民サービスは強化できるとし、選挙で選ばれる区長による特別区間の切磋琢磨もあって住民サービスの質が向上するとしていた。これに対し反対派は、現在市一律のサービスが特別区の間で格差が生じ質が低下する特別区も出ると反論していた。

次に二重行政の解消については、過去の大規模開発、たとえばＷＴＣ建設などの失敗が争点になった。その失敗について賛成派は府と市の競い合う二重行政が大きな原因だったと主張したが、反対派は政策判断のミスが原因で、府に権限と財源を集中させると、より大きな失敗をする恐れがあると主張した。

さらに都構想実現による財政削減効果額については、賛成派は、市が廃止される二〇一七年度から一七年間で三三八六億円の財源が生まれる一方、特別区の新庁舎建設などのコストは七五二億円で、差し引き二六三四億円が効果額とした。一方、反対派は、この効果額には市のままでも実行できる市営地下鉄の民営化などの効果額も含まれているので「まやかし」だと批判し、特別区の新庁舎建設などのコストを差し引けば大きな無駄が出ると主張した。なお、このとき、都構想反対の研究者に対し橋下市長はツイッターなどＳＮＳも使い激しく反論し攻撃している(4)。

街頭演説や住民説明会、さらにテレビＣＭで維新が「大阪を変えるワンチャンス」と訴えるなど、以上のような激しい主張の対立が展開され、二〇一五年五月一七日に住民投票が実施された。その結果は、賛成六九万四八四四票（四九・六二％）、反対七〇万五五八五票（五〇・三八％）とわずか一万七四一票差、得票率にして〇・八ポイント差で都構想導入は否決される。このときの投票率は六六・八三％で二〇一一年一一月の大阪ダブル選の市長選六〇・九二％を五・九一ポイント上回り市民の関心の高さを示すものとなった。ついに、橋下市長が知事時代の二〇一〇年に打ち出した都構想も、実現しないことが決定した。看板政策の大阪都構想の否決と橋下市長の政界引退表明は、「維新」に大きな打撃を与えることになった。住民投票の敗因については、反対派が住民サービスの低下をもたらすということに焦点を当てて批判したにもかかわらず、賛成派が大阪都構想のメリットを十分分かりやすく伝えきれなかったことが大きいとされ、メディアの出口調査によると高齢者の反対が多くなっていた(5)。

ところで、これまでの本書の分析からみた敗因を、ここであらためて紹介したい。橋下市長や「維新」は、これまで「大阪都構想」という大きな制度改正を旗印に、府・市政改革をさまざまな敵を設定しながら進めると同時に、自治体行政について複雑な問題を単純化したりメディアを巧みに利用して劇的にみせる手法によって有権者の関心を高め幅広い支持を獲得してきた。この有権者の支持を、橋下市長は「ふわっとした民意」とも表現していた。これに対し、今回の住民投票では、財政削減効果額、住民サービスなど細かい具体的な制度設計が焦点になったが、橋下市長や「維新」側は都構想のメリットを十分説明できなかった。そのため、これまで橋下劇場の観客であった市民も、一三〇年近くも続いてきた「大阪市」の廃止を自ら判断するという重大な決断を迫られ、まず慎重になったといえる。特に、これまでの橋下大阪市政で高齢者向けの事業見直しを経験していた高齢者の反対が多かった。すなわち、反対派が強く主張していた住民サービスの低下をすでに橋下大阪市政で実感として感じていたのは、高齢者であった。また大阪市民がまず慎重になったことは、投票一週間前に反対が多いという調査結果（朝日新聞五月一一日、賛成三三％、反対四三％）が出たことにも示される。これに驚いた橋下市長は、選挙前から示唆していた「負ければ政界引退」をあらためて表明し住民投票を自分への信任投票にシフトしようとしたが、結局、最後の追い上げも間に合わず僅差で負けたといえよう。[6]

結果論であるが、「ケンカ民主主義」[7]ともいわれたように橋下市長の対立を煽る政治手法のために、賛成・反対派が歩み寄ることができず、住民投票のときに、成長戦略も含め都構想のメリット・デメリットを分かりやすく示しながら一つの制度案を市民に提示できなかったことが最大の失敗といえよう。

ちなみに、住民投票を終えて識者によるコメントが出ているが、その中には本書でのこれまでの分析に近いものがある。たとえば、政治コラムニストである後藤謙次（二〇一五）によると、橋下人気がこれまで長く持続したのは、シナリオのシンプルさが原因で、それは極めて高い目標を設定し、目標の前に立ちはだかるものは個人であれ組織であれすべて敵とみなし、過激な言葉を伴うメディアを巻き込んだ大立ち回りを演じて、「政治闘争の可視化」を図ったからだとする。そして、七年半の間に「橋下にイエスかノーか」という選挙を短期間に繰り返すことで、「直近の民意」という新たな政治的エネルギーを補給し続け支持を維持し続けたという。[8] このコメントは、本書で明らかにした劇場型首長の劇場型政治や戦略に近い分析といえよう。

2　「維新」の動向——国政との関係から

前述したように任期終了（二〇一五年一二月）で政界引退を表明した橋下市長であるが、彼が長期にわたった高い発信力を有し現在でもその動向が注目されている理由は、自身が立ち上げた「維新」が国政で注目されてきたからと考えられる。そこで、この点を二〇一一年大阪ダブル選までさかのぼって、みてみたい。

（1）衆院解散総選挙前の状況——期待される「維新」

二〇一一年一一月の大阪ダブル選に勝利後、当時の民主党政権に対する国民の失望と既成政党に対する不満もあって、改革イメージを持つ橋下市長と「維新」への期待が高まっていた。一方、近づく国政選挙の影響もあって、中央マスメディアは、有望な次期政治リーダーとしての橋下市長や、国政での既成政党に対する不満の受け皿として「維新」の動向を大きく取り上げるようになる。

橋下市長は市長当選時から、大阪都構想実現のためには法律の制定が必要で、都構想の国との協議が不調なら「近畿一円に国会議員を擁立」と国を牽制する強気の発言をしていた。その結果、一年もたたない二〇一二年八月には「大都市地域特別区設置法」が成立する。また、その前の一二年二月には、「大阪維新の会」は国政進出を目指して、次期衆院選の公約といえる「維新八策」の骨格（七月に一部修正・追加し改訂版公表）を発表し早速話題を集めていた。

この「維新八策」（骨格）の内容をみると、冒頭に「日本再生のためのグレートリセット」と謳い、大都市制度改革のほか「決定できる民主主義」の考えに沿って、首相公選制、参議院廃止、国会議員定数削減、憲法改正など大胆な改革が八つの柱で構成されていた。またTPPなど自由貿易圏拡大や法人税率引き下げもあり全体としては新自由主義的な政策といえる一方、ベーシックインカム制度などリベラル的な政策も含まれていた（表7-1参照）。

なお「骨格」を紹介した理由は、その後の「維新」伸張の大きな要因となったからである。すなわち、「骨格」発表の翌三月に発足した次期衆院選候補者養成の「維新政治塾」には、全国から約二〇

表7-1　維新八策（骨格）の概要

○統治機構改革 ・地域の事情に合った大都市制度の創設 ・地方交付税廃止 **○行財政改革** ・基礎的財政収支の黒字化 ・国会議員の定数，歳費削減 ・人件費3割カット **○公務員制度改革** ・職員基本条例の法制化 **○教育改革** ・教育委員会の設置を選択制に ・学習塾バウチャー制度の導入 **○経済・税制** ・自由貿易圏の拡大 ・法人税率と所得税率を引き下げ，資産課税と消費税を増税	**○社会保障制度** ・年金を掛け捨て制と積み立て制の併用に ・高齢者と現役世代の格差是正 ・政府が国民に現金を給付するベーシックインカム制度の設計 **○外交・防衛** ・日米同盟を基軸に豪州も含めた3国同盟を強化 ・日本全体で沖縄の基地負担の軽減を図る **○憲法** ・首相公選制の導入 ・参議院を廃止。代わりに首長が議員を兼務できる，国と地方の協議の場の議院を設ける ・以上を実現するため，憲法改正に必要な衆参の賛同を3分の2から2分の1に

（出所）朝日新聞2012年2月14日の記事より筆者作成。

○○人の参加者があり大きな話題となった。そして一二年九月には、国政政党「日本維新の会」を立ち上げる。その後一一月には石原慎太郎率いる「太陽の党」と合流するが、このような動きは、政権交代につながる衆議院解散総選挙が近いとされていただけに、中央マスメディアで大きく報道されることになる。(9)

ところで、前章でみたように、就任早々、橋下市長は職員労働組合と激しく対立するとともに、大阪都構想推進や既得権益を見直すという「グレートリセット」を標榜していた。この政治スタイルと、前述の「維新八策」の内容をみると、後述（9章5）するように、橋下徹の政策は、「新自由主義や新保守主義をベースにした多数意見にそった政策（ときには大幅な制度改革を含む）」で、国民にある「既得権益を守ろうとするグループがいて日本社会が良くならない」というステレオタイプを意識して作られているという指摘は妥当といえよう。さらに、朝日新聞など大手マスメディアを既成勢力に見立て激しく攻撃することもあった。たとえば、自分の生い立ちを取り上げた週刊朝日の記事を人権侵害と批判して親会社の朝日新聞の取材を拒否し続け、最終的に朝日新聞幹部が橋下市長を訪問・謝罪（二〇一二年一一月）したこともある。このように、橋下市長は自分を批判するメディアに対しSNSを用いて公平中立性などを強調し反論・攻撃することが多々あったし、この手法は前述したように大阪都構想を反対する大学教員にも及んだ[10]。

（2）自民への政権交代後の状況

ついに、民主党の野田首相が衆議院解散を決め、二〇一二年一二月一六日に総選挙が行われる。自民、公明は三分の二の議席を獲得する圧勝によって、民主から自民への政権交代となり、第二次安倍政権が誕生する。このとき、民主、自民など既成政党に不満を持つ国民の受け皿として「日本維新の会」が第三極として注目され、五四議席を獲得して第三党に躍り出る。この結果、橋下市長と「維新」は全国からますます注目されることになる。

しかし翌一三年五月に、橋下市長は、旧日本軍の従軍慰安婦について「当時必要だった」と発言し、また沖縄の在日米軍に風俗業の活用を進言する。この発言は国内外から批判と反発を招き、橋下市長は慰安婦に関する発言は「マスメディアの大誤報」と攻撃的なメディア批判を繰り返したが（このネット上の効果は2章6参照のこと）、「維新」の支持率は急落し、橋下市長の人気にかげりがみえはじめる。その後、六月の東京都議会で「東京維新の会」が三四人も出馬したものの、わずか二議席当選のみの惨敗で、七月の参院選では「日本維新の会」が八議席の苦戦となる。結局、二〇一四年六月には、「日本維新の会」が分党を正式決定し、橋下・石原の両者を中心に二党に分かれ、九月には「みんなの党」（渡辺喜美代表）から分かれた江田憲司代表の「結いの党」と合流し「維新の党」を結党する。この結果、橋下徹・江田憲司を共同代表として衆参八三議席（衆議院四二議席）の野党第二党となった。

その後、二〇一四年一二月、安倍首相が消費税増税の先送りを国民に問うとして、突然、衆議院を解散して総選挙を行う。この解散は「アベノミクス解散」と呼ばれ、その結果は、自民、公明で三分の二の議席を維持する与党勝利となった。このとき、民主党は上積みしたが、「維新の党」は微減（一議席減）、共産党は二倍以上に伸ばした。安倍首相の安定した政権運営のため第三極の伸び悩みが予想されていた中での選挙だったが、この結果をみると、「維新の党」は党勢維持に成功したともいえる。また「維新の党」は大阪府内で比例第一党として一四四万票を獲得して、従軍慰安婦発言問題はあったものの、橋下市長や「維新」の勢いは維持したともいえた。この結果からみると、「維新の党」は国政政党であるものの、実質、大阪の地域政党的側面が強いといえる。この選挙のあと、橋下市長は、大阪都構想実現に専念したいと代表を辞任して最高顧問に就任している。

次の国政選挙の予定は二〇一六年夏の参院選のほか当分なく、またアベノミクスによって景気は好調のようにみえた。安倍首相としては、長期政権によって念願の憲法改正を実現したいが、そのためには衆参それぞれ三分の二の議員の賛成が必要で、憲法改正賛成の野党第二党「維新の党」への影響力を持つ橋下市長との良好な関係は維持したいという思惑があるとされる。こうした意味で、中央マスメディアは、橋下市長と「維新の党」の動向を注目していたが、二〇一五年五月の大阪都構想の住民投票否決後は、橋下市長が任期終了（二〇一五年一二月）での政界引退を表明したため、橋下市長の影響力低下が言われ始めていた。また、「維新の党」は、江田代表が辞任し新たに松野頼久代表が就任したが、国会議員と大阪陣営とが上手くいってないという話も出ていた。

このような中、安全保障関連法案では、橋下市長主導で、反対ばかりの野党は良くないと対案となる法案を国会提出などしたが、結局、民主党など野党の連携に傾く「維新の党」を批判し、二〇一五年一一月、分党して橋下徹が代表（市長任期まで）の「おおさか維新の会」を立ち上げることになった（その後、「維新の党」は二〇一六年三月、民主党と合流し「民進党」を立ち上げている）。さらに、都構想住民投票前に「最初で最後のチャンス」を明言していた都構想について、自民提言で設置した調整機関の「大阪戦略調整会議」が対立で機能していないという理由で、二〇一五年一一月の大阪ダブル選で、もう一度、実現を目指したいとの考えが示された[11]。

以上をみると、中央マスメディアが長期にわたって橋下市長をとりあげたのは国政への一定の影響力があったのが理由で、その結果、前章でみたように橋下大阪市政にはかならずしも順調といえない面もあったにもかかわらず、国政と連動して改革イメージを発信し続けることができたともいえる。

表7－2　大阪都構想と「維新」の年表

	出　来　事
2011年12月	橋下徹が大阪市長に就任。
2012年2月	維新八策（骨格）を発表。
3月	維新政治塾を発足し約2000人が受講。
8月	都構想実現の手続きを定めた「大都市地域特別区設置法」成立。
9月	橋下徹代表の国政政党「日本維新の会」を設立。
11月	衆院選をにらみ石原慎太郎率いる「太陽の党」が維新合流。
12月	衆院選実施で民主から自民へ政権交代。「日本維新の会」が54議席を獲得し第3党に。
2013年5月	橋下市長が旧日本軍の従軍慰安婦について「当時は必要だった」と発言。
6月	東京都議会選で，「東京維新の会」が2議席で惨敗。
7月	参院選で「維新の党」が8議席にとどまり苦戦。
9月	都構想参加が争点となった堺市長選で大阪維新公認候補が敗北。
2014年1月	都構想の特別区の区割り案絞り込みの提案に，公明，自民，民主，共産が反対。
3月	橋下大阪市長が市長職を辞任して，都構想を問う出直し大阪市長選を実施し再選される。
6月	日本維新の会が分党を正式決定。橋下と石原の両者が中心の2党に。
7月	都構想の制度設計をする法定協議会を再開。「大阪維新の会」単独で協定書決定。
9月	「結いの党」と合流し「維新の党」を結党。衆参で野党第2党に。
10月	都構想の協定書案を府市議会が否決。
12月	衆院選で「維新の党」微減で党勢維持。
2015年3月	公明が住民投票容認に転じ府市議会が協定書（制度案）を可決。住民投票実施が決定。
5月	都構想導入を決める住民投票が実施され僅差で否決される。
11月	「維新の党」から「おおさか維新の会」が分党し橋下徹が代表に就任（市長任期まで）。 大阪ダブル選で市長選は橋下後継者である吉村洋文，知事選は松井再選と維新側勝利。
12月	橋下徹大阪市長，任期満了による退任。

（出所）大阪都構想・「維新」関連新聞記事より出来事を確認・整理し筆者作成。

このように、「維新」を通した「国政レベルとの連動」が、橋下市長の大きな政治的資源になったといえよう。

そして、次に詳しくみるように、結局、橋下市長の任期満了による大阪市長選を、またもや大阪知事選とのダブル選挙とし、さらに大阪都構想を再度掲げて選挙選を戦い、「維新」側の勝利に終わっている。

3　二〇一五年大阪ダブル選

二〇一五年五月の大阪都構想の住民投票否決による橋下市長の引退声明を受けて、大阪市長・大阪知事それぞれ任期満了による市長選・知事選が、二〇一五年一一月二二日行われることになった。ちなみに、二〇一五年一〇月の朝日新聞・朝日放送合同調査の橋下市長支持率は四八％（不支持三二％）と、前述の任期中間地点の四九％と比べ、ほぼ横ばいであった。

大阪ダブル選の結果は、大阪市長には、橋下徹の後継者である元衆議院議員吉村洋文が五九万票（次点四〇万票）で初当選、大阪府知事には松井一郎が二〇二万票（次点一〇五万）で再選され、「維新」側の勝利であった。ちなみに投票率は、市長選は、前回二〇一一年ダブル選を一〇・四一ポイント下回る五〇・五一％、知事選は七・四一ポイント下回る四五・四七％であった。

選挙戦では、大阪都構想に加え、行財政改革など四年間の大阪市政への評価も争点となった。自民推薦で民主・共産が支持した前大阪市議の柳本顕は、橋下市政の改革を市債残高を減らし行政のスリム化を進めたと一定の評価をする一方、それ以外の改革は見せかけの改革で現場が疲弊したと見直しや転換を訴え、特に学校現場の混乱を指摘していた。

一方、吉村洋文は橋下路線を継承すると訴え、議員定数・報酬削減や公務員改革、二重行政の解消に取り組んだ実績をあげ、「改革を続けるか」「過去にもどすか」という分かりやすい対立構造に持ち込んだのが功を奏したとされる。また、大阪都構想の住民投票で反対票が賛成票を上回った南部の行政区には、市議だけでなく府議や国会議員、大阪市以外の地方議員を投入し、これまで力を入れてこなかった業界団体対策にもベテラン議員を投入するなど、組織型選挙も展開した。このような都構想否決の危機感もあり、また組織型選挙を伴った積極的な選挙運動もあって、投票率は下がったものの市長選・知事選のダブル勝利につながったといえよう。二〇一一年大阪ダブル選が若者や無党派の掘り起こしで投票率を高めた選挙だったのとは、違う様相になったといえよう[12]。

4　橋下大阪市政四年間の概要

ここでは、前章と本章のまとめとして、橋下大阪市四年間の概要を述べたい。

二〇一一年一二月にスタートした橋下大阪市政は、「決定できる民主主義」を標榜し、市職員労働組合との激しい対決姿勢を伴う市政改革、統治構造改革と自負する大阪都構想を含む既得権益打破の

「グレートリセット」を基本理念としていた。まず市長選での職員労働組合による前市長支援の政治活動を問題視して職員アンケートを実施したほか、大阪府政でも取り組んだ職員の人事管理を徹底化する各種条例を次々と制定した。

このように力強くスタートした橋下大阪市政だったが、前述のアンケート調査は司法の場に持ち込まれ市敗訴になったり、橋下市長肝いりで始めた公募校長や公募区長も不祥事で辞める者が出るなど、かならずしも順調とはいえなかった。さらに、府市連携の象徴といえる水道事業統合も破綻し、市営地下鉄・バスの民営化も実現できなかった。ただ、橋下大阪市政全体をみると、その政策はマニフェストを重視したトップダウン型のブレーン政治となり、メリハリのついた政策となった。たとえば、行財政改革を進め二重行政の代表とされた公共施設の廃止・縮小のほか、予算をみると高齢者など弱者対策から子育て支援・教育と現役世代重視の施策にシフトしたものとなった。

大阪都構想は、就任一年目にして、都構想設置（厳密には特別区設置）の特別法が早速制定され具体的な検討がスタートしたほか、秋には国政政党「日本維新の会」を立ち上げ、民主から自民への政権交代が視野に入っていた時期だけに、国政における非自民の受け皿になり得る第三極として中央マスメディアから大きく注目された。しかし、就任二年目になると慰安婦発言問題もあり橋下人気に陰りが見え、大阪都構想は、区割りが自民・公明などの反対でまとまらないとして、橋下市長が、住民に直接信を問いたいと突然市長を辞任し出直し市長選が行われる一幕などもあった。このような中、橋下市長は自分や都構想を批判する大学教員や識者さらにマスメディアを、ＳＮＳを使って激しく反論・攻撃することが多々あった。そして、都構想については、このような紆余曲折を経て、二〇一五年五月に住民投票が実施されたが、結局、否決されることになった。この否決は、橋下市長の任期満了での引退につながることになる。

以上の橋下市政四年間をみると、その行政運営面は、ブレーン政治を伴うトップダウン型で、行財政改革のほか現役世代への重点投資などメリハリのついた政策となったが、公募区長・校長の不祥事が目立ち市営地下鉄バスの民営化は実現しないなどかならずしも順調といえない面もあった。橋下市長の政治手法である「敵の設定」は、従来の職員労働組合以外に、都構想や「維新」をめぐって議会野党、既成政党、都構想反対の大学教員、マスメディアなど「敵」が広がり、「ケンカ民主主義」ともいわれ橋下市長のSNSを使った反論・攻撃も激しかった。いずれにしても、橋下市政は、知事時代に負けない劇的な展開になったといえる（この点は10章で「橋下劇場がもたらした新たな政治現象」と題し詳述している）。

ところで、「日本維新の会」は他の政党との離合集散を繰り返し、最終的には「おおさか維新の会」として存続することになった。都構想住民投票で否決されれば政界引退と表明していた橋下市長は、二〇一五年一二月、任期満了で退任したが、依然として周囲の期待は高く国政進出待望論もある。さらに、橋下退任を受けての二〇一五年一一月の大阪市長選と大阪府知事選は、ともに「維新」側の勝利となり、依然として大阪府・市民の「維新」への期待は高いといえる。なお、この勝利によって「維新」は、また大阪都構想実現に再チャレンジするとしている。

注

（1）以上、ここの都構想の内容説明は、新聞での一般の人々への解説記事を参照した。たとえば、毎日新聞（西部）の住民投票翌日の都構想解説は「人口約二七〇万人の大阪市を廃止し、三四万～六九万人の北、湾岸、東、南、中央の五つの特別区に分ける構想。それぞれの区長は選挙で選び、定数一二～二三の区議会を置く。大阪市の仕事のうち、成長戦略やインフラ整備は府に移り、小中学校教育や生活保護など住民に身近な行政サービスは特別区が受け継ぐ」と説明している。

（2）また憲法改正を目指す安倍政権が連立政権のパートナーである公明党へ影響力を行使したといわれる（この背景は松本創（二〇一五：一九六）が詳述）。

（3）以上、見出し（1）の「都構想の推移」は、大阪都構想関連の新聞記事から事実を確認・整理した。なお、佐々木信夫（二〇一六：一九七―二一六）も一部参照。

（4）以上の賛成派・反対派の主張は、読売新聞二〇一五年四月二八日「基礎からわかる大阪都構想」参照。なお、都構想反対の研究者たとえば藤井聡（京都大学教授）などへの橋下徹や政党「維新」の攻撃は、SNSを使った「バカ学者の典型」などの過激な発言や大学への抗議など特に攻撃が激しかったという（松本創 二〇一五：二〇一―二一七）。

（5）住民投票の敗因は新聞による分析参照。なお毎日新聞の出口調査によると、橋下徹がこれまで一定の支持を得てきた無党派層は賛成五〇・八％、反対四九・二％とほぼ互角で、男女別でみると女性は反対（五二％）がわずか上回り、賛成が五五・五％を占めた男性と対照的だった。年齢別にみると、二〇～五〇代は、いずれも賛成が反対を上回ったが六〇代以上では逆転し、反対が多数を占めた（毎日新聞・大阪本社二〇一五年五月一八日）。このことから高齢者の反対が、結果を大きく左右したと分かる。

（6）以上の筆者の敗因分析は、日本経済新聞二〇一五年五月一八日掲載の「市廃止に直面・市民が慎重に」

という見出しの筆者コメントを大幅に補足説明したものである。

（7）　共同通信社による都構想住民投票否決の記者座談会の記者の発言（宮崎日日新聞二〇一五年五月一九日）。確かにこの「ケンカ民主主義」という表現は、マスメディアがよく用いた。あと、この記者は、「対抗勢力を見定めて攻撃し、注目を浴びる劇場型の手法は際立っていた」と述べている。これは、本書で述べた劇的性格、物語性、演技性の三要素からなる劇場型政治ではなく、本書でいう劇場型首長のポピュリズム的な戦略である。すなわち、この記者の発言から、マスメディアでは、劇場型の手法を明確に定義せずに使っていることが分かる。

（8）　後藤謙次「これで終わりと思えない」『文藝春秋』二〇一五年七月号、一四五―一四七頁。なお、これは「緊急特集・橋下徹とは結局何者だったのか」の中の一つである。

（9）　以上、「維新」をめぐる動きは、関連新聞記事参照。なお「維新八策」については、読売新聞大阪本社社会部（二〇一二：六章）も詳しい。なお、この中で、維新八策は競争原理・市場原理重視であり、たとえば橋下徹は「経済成長を阻害する既得権益を壊していく。一部の人には痛みを伴うかもしれないが、将来的には必ずプラスになる」と話しているという（二九九頁）。

（10）　この橋下市長によるメディアや大学教員への攻撃は、松本創（二〇一六：八六―九二、二一三―二一七）参照。

（11）　以上、見出し（2）のここまでの国との関係などは、関連新聞記事のほか必要において各種資料で確認。

（12）　以上、二〇一五年大阪ダブル選の状況は、毎日新聞（大阪版）二〇一五年一一月七日、宮崎日日新聞二〇一五年一一月二三日など「大阪ダブル選記事」参照。なお、朝日新聞の出口調査によると、「大阪維新の会」の支持率は四六％で都構想住民投票時の二六％を大きく上回った。なお、自民支持二六％、公明支持五％は、住民投票時の支持率とほぼ同じで、維新支持層増加の裏返しのように無党派が三六％から一七％と半減していた。これは、既成政党不信の中で依然として大阪をなんとかしてくれという改革を求める声が多いといえよう。

第Ⅲ部　橋下劇場のポピュリズム分析

第8章　橋下劇場に関する批評の全体像

第Ⅲ部は、「橋下劇場のポピュリズム分析」と題し、橋下徹の政策や政治手法つまり「橋下劇場」に関する議論が活発化した二〇一一年大阪ダブル選前後の批評の全体像をみた上で、批判的評論などから橋下劇場のポピュリズムとしての特色を明らかにする。そして最後に、橋下大阪市政四年間を経て生じた橋下劇場による新たな政治現象を考察したい。そこで、まず本章では、前述したように二〇一一年一一月の大阪ダブル選前後の橋下劇場に関する評論・書籍を含めたメディアにおける批評、橋下賛否の全体像をみるとともに、最後に、橋下劇場への一般的な見方（一般の人々のイメージ）について言及したい。

なお本章における「評論」とは、「専門の分野や社会の動向などについて一般の読者を啓発するために自分の意見を加えながら解説」（三省堂『新明解・国語辞典』）する論文で、時事問題なども扱う一般向けの総合雑誌（いわゆる「論壇誌」）に掲載されたものである。

1　二〇一一年大阪ダブル選とその後の橋下大阪市政

ここでは、本章の考察対象期間である二〇一一年大阪ダブル選前後の状況を、まずみてみたい。

すでに述べたように、橋下徹は「大阪都構想」実現のために、大阪府知事職を任期途中で辞任し大阪市長選挙に出馬するという前代未聞の行動に出た。そのため、二〇一一年一一月二七日に、大阪市長選挙と大阪府知事選挙のダブル選挙（本書では「大阪ダブル選」と呼んでいる）が行われることになり、選挙戦当初は、「橋下徹は独裁」という批判などもあって接戦とされたが、最終的には都構想で停滞する現状を変えるか変えないかと争点を単純化した「維新」が有利となり、大阪市長には橋下徹、大阪府知事には橋下徹率いる「大阪維新の会」幹事長の松井一郎が大差で当選した。

ちなみに選挙戦中から「橋下徹は独裁」という批判があったが、実際「大阪維新の会」は、君が代斉唱時の起立を教員に義務付ける「君が代起立条例」と議員定数の大幅削減を、自民、民主など野党反対の中、府議会で強行採決するなど独善的といわれていた。その後、教員と府職員の人事管理などを徹底化する「職員基本条例」や教育行政において首長の権限を強化する「教育行政基本条例」も制定している。

二〇一一年一二月に大阪市長に就任した橋下徹は、市職員労働組合との対決姿勢を伴う「市政改革」と大阪都構想や既得権益を打破するという「グレートリセット」を唱え、職員の人事・職務管理の徹底化や無駄な事業を見直す行財政改革など積極的な市政改革に着手する。そして、市民の橋下市長への支持率は七〇％（不支持一七％）に達し、その政治手法を六七％が評価していた（二〇一二年二月朝日新聞・朝日放送合同調査）。

また、大阪都構想実現のための法律制定に向け国会議員を擁立するとしていた「大阪維新の会」は、二〇一二年二月には、首相公選制や国会議員定数削減など大胆な政治改革を盛り込んだ新自由主義的な公約「維新八策」（骨格）を早速発表する。これが話題を呼び、約二〇〇〇人が参加した衆院選候補者養成の「政治維新塾」を三月に発足して次期衆院選に備えることになった（九月には国政政党「日本維新の会」を発足）。二〇一二年二月の共同通信の世論調査（全国）によると、「大阪維新の会」の国政進出に期待する人は六一・二％にも達した。このように自民への政権交代前であり、既成政党への失望感から国民の橋下徹への期待は高く、国政レベルの台風の目となりつつあった。

2　大阪ダブル選直前の評論の状況

前述したように橋下徹や「維新」の活発な動きもあって、総合雑誌など論壇誌に掲載される橋下劇場に関する評論や書籍の数は確実に多くなっていった。そこで、このような状況つまり論壇やマスメディアにおける批評すなわち橋下賛否の全体像を、大阪ダブル選の前と後に分けてみてみたい。

まず、大阪ダブル選直前の橋下劇場に関する評論をみると、そのタイトルからみても批判的なものが多いといえる（表8－1参照）。そして、橋下関連の書籍も多く出版された（表8－2参照）。また、大手週刊誌でも橋下批判が展開された。このような展開は、大阪ダブル選に勝利のあとテレビなどマスメディアにおいて橋下支持が大きく目立つのに比べると対照的な状況であった。

（1）論壇誌の状況

大阪ダブル選直前、これまでの橋下大阪府知事の派手な言動が大衆的な人気を得てきていたのに対し、論壇では批判的な評論が多くみられた（表8－1参照）。

次章で詳しく紹介するが、ここで代表的なものをいくつかあげると、大内裕和（教育社会学）「橋下独裁は何を奪うか」（『世界』二〇一一年一一月号）、平井一臣（政治学）「劇場化し暴走する地方政治」（『世界』二〇一一年一一月号）、薬師院仁志（社会学）「机上の空論だらけのインチキ政策」（『新潮45』二〇一一年一一月号）、中島岳志（政治学）「橋下徹ハシズムを支えているものは何か」（『創』二〇一一年一二月号）などがある。[1] いずれも橋下徹の政策や主張の問題点を指摘しており、小泉構造改革につらなる新自由主義や新保守主義で格差拡大につながるという批判が目立つ（詳しくは9章参照）。なお本章および次章では評論者のあとに専門を記載しているが、これは、橋下劇場に関する評論が、いかにさまざまな分野からなされたかを明らかにするためである。

そのほか、大阪ダブル選直前に特に話題になったのが、橋下徹の生い立ちを取り上げて批判を展開した『新潮45』二〇一一年一一月号での特集「最も危険な政治家、橋下徹研究」である。ここでは、

表８－１　橋下劇場に関する評論の一覧
（大阪ダブル選直前の2011年10，11月掲載）

・大内裕和（中京大学教授，教育社会学）「橋下独裁は何を奪うか」岩波書店『世界』2011年11月号。
・平井一臣（鹿児島大学教授，政治学）「劇場化し暴走する地方政治——阿久根から大阪へ」岩波書店『世界』2011年11月号。
・上原善広（ノンフィクション作家）「孤独なポピュリストの原点」新潮社『新潮45』2011年11月号。
・野田正彰（精神科医，ノンフィクション作家）「大阪府知事は病気である」新潮社『新潮45』2011年11月号。
・薬師院仁志（帝塚山学院大学教授，社会学）「机上の空論だらけのインチキ政策」新潮社『新潮45』2011年11月号。
・森功（ノンフィクション・ライター）「橋下徹，黒い報告書——ナニワの独裁者か真の改革者か」文藝春秋『文藝春秋』2011年12月号。
・中島岳志（北海道大学准教授，政治学）「橋下徹ハシズムを支えているものは何か」創出版『創』2011年12月号。
・佐藤優（作家，元外務省分析官）「反ファシズム論では彼には勝てない」新潮社『新潮45』2011年12月号。

（注１）基本的には，主な論壇誌に掲載された評論をあげているが，どれをあげるかは新聞の論壇状況の紹介記事も参考にした。
（注２）肩書・専門は各自の評論から引用（つまり当時の肩書となる）。

上原善広（ノンフィクション作家）が「孤独なポピュリストの原点」と題し、死亡した実父の状況など、これまで一度も書かれなかった橋下徹の生い立ちから真実を明らかにするとしていた。また、この特集で、野田正彰（精神科医、ノンフィクション作家）は「大阪府知事は病気である」と題し、挑発的発言、扇動的な振る舞い、不安定な感情などを批判している。

この特集は、関連週刊誌に同様な記事が大きく出たため、最終的には、選挙前に全国紙の社説で「橋下氏に関しては、本人に直接関係のない情報を含め、過剰ともいえる報道が週刊誌で見られた。言うまでもなく選挙は政策を競うものだ。有権者はじっくり吟味して判断してほしい」（朝日新聞二〇一一年一一月一〇日社説）と指摘された。橋下徹は不当なバッシングを受けているなど、週刊誌のこれらの記事はかならずしも良い評価を一般の人々から得ることができなかった。ただ、先ほどの大阪ダブル選の展開で、選挙戦当初は接戦とされ、選挙告示後、橋下陣営が有権者の反応が以前と違い厳しいと感じたとされるが(2)、これは、橋下徹への独裁という批判や週刊誌の報道も影響したのかもしれない。

（2）書籍の状況

大阪ダブル選に合わせ、総合雑誌や週刊誌で橋下徹を論じるものが多く出てきたが、同時に、橋下徹の大阪府政や政治手法、さらに大阪都構想の是非をめぐって肯定派、批判派双方から書籍が相ついで刊行された（表8－2参照。ここでは大阪ダブル選前といっても二〇〇八年刊行のものからあげている。これは今後の研究に資するためでもある）。

「肯定本」の代表格は、橋下徹と堺屋太一元経済企画庁長官（作家）の共著『体制維新——大阪都』（文春新書、二〇一一年一〇月）で、大阪都構想の目的のほか、約三年九か月にわたった橋下大阪府政の成果や大阪市改革の必要性などで持論を展開している。これに対し「批判本」は、平松邦夫前大阪市長を応援する内田樹（フランス現代思想）のほか、山口二郎（政治学・行政学）と精神科医の香山リカらの『橋下主義（ハシズム）を許すな』（ビジネス社、二〇一一年一一月）、さらに府内の市長経験者や元府幹部などが執筆した『仮面の騎士、橋下徹』（講談社）で、橋下大阪府政や橋下徹の政治手法などを厳

しく批判している。(3)

ところで、次章では、論壇での主な社会科学者による橋下劇場に関する批判的な評論を紹介・整理し分析しているが、ここで、先ほどの書籍『橋下主義（ハシズム）を許すな』での代表的な政治学者である山口二郎の主張を紹介したい。同じく、代表的な社会学者である上野千鶴子の主張が、大阪ダブル選直後に刊行された橋下徹に批判的な書籍である『ハシズム――橋下維新を当選会見から読み解く』（第三書館、二〇一二年一月）の中にあるので、ここで紹介したい。

山口二郎は、現在の日本政治の危機とは、政権交代後の失望と橋下徹が例を示した「多数の専制」であるとし、多数決で決めたことが本当に正しいか疑問はあるが、民主主義は選挙を通して専門家に任せる面があって、橋下徹は私に任せてくれれば鬱憤晴らしをしますよという「憂さ晴らしの専門家」だと指摘する。重要なのは、任せきりにせずに議論をすることだが、橋下徹は議論を徹底的に否定し、かつ橋下徹のバッシング能力は、政治家に求められる資質ではないとする。それとテレビは、より売れるステレオタイプで視聴率を稼ごうとするが、橋下徹は改革イメージで、「ああいう（学校の先生とか役所の職員という）腐りきった既得権益に安住する奴らをたたきつぶそうとしているのだから正しい」というステレオタイプで人気を獲得しているとする。

そして山口二郎は、ハシズムの間違いの原因は、橋下徹の手法が、軍隊的官僚主義と単純な競争主義の混合物だからだとし、前者の軍隊的官僚主義は組織目的に疑問を持ってはいけないので間違いを修正できず手段自体を目的化し、後者の単純な競争主義は、個人個人で責任を取り頑張れという渦の

表8-2　橋下劇場に関する主な書籍（大阪ダブル選挙前）

- 大阪自治体問題研究所編『橋下知事への対案』せせらぎ出版，2008年7月5日刊行。※
- 一ノ宮美成・グループK21『橋下大阪改革の正体』講談社，2008年12月25日刊行。
- 産経新聞大阪社会部編著『橋下徹研究』産経新聞社，2009年2月28日刊行。
- 田所永世『中間報告・橋下府知事の365日』ゴマブックス，2009年4月10日刊行。
- 読売新聞社大阪本社社会部編著『徹底検証・橋下主義（ハシモトイズム）――自治体革命への道』桐朋書院，2009年6月23日刊行。
- 高寄昇三『大阪都構想と橋下政治の検証――府県集権主義への批判』公人の友社，2010年7月28日刊行。※
- 上山信一『大阪維新――橋下改革が日本を変える』角川SSS新書，2010年9月25日刊行。※
- 高寄昇三『虚構・大阪都構想への反論――橋下ポピュリズムと都市主権の対決』公人の友社，2010年12月15日刊行。※
- 大阪自治体問題研究所編『大阪維新改革を問う』せせらぎ出版，2011年1月31日刊行。※
- 高寄昇三『大阪市存続・大阪都粉砕の戦略――地方政治とポピュリズム』公人の友社，2011年2月25日刊行。※
- 吉富有治『橋下徹，改革者か壊し屋か』中公新書ラクレ，2011年3月10日刊行。
- 井出康博『首長たちの革命』飛鳥新社，2011年3月26日刊行。
- 加茂利男ほか『地方議会再生。――名古屋・大阪・阿久根から』自治体研究社，2011年4月10日刊行。※
- 倉田薫『拝啓・大阪府知事橋下徹様』情報センター出版局，2011年8月16日刊行。
- 澤井勝・村上弘・大阪市政調査会『大阪都構想Q&Aと資料――大阪・堺が無力な分断都市になる』公人社，2011年9月30日刊行。※
- 大阪の地方自治を考える会編『仮面の騎士・橋下徹』講談社，2011年10月17日刊行。
- 橋下徹・堺屋太一『体制維新――大阪都』文春新書，2011年10月31日刊行。
- 内田樹・香山リカ・山口二郎・薬師院仁志『橋下主義（ハシズム）を許すな――独裁者の野望と矛盾を衝く』ビジネス社，2011年11月15日刊行。
- 有馬晋作『劇場型首長の戦略と功罪』ミネルヴァ書房，2011年11月30日刊行。※

（注）刊行日の早い順から掲載（有馬の著書は11月30日刊行であるが，選挙前に店頭に並んだのでここに掲載した）。参考文献，脚注が付いているなど「学術書」といえるものには「※」をつけた。

中に人々を放り込むという。最後に、東日本大震災を経験した我々に今必要なのは、悪者を捜し出して叩き、つかの間の満足に溜飲を下げるのでなく、議論を重ねて積極的に助け合いながら動き、新しい公共・新しい民主政治を作っていくことであると主張する。

上野千鶴子は、小泉首相、石原東京都知事、河村名古屋市長、そして橋下徹のハシズム旋風の共通点は、国民の中にある改革者イメージを持った強い政治的リーダーシップへの渇望、そして、それへの白紙委任であるとする。そこには、あきあきした既存勢力に比べての未知数の魅力、何かやってくれそうだが内容は問わないという国民の意識がある。中央政治への不信と失望が広がれば、ハシズムの風は、地方から国政へ広まるだろうと危惧している。

3　大阪ダブル選以後の状況——目立つ橋下支持派

橋下徹の大阪ダブル選の勝利後、「大阪維新の会」の国政進出への動向が全国レベルで注目されるなどもあって、橋下徹の政策や政治手法をめぐり政治家から言論人、文化人、研究者そして芸能人まで、数多くの著名人が橋下支持・批判に分かれ、さまざまな意見や感想を表明し始めるようになった。このような橋下劇場に関する批評の活発化は、論壇における評論や橋下徹関連の書籍の多さからも分かる（表８－４・８－５参照）。特に書籍は、二〇一一年一二月の大阪市長就任後、発行される書籍の数がますます増える傾向にあり、府知事時代の書籍も含めると、過去の田中長野県知事や東国原宮崎県知事関連の書籍の数に比べ圧倒的に多かった。

（1）活発化する橋下劇場への批評

前述したように、大阪ダブル選直前は、橋下徹を批判する人々から評論や書籍が出され、「ハシズム」とファシズムをもじったネーミングがなされるなど、橋下徹の強いリーダーシップが「独裁」と強く批判された。この点は、拙著（有馬晋作 二〇一一）で指摘した劇場型首長の功罪の一つである「批判しにくい状況」とは違った展開となった。ただ、大阪ダブル選前に橋下批判を展開した人々は、大阪以外の人が多いという特色があった。

一方、大阪ダブル選終了後からは、その選挙前の状況と対照的に、橋下徹を支持する発言が多く出るようになった。そのため逆に、筆者の指摘した「批判しにくい状況」が復活しているようにみえた。特に、大阪府内では批判しにくい状況が生じたという声もある。[4] ちなみに、橋下徹は、前述の反橋下派の識者にツイッターなどを通じて細かい反論や厳しい言葉（「現実を知らない」「バカ」などの言葉もある）による反撃をあびせることが多々あった。[5]

そして、橋下徹がタレント弁護士と称されるように、知人にはメディア関係者が多いため、明らかに発信能力の高い人々に橋下寄りの人々が多いといえた。すなわち批判者は研究者に多いが、支持者はメディア関係者が多いという状況であった。たとえば、表8-3は著名人を、親ハシモト／反ハシモト、保守／リベラルに分けたものだが、芸能人まで含む多くのメディア関係者が橋下劇場に関心を

表８－３　橋下徹に対するメディア関係者のスタンス

親ハシモト（保守）	みのもんた（タレント），島田紳助（元タレント），コシノヒロコ（ファッション・デザイナー），やしきたかじん（タレント），桂ざこば（落語家），辛坊治郎（ニュースキャスター），古舘伊知郎（ニュースキャスター），田原総一郎（ジャーナリスト），鈴木邦男（政治家），石原慎太郎（前東京都知事），堺屋太一（評論家・作家），渡辺淳一（作家），安藤忠雄（建築家），上山信一（慶應義塾大学教授，経営学），竹中平蔵（慶應義塾大学教授，経済学）
親ハシモト（リベラル）	宮根誠司（キャスター，タレント），太田光（芸能人），孫正義（経済人・ソフトバンク社長），飯田哲也（政策エネルギー研究所所長，反原発の論客），東浩紀（批評家）
反ハシモト（保守）	八木誠（経済人・関西電力社長），中島岳志（北海道大学准教授，政治学），佐伯啓思（京都大学教授，経済学）
反ハシモト（リベラル）	高村薫（作家），江弘毅（編集者），森永卓郎（経済アナリスト），上野千鶴子（東京大学名誉教授，社会学），香山リカ（精神科医），佐高信（評論家），内田樹（神戸女学院大学名誉教授，フランス現代思想），山口二郎（北海道大学教授，政治学）

（注）肩書，専門（他の資料などで確認）は2012年初め時点，筆者が記載。順不同。
（出所）第三書館『ハシズムは沈むか』2012年，p.88，89のマトリックス（筆者が表をもとに修正）。

示していることがわかる。また、この点について、松本創（二〇一五）は、橋下知事時代から在阪テレビなどは身内意識があったと指摘している[6]。さらに、橋下徹はブレーン政治を積極的に進めていたため、実務経験のある研究者のほかメディアで話題となった人がブレーンになっていたのも原因である。著名なブレーンとしては、作家で元経済企画庁長官の堺屋太一、官僚批判の著書がベストセラーになった元経済産業省の官僚の古賀茂明などがいた（表6－1参照）。これも、橋下支持派が目立つ要因でもあった。

（2）橋下劇場に関する評論の概要

二〇一二年二月の国政の政権公約ともいえる「維新八策」（骨格）の発表以降、橋下市長率いる「大阪維新の会」の勢いは止まらず、次期衆院選の候補者を養成する維新政治塾は、全国から多くの受講生が殺到する人気となった。

このような国政進出がらみで橋下徹は大きく注目されたため、総合雑誌での特集が組まれることになった。たとえば、『Voice』（PHP研究所）二〇一二年五月号「総力特集、橋下徹に日本の改革を委ねよ」。『中央公論』（中央公論新社）二〇一二年五月号「特集・徹底解剖、橋下徹」。『正論』（産経新聞）二〇一二年五月号「特集・徹底検証、大阪維新の会は本物か」。『文藝春秋』（文藝春秋）二〇一二年六月号「特集・人物研究・橋下徹が総理になる日」。『世界』（岩波書店）二〇一二年七月号「特集・橋下維新、自治なき改革の内実」などがあげられる。

これらの橋下徹に関する特集をみると、次章でみるように、最初は、橋下徹の政策・主張は新自由主義や新保守主義で格差拡大につながるとか、政策に一貫性がなく激しい攻撃性があるポピュリズムだという批判もあったが、次第に、橋下徹のリーダーシップや競争・自立重視の新自由主義的な主張を評価する評論が目立つようになり、総理候補としての橋下徹をめぐる評論も出てくるようになった。ちなみに橋下支持派が目立つ理由を立証するような、橋下支持派は幅広いミドルクラスであるという実証的な評論（松谷満 二〇一二）もみられた。

ここでは、橋下徹を高く評価する評論のうち、橋下徹のブレーンである堺屋太一の新聞への寄稿文（宮崎日日新聞二〇一一年一二月二日：共同通信配信。なお表8－4の評論と同趣旨の内容である）、そして新保守主義的側面を評価する代表例として、屋山太郎（政治評論家）の「橋下旋風は遊びでは終わらない――保守派の思いを代弁する第三極の登場」（『Voice』二〇一二年四月号）を紹介したい。

堺屋太一は、戦後の中央官僚が進めてきた東京一極集中は止めるべきで、地方に情報発信や芸術文化を創造する機能と人材育成機能を作り上げるべきだとする。それを代表するのが大阪都構想で、自主的な産業振興のできる広域自治体の大阪都と、地域住民サービスを受け持つ基礎的自治体の特別区に再編するもので、二重行政は解消し多数の職員と施設を整理でき年間数千億円の経費節約ができるとする。これだけのお金と人手を産業振興や住民福祉、教育などに投入し、衰退した大阪の経済文化を向上させたいと大阪維新の会は主張する。これに対し民主・自民は大反対で、現在の制度、職員、施設、団体を守れと言う。大阪ダブル選は、抜本改革派と現状維持派の戦いであって地方から全国を

表8-4　橋下劇場に関する評論の一覧
（大阪ダブル選以後の2011年12月～2012年6月掲載）

- 野中尚人（学習院大学教授，政治学）「橋下徹の圧勝で大阪府民は幸せになるか」中央公論新社『中央公論』2012年1月号。
- 堺屋太一（作家，元経済企画庁長官）「橋下改革こそ日本の救い」PHP研究所『Voice』2012年1月号。
- 中田宏（前横浜市長）「いまこそ都道府県の枠組みを考え直せ」PHP研究所『Voice』2012年1月号。
- 斎藤環（精神科医）「浪速のヤンキー好きはいつまで続くか」PHP研究所『Voice』2012年1月号。
- 北野和希（ジャーナリスト）「橋下維新，躍進の理由」岩波書店『世界』2012年2月号。
- 佐伯啓思（京都大学教授，経済学）「反・幸福論，橋下現象のイヤな感じ」新潮社『新潮45』2012年3月号。
- 屋山太郎（政治評論家）「橋下旋風は遊びでは終わらない――保守派の思いを代弁する第三極の登場」PHP研究所『Voice』2012年4月号。
- 大前研一（経営コンサルタント）「「全国一律に」から訣別するとき」PHP研究所『Voice』2012年5月号。
- 山田宏（日本創新党党首）「彼の政治手法は独裁とは対極だ」PHP研究所『Voice』2012年5月号。
- 適菜収（作家，哲学者）「橋下徹は保守ではない」産経新聞『正論』2012年5月号。
- 東照二（立命館大学大学院教授，社会言語学）「橋下語の魔力を読み解く」中央公論新社『中央公論』2012年5月号。
- 森政稔（東京大学教授，政治学）「独裁の誘惑――戦後政治学とポピュリズムのあいだ」青土社『現代思想』2012年5月号。
- 宮本憲一（大阪市立大学名誉教授，財政学）「都市格のある街をつくろう」岩波書店『世界』2012年7月号。
- 森裕之（立命館大学教授，財政学）「維新の会は大阪をどう改造しているか」岩波書店『世界』2012年7月号。
- 松谷満（中京大学准教授，政治学）「誰が橋下を支持しているのか」岩波書店『世界』2012年7月号。
- 藤吉雅春（ノンフィクション・ライター）「現代日本の暗い合わせ鏡」岩波書店『世界』2012年7月号。
- 想田和弘（映画作家）「言葉が支配するもの――橋下支持の謎を追う」岩波書店『世界』2012年7月号。

（注）基本的には，主な論壇誌に掲載された評論をあげているが，どれをあげるかは新聞の論壇状況の紹介記事も参考にした。

表８－５　橋下劇場に関する書籍の一覧
（大阪ダブル選挙後から2012年７月刊行まで）

・第三書館編集部編，中島岳志・上野千鶴子・藤田真利子・池田香代子ほか『ハシズム――橋下維新を当選会見から読み解く』第三書館，2012年１月１日刊行。
・榊原秀訓ほか『自治体ポピュリズムを問う――大阪都維新改革・河村流減税の投げかけるもの』自治体研究社，2012年２月20日刊行。※
・第三書館編集部編，中島岳志・山本健治ほか『ハシズムは沈むか――橋下維新のウラは何か』第三書館，2012年３月１日刊行。
・一ノ宮美成・グループ K21『橋下大阪維新の嘘』宝島 SUGOI 文庫，2012年３月20日刊行。
・二宮厚美『新自由主義からの脱出――グローバル化のなかの新自由主義 VS 新福祉国家』新日本出版，2012月４月10日刊行。※
・産経新聞大阪社会部『橋下語録――独裁者か改革者か』産経新聞出版，2012年４月19日刊行。
・中村あつ子『私と橋下知事の1100日』洋泉社，2012年４月23日刊行。
・山本健治『橋下徹論――とんでもない，とほうもない，とてつもない』第三書館，2012年５月１日刊行。
・福岡政行『大阪維新で日本は変わる！？』ベストセラーズ，2012年５月８日刊行。
・田村秀『暴走する地方自治』ちくま新書，2012年５月10日刊行。
・屋山太郎『屋山太郎が読み解く橋下改革――大阪維新は日本を救えるか』海竜社，2012年５月22日刊行。
・小森陽一『橋下維新の会の手口を読み解く』新日本出版，2012年５月30日刊行。
・Voice 編集部編，堺屋太一・大前研一ほか『橋下徹は日本を救えるか』PHP 研究所，2012年６月７日刊行。
・真柄昭宏『ツイッターを持った橋下徹は小泉純一郎を越える』講談社，2012年７月２日刊行。
・一ノ宮美成・グループ K21『橋下徹のカネと黒い人脈』日本文芸社，2012年７月11日刊行。
・森田実『橋下徹ニヒリズムの研究』東洋経済新報社，2012年７月12日刊行。

（注）刊行日の早い順から掲載。参考文献，脚注が付いているなど「学術書」といえるものには「※」をつけた。

変える日本の改革が始まるか注目されると述べている。

屋山太郎は、橋下徹は、①大阪都構想に代表される統治機構の変革を真正面に据え、②公務員の給与削減とともに規律回復、③教育委員会の充実と教師への評価制度導入、を唱えているとする。このうち、①は官僚が恐れる中央集権打破や道州制につながるものであり、②③は自民・社会対決の時代から保守派が悩まされていた自治労・日教組の政治活動介入や官民格差に打撃を与えるものである。これらの課題を、橋下徹は抜群のスピード感、説得力、突破力を持って取り組んでおり、「行政改革が不徹底」との思いを抱く国民が多い中、「決められない政治」の民主党政権と対照的で、第三極としての期待が高まると高く評価している。以上の主張は、保守派または新自由主義を当然視する立場からは、橋下徹への「改革の旗手」としての期待が高いことを示している。

4　一般の人々のイメージと支持拡大の理由

以上、これまでみた橋下劇場の批評から、その全体像をみるとともに、一般の人々の橋下劇場に対するイメージと支持拡大の理由も考えてみたい。

前節まででみたように、反橋下派からは、格差拡大につながる新自由主義や新保守主義で激しい攻撃性を持つポピュリズムとして批判される傾向がある一方、親橋下派や保守派または新自由主義を支持する立場からは、行動力のある「改革の旗手」として期待される傾向が強い。そして論壇では、前者の批判的主張が目立つが、テレビなどマスメディアでは後者の支持的な主張が多いといえる。このような状況が、橋下劇場に関する評論の全体像といえるが、次に、一般の人々の橋下劇場に対するイメージと支持拡大の理由を考えてみたい。

まず、一般の人々には、論壇よりテレビなどマスメディアの方が身近で影響力があるので、支持派の主張が一般の人々へ浸透していると考えられる。つまり、第Ⅱ部でみたような橋下府政や市政の実態は知らなくても、支持派主張の「橋下徹は行動力のある改革の旗手」というイメージが一般の人々に広まったといえよう。

次に、先ほどのイメージに加え、橋下支持が一般の人に広まる理由は、現在、経済のグローバル化の進展によって、わが国は世界的な競争に直面し、また多くの国民も企業という組織の一員として競争の厳しさが増していることを実感しているからと考えられる。つまり、このような厳しい状況下では、また現在の厳しい財政状況では、社会民主主義的な主張や「大きな政府」論はイデオロギーがかった古色蒼然とした非現実的な主張ととらえられやすく(7)、橋下徹の新自由主義的な主張やリーダーシップ重視の方が、多くの国民にとって現実的ととられ、支持拡大につながっていると考えられる（実際、橋下徹の主張はミドルクラスに幅広く支持されているという調査〔松谷満 二〇一二〕もある）。たとえば森政稔（二〇一六）は、新自由主義が正当化される場合の多くは、この厳しい社会で生き残るためには新自由主義的な要請に従うしかない、つまり「仕方ない」という理由だとしているが(8)、確かにこのような状況認識が一般の人々に広がっているのが、橋下支持が多くなる原因といえよう。

注

（1）南日本新聞二〇一一年一〇月二九日、共同通信配信「ウオッチ論壇一〇月」一部参照。

（2）有権者の反応が良くないとの指摘は、北野和希「橋下維新、躍進の理由」岩波書店『世界』二〇一一年一二月号、二一四頁。なお以上ここまでの記述について引用元の記載がないのは、筆者がリアルタイムで観察したからである。

（3）以上、読売新聞二〇一一年一一月一九日一部参照。この記事は、橋下関連の書籍の売り上げが伸びていることを報じている。

（4）たとえば、政治評論家の森田実は、大阪でタクシーに乗り橋下批判をしたらドライバーから叱られたという自身の経験から、今、大阪で橋下批判を公然と行うのは危険だという（森田実『橋下徹、ニヒリズムの研究』東洋経済新報社、二〇一二年、五七頁）。

（5）橋下徹のツイッターの状況は、毎日新聞（大阪本社）二〇一二年五月二九日夕刊参照。

（6）松本創（二〇一五：二一、二五、二六）。本書5章4（3）で詳述。

（7）松谷満（二〇一二）参照。

（8）森政稔（二〇一六：三三五）。

第9章　ポピュリズムとしての特色

——批判的評論からの分析

本章では橋下劇場のポピュリズムとしての特色を明らかにするため、二〇一一年一一月の大阪ダブル選前後（二〇一一年一〇月〜二〇一二年六月）において総合雑誌に掲載された「橋下劇場」に関する批判的な評論などをとりあげて考察する。また、このことは論壇におけるわが国の近年のポピュリズム論を紹介することになる。(1)

ちなみに、本章で詳しく紹介した評論は、全国紙や地方紙（共同通信配信）での論壇状況を紹介する記事でとりあげられたものが中心である。ここから、橋下徹が既成勢力だと批判する新聞というマスメディアが橋下劇場をどうとらえているかもみえてくるだろう。

1　橋下劇場に関する批判的評論——論壇誌を中心に

（1）政策・政治思想からの批判的評論

前章でみたように、「大阪ダブル選」以後、橋下徹についてはテレビなどマスメディア全体としてみれば支持派の方が目立っていたが、論壇誌をみると批判的評論が多かった。

批判的な評論をみると（前章表8－1・8－4参照）、前章でみたように、橋下府政の間違いは、議論を軽視した手段自体を目的化する軍隊的官僚主義と競争原理主義の合体からくるという批判（山口二郎）や、改革イメージを持つ強いリーダーシップへの白紙委任に対する危機感（上野千鶴子）のほか、次に取り上げるように、橋下徹の政策・政治思想や政治スタイルは、小泉構造改革につらなる新自由主義・新保守主義で格差拡大につながるとともに攻撃性があるという批判や指摘（大内裕和、佐伯啓思、松谷満）が目立つ。

以上のように、橋下劇場を新自由主義や新保守主義と結びつき国民の不満や不安を反映するポピュリズムととらえていることが分かる。ここでは、まず、橋下徹は「新自由主義の徹底と専制行政を狙っている」とする大内裕和の評論からみていきたい。

大内裕和（教育社会学）は「橋下独裁は何を奪うか」（『世界』二〇一一年一一月号）と題し、一九八〇年代以降の新自由主義は、「公務員としての安定した身分」を標的に、小泉政権の構造改革以降、雇用面での規制緩和によってより不安定な状況に置かれた他の労動者の不満や嫉妬心を煽り、教育分野や自治体でのリストラを進めてきたという。その集大成が、大阪府での教育行政基本条例と職員基本条例であり、公務員とそれ以外の労働者との分断と対立を煽り、両者の連帯を断ち切り、新自由主義の徹底と橋下徹の専制行政を狙ったものだったとする。さらに、「小さな政府」論に基づく公共部門攻撃と社会全体への競争原理の広がりは、社会の貧困化を進め、この「底辺への競争」サイクルが社会的な諸権利を脅かし将来への希望を失うと危惧している。

佐伯啓思（経済学）は「反・幸福論――橋下現象のイヤな感じ」（『新潮45』二〇一二年三月号）と題し、橋下現象の特色は、①政策面は九〇年代からの改革すなわち成果主義、実力主義、業績主義など新自由主義傾向が強いこと、②人々の何か得体の知れない不満や不安をバックにしていること、③橋下徹の行動力には粗野さやストレートな攻撃性があること、の三つで、③の背景には、今の殺伐な時代を動かすには野蛮な行動力が必要という人々の意識と、今日の社会の特徴であるマスメディアによる「人気主義」「面白主義」というニヒリズム的世相があるとする。そして、我々が問題とすべきは橋下現象を生み出した日本社会の現状で、このまま得体の知れない不満に支えられた「人気主義デモクラシー」を続けていくと、いずれ本当の独裁者が登場すると危惧する。

最後に、大阪ダブル選の半年以上前に掲載（前章表8-1には未掲載）された松谷満（政治学）の「ポピュリズムの台頭とその源泉」（『世界』二〇一一年四月号）と題する評論をみてみたい。実は、その内容はアンケート調査に基づく実証的な論文である（政治学におけるポピュリズム研究として3章で少しみたが、ここでは詳しくみたい)。

松谷満は、地方政治の大きな変化は、石原東京都知事、橋下大阪府知事、河村名古屋市長というポピュリズムとも称される首長の台頭であるとし、彼らがなぜ有権者から大きな支持を得るかを、実証的に分析する。まず、先ほどの三人の首長に加え、中田宏横浜市長、松沢成文神奈川県知事、上田清司埼玉県知事、大村秀章愛知県知事ら大都市部の七人の首長を取り上げ新保守系首長とし、①政策面では新自由主義で、社会文化的には伝統・国家の重視という保守主義すなわち新保守主義の標榜、②無党派の標榜、③新党の設立・連携に意欲的、という三つの共通点を指摘する。そして、このような首長登場の背景は、利益誘導型の政治衰退で地方政治での政党が弱体化し、代替として強いリーダーシップを持つ政治家個人への期待が高まっているからだとする。

さらに、松谷満は、石原・橋下の両知事は、大嶽秀夫のいうポピュリズムの特徴である反エリート、「ふつう」の人々側に立つこと、善悪二元論、リーダーシップ、直接性の五つの特徴を備えているという。そして、有権者へのアンケート調査によると、愛国心などを重視するナショナリズムと、格差や競争に肯定的なネオ・リベラリズム(新自由主義)の二つの政治的価値を持つ人ほど、石原・橋下を高く支持する傾向があるとする。さらに、ナショナリズムは高齢者を中心とする伝統的保守層、ネオ・リベラリズムは都市部の中上層と、支持する人々の層が厚く多くの支持を得るのに有利だとする。つまり、この松谷満の実証的な分析は、橋下知事は大嶽秀夫のいうポピュリズムであるが、その支持者はナショナリズムと新自由主義にまたがり幅広い支持獲得に有効であることを立証している。また松谷満は、「ふつうの政治家」と認識されると支持が低下する傾向があるため、この点を自覚する橋下徹は、「ふつうの政治家」とならないようつねに何かのトピックによって期待と関心を集め続けようと言動がより挑発的になっていると分析する。そして、政治と有権者を媒介する政党、組織の役割は今後失われるのか再生するのか、我々にはこのポピュリズム現象から何を学び「あるべき政治」をどう構想していくかという大きな課題が投げかけられているとする。

（2）無思想説からの批判的評論

以上、これまで取り上げた評論は橋下徹の政策・政治思想に焦点を当てているが、これに対し思想性はないというわゆる「無思想説」に属する評論もある。

これに分類される中には、「従来の左右のイデオロギーでは分類できず、その論理は既得権益バッシングである」という見解（中島岳志）、橋下徹の政策を「机上の空論」と強く批判し政策は場当たり的で一貫性を欠くという見解（薬師院仁志）、非現実的な政策を掲げる「無構造性」が幅広い支持層を吸引するという見解（適菜収）、さらに政治思想というほどのものでなく単純な「自助主義」だという見解（佐藤優）がある。またその政治は、バッシング政治、センセーショナルな政策、巧みなメディア利用を特色とし、これを支える要因は、「地域の閉塞感と住民の新自由主義的な心性と結びついたジェラシー」という見解（平井一臣）もある。

ここでは、この「無思想説」をとりあえず、「政策や政治思想は、あくまで一定の支持を得るための手段であって、そこに体系性や一貫性を持っていないこと」と定義しておきたい。そこで、まず、「（橋下徹の政治思想は）従来の左右のイデオロギーでは分類できない」と明確に主張する中島岳志から順次みていきたい。

中島岳志（政治学）は、「橋下徹ハシズムを支えているものは何か」（『創』二〇一一年一二月号）と題し、橋下徹の政治スタイルや考え方は、従来の左右のイデオロギーでは分類できず、その論理は「既得権益バッシング」で単純化と断言を繰り返して攻撃する手法であるとする。「既得権益という敵」を見せ、単純化された「解決策」を講ずればうまくいくと断言し、ナショナリズムを鼓舞し架空の平等性を担保していく政治手法だとする。したがって、大阪都構想の細かい部分を論争しても、問題の一番重要な所にはたどり着かず、むしろ橋下徹の「これをやればすべてうまくいく」という物言いが受けてしまう社会とは何かを丁寧に見ていくことが問題解決の糸口になるという。

薬師院仁志（社会学）は「机上の空論だらけのインチキ政策」（『新潮45』二〇一一年一一月号）と題し、橋下主張の大阪府の収支改善は、借金（府債）をした上での黒字であって借金は増えていると批判する。一方、大阪市の借金の元凶はバブル期に始まった第三セクター事業の破綻で、平松前市長の下、確実に借金は減らし市営地下鉄も黒字だとする。したがって、大阪都構想や市営地下鉄民営化といった橋下徹の政策は、橋下知事の下で増えた府の借金を市の収入源を売り払って埋め合わせするものだと批判する。さらに、大阪都構想という広域行政の一本化は究極の成長戦略であるが、景気・雇用対策によって企業が儲け従業員の給料を上げるという橋下徹の主張は、具体的根拠のない机上の空論であると批判し、橋下徹や「維新」の打ち出す政策は場当たり的で一貫性を欠くと批判する。

適菜収（作家、哲学者）は、「橋下徹は保守ではない」（『正論』二〇一二年五月号）と題し、橋下徹をテレビ的な反射神経に優れ民衆の煽り方を知る「天性のデマゴーク」と評した上で、政権公約である「維新八策」は注目度は高いが、非現実的な首相公選制の導入などを並べており、橋下徹は施策や言動が矛盾しても気にしないという特徴をあげ、こうした「無構造性」が幅広い支持層を吸引しているとする。そして、民意に従い「決定できる民主主義」を掲げる政治姿勢について、移ろいやすい民意を政治に直接反映させれば、国家は崩壊する恐れがあるとし、民主主義は本来、独裁や全体主義を生むリスクを内包していると危惧する。(2)

佐藤優（作家、元外務省分析官）は「反ファシズム論では彼には勝てない」（『新潮45』二〇一一年一二月号）と題し、橋下徹はファシズムに不可欠な、①資本主義が生み出す社会問題を国家権力の介入によって解決する政策、②自己のまわりを真空つまり反対勢力がない状態にする戦略、の二つがないので独裁になれないのに、橋下徹に煽られ「独裁」という選択肢を日本政治に提供したマスメディアの責任は重いとする。また、橋下徹の思想は新自由主義者が好きなサミュエル・スマイルズの「自助論」にある「天は自らを助くる者を助く」という言葉のように、外部からの援助は人を弱くし自分で自分を助けようとする精神こそ最も重要という単純な考えだとする。そして本来、政治は市場原理で解決できない問題に権力で介入し解決するのに、自助論の思想は、この政治の役割を放棄してしまうと指摘する。つまり、この指摘は、自助論は政治思想に当たらないということになる。これが、ここで佐藤優の主張を「無思想説」に分類した理由である。

平井一臣（政治学）は、「劇場化し暴走する地方政治」（『世界』二〇一一年一一月号）と題し、鹿児島県阿久根市で登場した竹原信一前市長による議会と激しく対立し専決処分を乱用した劇場型政治を分析し、橋下・河村にも言及して、阿久根市は首長の暴走だったが、橋下徹の場合は自ら率いる政党が議会の多数派を構成し自治体そのものの暴走につながると危惧する。この分析は、政治学の最近のポピュリズム研究であり3章でも先行研究として少し紹介したが、ここではより詳しくみてみたい。また、平井一臣は橋下支持者の新自由主義的な心性に言及しているため「無思想説」に分類すべきか迷うが、橋下徹の劇場的な政治手法に焦点をあてた分析であるので、ここでは「無思想説」にいったん分類した。

平井一臣は、橋下大阪府知事や河村たかし名古屋市長など、現在、地方で増える劇場型政治に共通する特徴を、①バッシング政治、②センセーショナルな政策の提起や施策の実行、③巧みにメディアを利用し支持拡大を図ること、だとし、それを支えるものは、①地方に漂う閉塞感、②新自由主義的な心性と結びついたジェラシーの政治、だとする。阿久根市のような小規模自治体では、公務員の給与の高さなどへのジェラシーは公務員バッシングとなりやすいが、大阪や名古屋など都市部では議員や公務員と住民との距離は遠く目に見える存在でないので、バッシングだけでは支持拡大に限界がある。そのため、橋下徹は大阪都構想という新たな制度提示に積極的だと分析する。

また、この地方政治の劇場化がもたらす問題点として、①敵に対する徹底した攻撃が地域社会に深刻な亀裂をもたらす恐れ、②人権といった基本的な問題の軽視、③定数削減、給与削減など「ダンピング選挙の横行」、をあげる。さらに、「大阪維新の会」を例に一歩進んだ危険な状況として、①市民社会を根底から脅かす問題点。たとえば府議会で強行採決された君が代起立条例は、少数意見尊重という市民社会の基本的あり方を掘り崩し過剰な同調社会を生み出す恐れがあること。②極めて厳しい服務規律の問題点、③議会の死という形で二元代表制が根本から崩れるという問題点、をあげて、その対応策として人権意識の向上と連帯の必要性を唱える。

以上、「無思想説」の主な評論をみてきたが、拙著（有馬晋作 二〇一一）および本書は、どのように位置づけられるかをあらためて若干みてみたい。拙著は五人の代表的な劇場型首長の行政運営と政治手法の共通性に焦点を当てて分析したものであるが、各首長の政策は違いがみられた。たとえば、田中長野県知事は、民主党政権スタート時の「コンクリートから人へ」の政策の考え方があってリベラル的な要素があった。また、東国原宮崎県知事は、地方の声の代弁者として国に物申すというスタイルで、たとえば道路特定財源問題では、地方での道路や高速道路の必要性を強く主張するなど、一見、地元への利益誘導型の自民党的なイメージもあった。一方、橋下大阪府知事は、財政再建をめぐる知事の発言や教育行政基本条例、職員基本条例をみても新自由主義の要素が強いといえた（5章参照のこと）。すなわち拙著は、首長の政治思想や政策の違いを考慮せず、その政治手法や戦略の共通性を取り出して分析したものといえるので、「無思想説」に該当するといえる。

2　橋下劇場に関する批判的評論の傾向

以上、橋下劇場に関する批判的な評論をみてきたが、ここで批判的評論に関して簡単にまとめ、その傾向をみてみたい。

まずは、橋下徹の政策や政治思想について、国民の格差拡大につながる新自由主義、新保守主義だという批判と、左右のイデオロギーには分類できない、一貫性を欠くという批判に大きく分けられる。本章では、後者を「無思想説」と分類した。そして、前者には橋下徹の攻撃的・独善的な政治スタイルをセットで批判するものも含まれ、後者は、その無構造性が支持獲得に有利であること、既得権益バッシングなど攻撃的な政治スタイル、物事を単純化した上で断定して論じる手法に焦点を当て論じる傾向がある。以上の批判的な評論を、社会科学系を中心に、ここでいったんまとめるとすれば、「橋下徹の政策・政治思想や政治スタイルは、格差拡大につながる新自由主義・新保守主義をベースにした、敵を設定し激しい攻撃性を伴うポピュリズムであり、その強いリーダーシップは独善的ととらえることができる」と整理できる（なお「無思想説」の政策面に関する考えは本章最後でまとめた）。

それと中には、橋下徹を支持する有権者の心理や橋下劇場を生み出す社会状況を分析し問題視しているもの、橋下劇場が日本の政治や民主主義さらに社会などにもたらす影響、たとえば将来の独裁や全体主義につながる恐れがあると危機感を抱くものが多くみられる。

以上のように批判的評論は分析、主張しているが、橋下劇場への対応策に関する見解をみると、山口二郎は、悪者を探し出して叩くのでなく、議論を重ね積極的に助け合いながら新しい公共と民主政治を作っていくことを提言し、大内裕和は「底辺への競争サイクルは社会の希望を奪う」と警鐘を鳴らし、佐伯啓思は、人気主義デモクラシーを続けていくと本当の独裁者が登場しかねないと危惧し、松谷満は橋下現象を批判的に学び「あるべき政治を考えるべき」だとし、中島岳志は「これをやればすべてうまくいく」という物言いが受けてしまう社会を丁寧に見ていくことが問題解決の糸口になるとし、平井一臣は「人権意識の向上と連帯の必要性」を唱えていた。また有馬晋作（二〇一一）は劇場型首長に対抗できる議会、すなわち議員が議論し広く住民との意見交換する議会改革を提言したほか、劇場型首長の功罪（メリット、デメリット）を有権者は冷静に判断すべきとしている（3章3参照）。

この橋下劇場に対する対応策は、人々の意識向上や連帯を説く主張など、すなわち有権者や国民側での対応を強調するものと、この橋下劇場が示している有権者の不満を、どう政治のあり方として反映または制度改正すべきかという政治側の対応を求めるものの大きく二つがあるといえる。ただ、当時の民主党政権への「決められない政治」という失望の下、強いリーダーシップを望む声が高まっている中、さらに経済のグローバル化を背景に競争・市場主義重視の新自由主義は当然との考えが広まる中では、これらの対応策は多くの人々にとって魅力的または現実的と見えないのかもしれない。

3　橋下劇場の不思議——なぜ橋下徹は批判しにくいのか

これまで、二〇一二年二月の「維新八策」（骨格）発表後の論壇の状況をみたが、その後も、ますます橋下徹に関する評論の関心は高まっていった。ここでは、有識者から多くの批判がなされたにもかかわらず、ますます勢いが強くなる橋下劇場の不思議から、その特色を考察したい。

（1）批判派からの分析

森政稔（政治・社会思想史）は、「独裁の誘惑——戦後政治学とポピュリズムのあいだ」（『現代思想』二〇一二年五月号）と題し、橋下徹の台頭は「強いリーダーシップ」を良いとする政治学者のこれまでの主張（10章5（1）参照のこと）にも問題があると指摘しているが、橋下徹を批判しにくい理由も分析している。この分析は3章で少し紹介したが、ここでは詳しくみてみたい。

この評論の中で森政稔は、橋下徹の政策に対しては有識者によってさまざまな批判がなされているが、問題は、彼がこれらの批判を栄養源に勢力を増大していることだとする。そして、橋下徹が批判を栄養源にできるのは、橋下徹には、それなりに筋の通った合理的な政策的主張と、それとは対照的に著しく感情的に敵を名指して支持を得る「ポピュリズム」的政治の面が同居し、これらを使い分けることで有利な立場を確保しているからだと分析する。

たとえば、批判者が橋下徹を独裁だと一括しようとすれば、橋下徹の政策の中で比較的合理的な面を評価する人たちから反発を受け、むしろ批判者の方が粗雑で感情的であるように映ってしまう。他方、個別の政策を議論しようとすると、橋下徹は詳しい知識によって必要な場合はいくらでも「柔軟」に対処し批判をすりぬけてしまう。このとき橋下徹は、現実・現場を知らない学者というステレオタイプを用いて、反知性主義的な方向に人々を動員する。[3]そして、橋下徹は選挙で選ばれた自らを民意の体現者として演出し、自分を批判するものを「民主主義に敵対する」ものとして排除することに成功しつつあると分析する。

以上の森政稔の見解を、実証的に検証するような評論も出てきている。松谷満（政治学）は、「誰が橋下を支持しているか」（『世界』二〇一二年七月号）と題し、二〇一一年大阪ダブル選に関するアンケート調査によって橋下徹の支持状況を分析している。それによると、橋下徹を支持する人々には、まずポピュリズム的な要因として、「公務員への不信感」と「リーダーシップの重視」がある。次に、「新保守主義的な価値意識」すなわちナショナリズムおよび新自由主義への肯定的な意識がある。後者は、幅広いミドルクラスを支持基盤とすることもできる。

そこで、反橋下派が、前者の「公務員への不信感」「リーダーシップの重視」を批判しようとすると感情的で操作されやすい有権者を想定した批判となる。そのとき、その批判を後者の「新保守主義的な価値意識」を支持している人がみると、どうしても感情的な批判にみえてしまう。一方、反橋下派が、後者つまり「新保守主義的な価値意識」を批判しようとすると、従来の左派・リベラル的な批判ととらえられ、その批判はイデオロギーがかった古色蒼然としたものと映ることになる。このような状況が、橋下徹に対する批判が一向に多くの人々の受け入れられない原因である。そして、松谷満は、橋下徹の打ち出すものは多数派意見の側に立ったものが多いという（先ほど松谷満（二〇一一）を「政策・政治思想からの批判」の評論として分類したが、この指摘は「無思想説」に該当するといえる）。そこから、「橋下が支持されるのは、有権者（マジョリティ）の意識をそのまま肯定するような主張を彼が行い、それがノーマルに受容された結果にすぎない」と分析する。

たとえば、前述の橋下徹の政策の多数派意見側に立った例としては「反原発」があげられる。すなわち橋下徹の企業経営的な日頃の発言、また本章で取り上げた批判的評論の指摘のように、橋下徹は経済重視の新自由主義の立場に立っていると考えられるのに、当初は原発に関しては比較的多くの国民の意見である「反原発」のスタンスを取っていた。

ところで、この松谷満の評論に関しては、メディアは、「人々の先入観を揺るがせるような論考」と高く評価している（朝日新聞二〇一二年六月二八日「論壇時評」）。すなわち、メディアがよくいう弱者がポピュリズムを支えているのだという仮説は根拠が弱く、橋下支持の中心はむしろ「ミドルクラス」だとし、有権者の多数派の意識を「そのまま肯定」する主張をしているから橋下市長は受容されているという点が、新しい指摘と映ったようである。ただ、本書で述べたように現代のポピュリズムが「現在の政治は十分機能していないなどの不満を持つ人々」を対象に「市場主義に融和的な政策」を取る特色があるとすれば（1章1参照）、政党・政治不信が広まるとともに経済のグローバル化が進む現在の日本においては、サラリーマンが多いミドルクラスも現代のポピュリズムの有望な対象になるといえ、松谷満の指摘も当然の結果とみえる。

以上、森・松谷の二つの評論を整理してみたい（なお、この二つの評論は、評論というより政治学における最新のポピュリズム研究といえる）。森政稔は、橋下徹の主張には、①合理的な政策的主張（政策・政治思想）、②敵を設定した上での激しい攻撃（ポピュリズム的要素）、の二つが同居しているとし、松谷満は、橋下支持派には、①新保守主義的な価値意識（政策・政治思想）、②公務員への不信感とリーダーシップ重視（ポピュリズム的要素）、の二つの支持グループがいると分析する。なお、松谷満は、橋下徹の政策は「多数派意見に沿ったもの」という。

森・松谷とも、①の政策・政治思想への批判、②のポピュリズム的要素への批判の二つのケースを設定し、②のポピュリズム的要素への批判には、①の政治・政策思想を支持する人々から感情的な批判または的外れと映るという点では共通しているが、①の政策・政策思想への批判には、森政稔の分析では、橋下徹は、学者は現場を知らず批判のみというステレオタイプを伴った細かい反論をし批判をすり抜けるとするが、松谷満の分析では、古い従来の左派・リベラルの批判として映るとしている。さらに、松谷満は、橋下徹の政策・政治思想に関する主張は、いずれの項目も多数派の主張と重なっているため多くの人々に受け入れられやすいとも分析する。以上のことから、橋下徹への批判は、多くの賛同を得るのが難しく、すなわち批判しにくくなっているし、批判をまるで栄養源とするように勢力を拡大できるといえる。

(2) 支持派からの分析

先ほどの反橋下派からの橋下批判は感情的に映るとする分析と似た指摘が、実は橋下支持派からも出ている。ここで紹介するものは評論というものではないが、橋下支持の一般の人々の意識を代弁しているとみられる。それは、「だから右も左も批判したくなる、橋下徹論争相関図でわかった全方位メッタ斬り戦略」（『SAPIO』小学館、二〇一二年六月一七日号、執筆者名の記載なし）と題する記事で、日本の政界では五五年体制の崩壊後も、保守・革新（リベラル）の両陣営が既得権を分け合い、なあなあの国家運営が続いてきたが、橋下徹はこの仕組みに挑戦しようとしているとする。そして、それは、「既得権を液状化」するとし、その理由は左右のどちらかに立脚した従来型の政策立案をしていないからだとする。

そのため、リベラル系は橋下徹の「君が代起立条例」を目の仇にして批判するが、自分たちの主張と一致する原発再稼働反対の動きを評価して後押ししようとしない。一方、保守系は、橋下徹の再稼働反対論に噛みついても、教育改革には援軍を送ろうとしない。両陣営とも既得権益を失うことを恐れ、橋下徹と方向が一致する本来支持すべき政策を含めて「進め方が独裁的だ」と、政治手法にすり替えて批判していると分析する。

さらに現在、橋下徹のディベート術によって視聴者、有権者には「橋下よく言った」という支持が広がっているという。その結果、既得権益を失うことを恐れる左右の勢力は、彼らにとって「危険な改革者」である橋下徹を国民から切り離そうと、なりふり構わず「独裁者」「ヒトラー」と批判をエスカレートさせているという。しかし橋下徹は、選挙で有権者の支持を得た改革を、議会を通じて実現しているし、その政治手法はリーダーシップと呼びこそすれ、決して独裁ではないとする。以上の橋下支持派の主張も興味深いものであり、すなわち、これは本章でいう「無思想説」といえる。

ここでみたように橋下支持派からは、橋下徹の政策は従来の保守・革新（リベラル）にとらわれない既得権を狙い打ちにする改革的政策であり、保守・革新（リベラル）とも既得権益を失いたくないので、独裁者などという感情的な批判に終始しているのだという指摘がある。これは、「既得権益を守ろうというグループがいて日本の社会がよくならない」という小泉首相の頃からのステレオタイプの考えに基づくものともいえよう。ただ、ステレオタイプだけに、この考えは多くの人々の支持を得やすい。なお、本書の1章で、現代のポピュリズムは、政治リーダーが現在の政治は十分機能していないといった人々の不満を巧みに利用していると述べたが、この橋下支持派の評論の中には、今の政治がうまく機能せず既得権益グループの力が大きいことに対する人々の怒りが読み取れよう。

4　橋下劇場のポピュリズムとしての特色

橋下劇場に関する評論について、これまで考察したことをまとめて、ポピュリズムとしての「橋下劇場」の特色を明らかにしたい。

まず、本章でみた主な社会科学系の批判的な評論からは、「橋下徹の政策・政治思想や政治スタイルは、格差拡大につながる新自由主義・新保守主義をベースにした、敵を設定し激しい攻撃性を伴うポピュリズムであり、その強いリーダーシップは独善的ととらえることができる」という一定の見解が出ているといえる。橋下支持派はミドルクラスで幅が広いという分析もある。それと、将来の民主主義に及ぼす悪影響、たとえば独裁とか全体主義を危惧する指摘も目立つ。

この批判的な評論と、前節でみた橋下を批判しにくい理由の分析を総合的にとらえると、橋下劇場には、次のような特色があるといえる。

第一に、①新自由主義や新保守主義をベースにした多数意見に沿ったともいえる政策（ときには大幅な制度改革を含む）の主張、②敵を設定した激しい攻撃性、③独善的ともとれる強いリーダーシップ重視、で構成されていることである。なお、本章で考察した「無思想説」の見解は①の中の「多数意見に沿った」で反映しており、同じく①の「ときには大幅な制度改革を含む」は、大阪都構想や道州制、首相公選など大幅な制度改革を提唱することがあることを示している。

第二に、橋下徹の政策や政治思想は、小泉政治による構造改革後、多くの国民に広まった政治に対する不満すなわち「既得権益を守ろうとするグループがいて日本社会が良くならない」というステレオタイプのほか、冷戦崩壊後、経済のグローバル化を背景に多くの人に広がっている新自由主義的な価値観をベースにしてるため、結局、橋下徹の主張は幅広い人々の支持を得やすいものになっているといえる。このため、橋下徹の政策への批判は、イデオロギー的な古色蒼然とした左翼的な批判に取られることがある。

第三に、橋下徹の特色は、自分への批判者（研究者など）に対し、前述の①の「新自由主義や新保守主義的な政策」と②③の「ポピュリズム的な要素」を上手く使い分けながら対抗していることである。また政策への批判には、「現場を知らず批判ばかり」と反知性主義的に激しく反論・攻撃して、結果として一般の人々の支持を幅広く獲得していることがあげられる。

ちなみに、本書では、「現代のポピュリズム」は、大衆民主主義が成立した社会において、「政治リーダーが一般の人々の幅広い支持を直接獲得するため、現在の政治は十分機能していないといった人々の不満を巧みに利用して、上から変革を進める政治」と整理した。さらに、その核心要素の基本は、「既得権益に対する攻撃」であり、その政策は「市場主義に融和的な政策」を採用する傾向があると整理している（1章1(2)）。

この「現代のポピュリズム」の特徴と、ここで考察した橋下劇場の特色は、二つの核心要素を完全に満たすなど、ほぼ完全に重なっていることが分かる。つまり、橋下劇場も「現代のポピュリズム」に該当するといえよう。

5　橋下劇場をめぐるポピュリズム論の状況

わが国におけるポピュリズム研究の状況（厳密に言えば、わが国で生じたポピュリズムの研究）については、3章でみたとおりであり、小泉政治を経験してポピュリズム現象への関心がはじめて高まり、先駆的で代表的な研究は、大嶽秀夫の『日本型ポピュリズム』（中公新書、二〇〇三年）、『小泉純一郎ポピュリズムの研究』（東洋経済新報社、二〇〇六年）があげられる。このようにわが国のポピュリズム研究の歴史は浅く、ここで取り上げた橋下徹などのポピュリズム的な首長は、やっと研究者が最近取り組み始めたぐらいである。

筆者がみるに、まだまだ評論的なものも数は少なく、当然、研究論文というものも少なかった。このような中、本章でみたように、橋下徹に関する評論が多く出始め、ポピュリズムに関連する議論が活発化したといえる。このように歴史の浅いわが国のポピュリズム研究であるが、ここで紹介した橋下劇場に関する評論に関して、ポピュリズム研究の視点から指摘できることを、いくつかあげたい。

第一に、さまざまな分野の人々が論壇誌つまり総合雑誌を中心に議論に参加したこと、さらに橋下徹率いる「大阪維新の会」が国政進出をめぐってメディアから注目されたこともあって、わが国のポピュリズム現象の代表的な事例となったことである。

ただ、一般の人々が読む総合雑誌で活発に議論された割には、一般の人々を含めテレビなどのマスメディアは、橋下徹をポピュリストとはかならずしもとらえていないのが現状である。ポピュリズムの意味が曖昧で否定的な意味合いを感じる現状を考えると、むしろ小泉政治を連想する「劇場型政治」とか筆者の「劇場型首長」という表現の方が、一般の人々には分かりやすく受け入れやすいのかもしれない[4]。実際、二〇一五年一二月の橋下大阪市長退任の翌日の新聞には「橋下劇場」という言葉が多くみられた（10章の冒頭参照）。

一方、本章でみたように、社会科学系の批判的な評論からは、「橋下徹は格差拡大につながる新自由主義・新保守主義をベースにした、敵を設定し激しい攻撃性を伴うポピュリズムであり、その強いリーダーシップは独善的ととらえることができる」という一定の見解が出ているといえる。また、最近のヨーロッパの右翼ポピュリズムを幅広く論じる政治学の研究（高橋・石田 二〇一三）の中でも、日本のポピュリストとして橋下徹が取り上げられているように、政治学の分野では日本のポピュリズムの典型例として確立し、二〇一一年大阪ダブル選以降も議論（たとえば森政稔 二〇一二、松谷満 二〇一二、中井歩 二〇一三、村上弘 二〇一四）がみられ一定の進展がみられる。なお、本書第Ⅲ部もその目的で執筆したものである。

第二に、これまでのポピュリストと称された政治家で、これほど多くの研究者や有識者が論じた事例はないことである。

このため、ポピュリズムに関するさまざまな分野からの見解が示されたので、わが国における今後のポピュリズム研究の進展が期待される。ただ、この議論が行われてから約四年たった二〇一六年時点でみると、さまざまな分野の識者が論じた割には議論が収斂されておらず、ポピュリズム論が一定の進展をみたかについても、論壇において橋下徹に関する議論またはポピュリズムの議論がほとんど見られなくなったので定かではない。なお、さきに述べたように、政治学の分野では橋下劇場に関する一定の見解や進展がみられる。

第三に、第二に関連するが、今回の橋下劇場に関する評論では、新たな指摘がなされたことである。

本書では「現代のポピュリズム」の二つ目の核心要素として「市場主義に融和的な政策」を取りやすいのに、それを満たさないポピュリズムがあるとすでに指摘（3章4（2））していたが、本章で述べたように政策や政治思想面で「無思想説」（政策や政治思想は、あくまで一定の支持を得るための手段であって、そこに体系性や一貫性を持っていないこと）というポピュリズムがあり得ることを明確に示したのは、わが国のポピュリズム研究に新たな視点を提供したといえよう。

加えて、識者による多くの批判を栄養源のようにして支持が拡大するという橋下劇場の不思議さから導き出した興味ある細かな分析があったことである。それは、橋下徹は、自分への批判者（研究者など）に対し、「新自由主義や新保守主義的な政策」と「ポピュリズム的な要素」を上手く使い分けながら対抗していることである。また政策への批判には、「現場を知らず批判ばかり」と反知性主義的に激しく反論・攻撃して、結果として一般の幅広い人々の支持を獲得しているというものであった。

第四に、本章で考察した批判的な評論と批判しにくい理由を総合的にとらえると、橋下劇場は、①新自由主義や新保守主義をベースにした多数意見に沿ったともいえる政策（ときには大幅な制度改革を含む）、②敵を設定した激しい攻撃性、③独善的ともとれる強いリーダーシップ重視、で構成されており、それらは、小泉政治による構造改革後、多くの国民に広まった政治に対する不満すなわち「既得権益を守ろうとするグループがいて日本社会が良くならない」というステレオタイプのほか、冷戦崩壊後、経済のグローバル化を背景に多くの人に広がっている新自由主義的な価値観をベースにしているため、幅広い人々の支持を得やすいものになっているといえる。

ちなみに、この特色は、「既得権益に対する攻撃」と「市場主義に融和的な政策」という二つの核心要素からなる「現代のポピュリズム」に該当しているほか、本書で論じた「劇場型ポピュリズム」にも該当している。つまり、先ほどあげた第四の①〜③の特色も、劇場型ポピュリズムの劇的とか敵対・大衆直結という基本的要素と大きく重なっている。

以上、本章で考察した橋下劇場に関する評論から、今後のポピュリズム研究に資すると思われる指摘をあげたが、二〇一五年五月の住民投票による大阪都構想否決や二〇一五年一二月の橋下大阪市長退任をめぐって論壇誌での橋下徹に関する評論が少なかったのは[5]、本章でみた二〇一一年一一月前後の時期と比べると、橋下徹への注目度、特に中央からの注目度が低下していることを示しているといえよう。

注

(1) 以下、ここで紹介する評論は、南日本新聞二〇一一年一〇月二九日、共同通信配信「ウォッチ論壇一〇月」、宮崎日日新聞二〇一一年一二月三〇日、共同通信配信「論考一二月」、南日本新聞二〇一二年五月五日、共同通信配信「ウォッチ論壇四月」、朝日新聞二〇一二年六月二八日「論壇時評」を一部参照。

(2) 適菜収については、南日本新聞二〇一二年五月五日、共同通信配信「ウォッチ論壇四月」より。

(3) たとえば、大阪ダブル選後、テレビ朝日の報道番組で、橋下徹と政治学者の山口二郎が、改革をめぐって討論する形となり、このとき橋下徹が現実を知らない学者と山口二郎を攻撃的に反論・批判し、ネット上では橋下勝利という見方が広まった。ちなみに、ポピュリズムは普通の人々の常識の優位性を強調する

「反知性主義」の態度を取るため理性的理論を重視しないという指摘（高橋・石田二〇一三：一五）がある。先ほどの橋下対山口は、この事例ともいえる。また最近、理性的判断や論理的思考よりも目先の利害を優先し、空気を読んで大勢に迎合する人々の振る舞いが論壇で「反知性主義」と呼ばれ、その広がりが懸念されているという指摘がある（宮崎日日新聞二〇一五年七月二三日「検索・現代」）。

（4）しかし、「首長は、住民の直接選挙で選ばれる大統領制に近いため、候補者は民意をより反映しやすい。特に役所や地方議会による税金の無駄遣いが表ざたになった昨今、既得権益打破を掲げた、しがらみのない候補者が予想外の人気を得ることがままある。言ってみれば、ポピュリズムである」（柿崎明二、共同通信編集委員、南日本新聞二〇一一年一二月二六日）と紹介されているように、テレビと違い新聞では、橋下徹はポピュリズムという考えも出されている。

（5）たとえば、『文藝春秋』二〇一五年七月号「緊急特集・橋下徹とは結局何者だったのか」ぐらいである。この特集では、後藤謙次（政治コラムニスト）「これで終わりと思えない」、中野剛史（評論家）「独裁の危機は去っていない」、森功（ジャーナリスト）「手垢のついた大阪都構想」、中西輝政（京都大学名誉教授）「小泉劇場の二番煎じ」、櫻井よしこ（ジャーナリスト）「致命的に国家観がなかった」、古賀茂明（元経済産業省官僚）「改革者が権力者に変わった」、浅田均（大阪府議）「本気で考えた参院選出馬」が掲載されている。

第10章　橋下劇場のもたらした新たな政治現象

――劇場型ポピュリズムの進展

二〇一五年一二月一八日の橋下大阪市長退任の翌日の新聞記事の見出しをみると、「橋下劇場・新風と反発」（読売新聞）、「橋下劇場再演の予感」（朝日新聞）、「橋下劇場閉幕」（毎日新聞）と、「橋下劇場」という言葉を多く見い出すことができた。マスメディアは、橋下大阪市長の政治を、ポピュリズムというより劇場型政治ととらえているようであった。もしかすると、批判的な意味を持つポピュリストやポピュリズムという言い回しを避けて、意図的に「劇場」という言葉を用いているのかと感じるほどである。

本章は、橋下大阪市政四年間がもたらした新たな政治現象について、橋下大阪市政を短く振り返った上で、ポピュリズム論とデモクラシー論の視点から考察したい。

1　橋下大阪市政の四年間

まず、ここで、橋下大阪市政四年間を短く振り返ってみたい（詳しくは6・7章と7章4を参照のこと）。

二〇一一年一二月にスタートした橋下大阪市政は、「決定できる民主主義」と「グレートリセット」を謳い、職員労働組合との激しい対決姿勢の下、人事管理徹底化の各種条例の制定のほか、公募の区長・校長など民間発想の改革に取り組んだ。ただ、職員への政治活動調査は司法の場に持ち込まれ市敗訴になったり、公募校長や区長も不祥事で辞める者が出た。また、水道事業統合も破綻し市営地下鉄・バスの民営化も実現できず、その市政はかならずしも順調とはいえなかった。ただ市政全体をみると、その政策はマニフェスト重視のトップダウン型のブレーン政治となり、メリハリのついた政策となった。たとえば、行財政改革としての公共施設の廃止・縮小のほか、予算をみると高齢者など弱者対策から子育て支援・教育と現役世代重視の政策にシフトしたものとなった。

さらに国政政党「日本維新の会」を立ち上げ、中央マスメディアから大きく注目された。大阪都構想は、自民・公明など野党反対の中、紆余曲折を経て、二〇一五年五月、住民投票実施となったが、結局、否決される。このような中、橋下市長は自分や都構想を批判するメディアや識者を、SNSを使って激しく反論・攻撃することが多々あった。また、「日本維新の会」も他の政党との離合集散を繰り返し、最終的には「おおさか維新の会」として存続する。そして、二〇一五年一二月、橋下市長は任期満了で退任したが、依然として国政進出待望論もある。なお橋下市長の後任を決める大阪ダブル選は「維新」勝利となり、都構想実現に再チャレンジすることになった。

2　従来の劇場型首長との相違点

一点目は、地域政党を立ち上げ、それが確固たる地盤を持った政党となって力強い組織型選挙を展開する能力を持ったことである。

それが、二〇一五年一一月大阪ダブル選での「維新」勝利にもつながったといえる。これまでの劇場型首長が議会での勢力拡大に失敗したのに比べ大きな違いであるし、橋下徹の選挙での強さは、案外、橋下徹のカリスマ性に加え、この地域政党の確かさに依存していたのかもしれない。

二点目は、国政政党を立ち上げ、国会における第三極となったことである。

この立上げが二〇一二年の民主から自民への政権交代前だったこともあり、国民の既成政党への不満の受け皿として期待された。しかし自民への政権交代後は、安倍政権の安定感が増すと、その勢いはなくなりつつようにもみえる。ここで、これまでの第三極ブームをみてみたい。たとえば、一九七六年のロッキード事件による政治不信を契機に誕生した新自由クラブ（七六～八六年）、九三年の自民党下野による五五年体制崩壊で一翼を担った日本新党（九二～九四年）、新党さきがけ（九三～二〇〇二年）など、そして最近は、みんなの党（〇九～一四年）がある。これらの第三極は、与党批判のポジションを取り、既成政党との差別化を図るため、政治改革といった特定の課題に絞った「ワンイッシュー」を売りとすることが多い。ただ、国民の関心が薄れると党勢も低迷するケースが多かった(1)。

これらと比べると橋下徹率いる国政政党の「維新」は、改革を訴えているが、政府提出法案に対する国会でのポジションは野党としての与党批判つまり反対ばかりではない。憲法改正を主張し、むしろ憲法改正を目標とする安倍政権と同調または補完勢力としてのポジションを確保しているようにもみえる。この点は、これまでの第三極と違う点であろう。ただ補完勢力という認識が国民に定着すると、既成政党の不満の受け皿となり得ず、急速に失速する恐れもある。しかし、橋下大阪市政での二度の国政選挙と二〇一五年大阪ダブル選の結果をみると、国政政党「おおさか維新の会」は大阪では依然改革イメージが強いので、実質、地域政党でありながら国政政党として生きのびる可能性があると予想される。

三点目は、橋下徹が国政への一定の影響力と中央での発信力を維持したことである。

この発信力の維持の仕方は、7章の大阪都構想と「維新」の動向の中で、具体的にみたところであるが、中央マスメディアが長期にわたって橋下市長をとりあげたのは、国政政党の「維新」代表や顧問として国政への一定の影響力があったのが理由である。その結果、橋下大阪市政にはかならずしも順調といえない面があったにもかかわらず、国政と連動して改革イメージを発信し続けることができたといえる。このように、「維新」を通した国政レベルとの連動が、橋下徹の大きな政治的資源になったといえよう。

四点目は、橋下徹のツイッターなどSNSを駆使した発信や反論などによって、テレビなどのマスメディアの注目を集めるとともに、自分へのマスメディアなどの批判を牽制するのに効果を発揮していることである（2章5で詳述）。これも、橋下徹の大きな政治的資源になったといえよう。

3　新たに生じた政治現象

次に、橋下劇場によって新たに生じた政治現象について指摘したい。

一点目は、「ケンカ民主主義」、「選挙至上主義」といわれる現象である。

橋下劇場分析においては、「ケンカ民主主義」と「選挙至上主義」がよくいわれた。「ケンカ民主主義」とは、政治的な敵と激しく対決する対立的な政治であって「敵対」の要素を持つポピュリズム的なものといえるが、その対立を、橋下劇場では「選挙」で決着をつけることが「選挙至上主義」（選挙さえ勝てば正当化されるという考え）である。

この「ケンカ民主主義」は、まるで喧嘩のように意見や立場の違う相手を徹底的に攻め論破しようとするもので、相手を黙らせたら「勝ち」という価値観を広めてしまったともいえる(2)。また「選挙至上主義」は、ポピュリズムが持つ政治リーダーと住民との直接の結びつきを重視しているからともいえよう。激しく「対立」し決着を「選挙」でつけることは、市民の政治的関心を高める「効果」があるが、冷静な議論によって合意に至るプロセスをとるのでなく、「シロかクロか」、「勝つか負けるか」という二者択一の決着のつけ方になるという「弊害」がある。そして、政治的課題は結局「選挙」で決着をつけざるを得ず、勝った方が正しいという風潮を広げる恐れがある。

二点目は、批判するなら対案出すべきという主張で問題点の指摘を封じ込める現象が出てきたことである。

この主張はよく橋下徹が研究者などに対し行ったが、確かに現実社会ではさまざまなことに遭遇し、多くの人は解決策を模索しながら対応しているのが現実である。この一般的な経験から、批判ばかりは無責任で対応策を提示すべきという考えが出てきたのであろうし、一般の人にとっては説得力のある主張である。ただ安全保障関連法案を例にあげると、集団的自衛権が憲法違反の可能性があるので法案自体がおかしいと主張し対案を出す必要性はないのに、対案を出すべきという論調が広まるのは行き過ぎとも見える。

三点目は、反知性主義の拡大である。

橋下徹の場合には、敵を設定した激しい攻撃性が特色である。たとえば、府知事時代は次々と敵を設定していたが、市長時代になると既存マスメディアが標的になったほか、自分に批判的な研究者とくに大学教員を名指しで批判するようになり、ＳＮＳを用いた批判でその影響力は大きくなった。ポピュリズムの攻撃性は、普通の人々の常識の道徳的優越性を強調するものであって、一定の説得力ある「本音」による攻撃性を持つとされる。(3) つまり、反知性主義といえる。

これは最終的には、既存マスメディアまで攻撃対象となった。たとえば、大阪のメディアを詳しく取材した松本創（二〇一五）によると、当初は、橋下徹を身内と思っていたテレビ局が、「民主主義、言論の自由、公正中立」というマスメディアが賛同せざるを得ない言葉で武装した橋下徹によって、また自分の都合の良くない識者に執拗に批判を繰り返す橋下徹の政治手法によって、翻弄され疲れはて最終的には攻撃的ともいえる橋下徹の言葉の暴力を受け入れてしまったと指摘している。これも反知性主義の勝利といえよう(4)。以上の反知性主義は、大阪にとどまらず日本全体に広まる恐れがある。

四点目は、左派へゲモニーを打破したことである。

それは、橋下徹の主張が競争・自立重視で新自由主義や新保守主義をベースにしていたことと、橋下徹の生い立ちを取り上げた週刊誌の記事を人権侵害と問題視して、最終的には週刊誌の出版元である朝日新聞の幹部による橋下市長への会見・謝罪（二〇一二年一一月）となったことが示している。これは、まるで橋下徹がマスメディアを屈服させたように見える光景であった。

吉田徹（二〇一一）によると、これまで日本では、知的な領域では、たとえば朝日新聞など「サヨク的なもの」が世論をリードしてきた。つまり、政治的な思考や言語において左翼的なものによる支配つまり左派へゲモニーがあったといえる。したがって、左派勢力をいわば「疑似的な支配者」と見立て、これを攻撃することで自分を変革者としてアピールすることができる(5)。橋下徹は、その成功例といえよう。左派支持者にはいわゆるインテリや文化的エリートが多いので、彼らを敵に据えると、それはそのまま一般大衆を味方に付けることを可能としたといえる。

以上の結果、橋下徹が従来の左派ヘゲモニーを打破した英雄として登場したように印象づけられ、保守主義者にとって一種のヒーロー的なポジションを獲得したといえる。

4　ポピュリズムとしての新たな側面

次に、ポピュリズム論からみた橋下劇場の新たな側面を指摘したい。

一点目は、わが国の新自由主義や新保守主義的なポピュリズムとして、これまでになく力強く一般の人の支持を受けていることである。

8章でみたように、橋下徹は、保守派または新自由主義を支持する立場からは、行動力のある「改革の旗手」として期待される傾向が強く、論壇では橋下徹への批判的主張が目立つがテレビのマスメディアでは橋下支持の主張が目立っていた。府知事時代は次々と敵を設定したが、市長時代には、有識者や既存メディアへの激しい攻撃が目立ち、朝日新聞いわゆる「サヨク的なもの」を屈服させるなどし、その力強さを増すことになった。また大阪では「維新」の支持基盤を固めつつあり、その結果、二〇一五年大阪ダブル選でも「維新」側が勝利した。このように、これまでの新保守主義的なリーダーと比べても幅広い一般の人々の支持を集めるとともに、発信力のある力強いリーダーとなっている。この点も、橋下徹への政界（国政）復帰待望論が出てくる理由でもある。

二点目は、わが国戦後初の右翼ポピュリズム政党になる可能性である。

つまり、今後、自民党の補完勢力として位置付けられる可能性のある国政政党「おおさか維新の会」が、大阪では一定の支持基盤を持ったため、現在の新保守主義の延長線上として、将来、右翼的なポピュリズム政党になる可能性である。たとえば、石田徹（二〇一三）は、橋下徹の政治スペクトルは、その歴史認識や憲法へのスタンスから右翼に位置づけられるとする。そして、選挙至上主義、民意至上主義を唱えている点で、ポピュリスト的で、恵まれた存在としての公務員を叩くさまは反エリート主義に連なり、その政治スタイルである橋下徹のカリスマ性の強いリーダーシップ、また扇動、誇張、挑発、シンプルで直接的な言葉を使用するコミュニケーション手法、あるいはメディアへの露出などは、ヨーロッパの右翼ポピュリズムと共通性があるとしている。[6]

ただ、発信力のあった橋下徹は引退を表明し、新たな吉村大阪市長は調整型ともとれる側面があるので、橋下徹なき国政政党「おおさか維新の会」（代表は松井大阪府知事）が将来、右翼的ポピュリズム政党になるかは不透明ともいえる。ちなみに、「おおさか維新の会」の課題として、①橋下徹前代表不在での発信力低下、②民進党結成で二大政党化が進み第三極が埋没する恐れ、③「おおさか」の党名は大阪以外での支持拡大が困難（二〇一六年八月、「日本維新の会」への名称変更を決定）、ということがあげられている。[7]

5　橋下劇場が民主主義にもたらしたもの

ここまでは、橋下大阪市政を経て橋下劇場がもたらした新しい政治現象をみたが、ここでは橋下劇場が民主主義にもたらした面をみてみたい。また、それは、あるべき民主主義の中でポピュリズムに我々はどう向き合うべきかを考えることにもなる。これからの厳しい時代、ポピュリズムの登場が避けることができないのであれば、このテーマは重要である。また前章でみたように、さまざまな識者が橋下劇場（橋下徹というより橋下徹的な現象）がもたらす民主主義への将来の危険性を指摘していたことも忘れてはいけない（この点は、本章最後であらためて考えてみたい）。

（1）「決定」から考える民主主義とは

まず「決定」という側面から民主主義を考えてみたい。政治学においては、日本の民主主義において政治の「決定」つまり「決断」がないのが問題と言われていた。たとえば、これまでの日本の政治は、決定できないことが問題視され、戦前の日中戦争の泥沼化も日本の政治が決定したというより、ズルズルと戦線を拡大していったのが原因とされ、戦後も官僚の調整にまかせ政治は決定していないといわれた。このような中、社会が複雑多様化し経済がグローバル化して経済運営が難しくなるほど、政治に「決断」という名での「決定」が求められるようになっているとされる。この背景には、五五

年体制による自民長期政権の中、政策を政治でなく官僚が実質上、決めていたことへの反省もある。(8)

このようなこともあって、久しぶりの政権交代の二〇〇九年の民主党政権（〇九～一二年）には「政治主導」という名の決定・決断が政治に期待された。しかし、民主党政権の統治能力の未熟さと「ねじれ国会」によって「決定できない民主主義」と批判され、このような中で、橋下市長が「決定できる民主主義」を標榜して登場することになる。

そこで、ここでは「決定」の側面を重視し、民主主義を、「人々が自ら統治し自らの運命を決める」（吉田徹 二〇一一：一一五）と定義したい。なお、このとき「自らの運命」を具体的には「政府の運営方針」すなわち「政策」と読み替えると分かりやすい。そこで、ここでは政治を、本来は、政策に関する「人々の利害や価値の調整」とし、それは先ほど述べた民意を反映するという大きな目的があるとする（ちなみに政治について権力面を重視する論者は、この政治の定義には違和感を覚えるかもしれない）。さらに教科書的には、日本は国民が自分自身の代表者を選び、その代表者が議会で話し合って物事を決めていく間接民主主義を採用し、「民主主義の決定とは、十分に議論を行った上で、最後に多数決で決めるが、その前に少数意見を十分聞いて尊重することが重要」と説明される。(9)

このように民主主義と政治を「決定」の側面を意識して整理した上で、次の橋下劇場の特色を考えてみたい。

(2)「ケンカ民主主義」と「選挙至上主義」からの考察

橋下劇場においては、「ケンカ民主主義」と「選挙至上主義」という言葉が良く使われた。「ケンカ民主主義」とは敵の設定という対立的な政治でポピュリズムを指すものといえるが、その対立を「選挙」で決着をつけるのが「選挙至上主義」といえる。ここでは、この二つの言葉で民主主義と政治を考えてみたい。

橋下劇場の「ケンカ民主主義」によって、本来、「人々の利害や価値の調整」の機能も持つ政治を本音では「政治家の権力闘争」ととらえる見方が出てきたように思われる。一方、前述のとおり民主主義とは「人々が自ら統治し自らの運命を決める」もので、その目標は政策への民意反映である。ここで、少数意見を尊重しつつ十分議論を行うという教科書的説明を重視すれば、本来もしくは建前は、民主主義は「一人一人と全体を思い謙虚にあるべき政策を目指すもの」で、「お互いの合意」に向けて政治には謙虚さが求められる。

この本音と建前の二つのケースで、前者である「政治は権力闘争」が、後者の「政治は謙虚にあるべき政策を目指す」という建前に打ち勝ったのが「ケンカ民主主義」といわれた橋下劇場ではないかと考えられる。そして、権力闘争の決着の方法が橋下徹にとっては「選挙」（住民投票も含む）であった。権力闘争である選挙であるからこそ、選挙は戦いであり橋下徹の攻撃性は選挙で一層増す傾向があった。そして、「選挙」での決着は結局、有権者が判断したという形をとる。

しかし、橋下徹は決着がついたはずの大阪都構想（二〇一五年五月住民投票での否決）を、また取り組みたいと別の選挙、つまり二〇一五年一一月大阪ダブル選で勝利し都構想を復活させたともみえる。この手法は、政治家の言葉を一層軽くしたといえよう。しかし、それは、橋下徹の過去の著書での発言の「政治家はうそつき」とか、初当選の大阪知事選をめぐる「出馬は二万%ない」という発言からすれば、有権者には折込み済みだったのかもしれない。結局、橋下徹の登場により、「政治家はうそつき」と、「政治は権力闘争」が前面に出て、本来の民主主義のあり方といえる「政治は謙虚にあるべき政策を目指す」は非現実的という見方が社会に広まる契機になったのではないか。

(3)「大阪都構想住民投票」と「二〇一五年大阪ダブル選」からの考察

橋下劇場の決着のつけ方の代表例となった「大阪都構想住民投票」と「二〇一五年大阪ダブル選」を取り上げて、民主主義とポピュリズムを考えてみたい。

民主主義は前述したように「人々が自ら統治し自らの運命を決める」というもので、その機能には「代表の選出」もある。そして、利害や価値観が多様化するほど、物事を決めることが難しくなって、強いリーダーを求める傾向が出るといえる。直接民主主義であった「大阪都構想住民投票」は、行政サービスの低下を危惧する高齢者を中心とする反対によって可決とならなかった。しかし、多くの人が大阪がこのままで良いとは思っていないため、やはり現状を変えるには強いリーダーが必要だというのが二〇一五年大阪ダブル選の「維新」勝利の意味するところではないだろうか。

ところで、二元代表制である自治体では、民主主義の目標といえる政策への民意反映として行われる「人々の利害や価値の調整」という政治は、本来は、多くの議員で構成される議会が議論を通じて行うのがふさわしいと考える。そして、それは最終的には完全でなくても「お互いの譲歩と納得」によって合意に至る必要がある。[10]

しかし、ポピュリズムは「既得権益に対する攻撃」や「敵対」、つまり「敵づくりによる線引き」が本質なので（1章2参照）、この「お互いの譲歩と納得」を、たびたび難しくする。この問題は、橋下府政や市政の下での「維新」や橋下と議会との対立関係が如実に示した。たとえば大阪都構想に関しても、住民投票前に議会において与党・野党が十分議論しメリット・デメリットを整理した上での構想案を住民に提示できたら、投票は可決に至っていたかもしれない。結局、議会で「お互いの譲歩と納得」に至らない中、住民投票という「選挙」で決着をつけた形となったといえる。そういう意味では、民主主義が最終的には構成員の何らかの納得・合意を必要とするなら、対立の要素を重視するポピュリズムは、その実現を難しくするという根本的な問題を有しているといえよう。もし、これからの厳しい時代はポピュリズムが起きることが避けて通れないとすれば、対立の中でも「お互いの譲歩と納得」に至る、すなわち合意に導く政治手法の開発が求められよう。

6　あらためてデモクラシー論から考える

本章を終えるに当たって、ここで、あらためて、現代の政治学におけるデモクラシー論から橋下劇場の特色と新たな政治現象を考えてみたい。

デモクラシー論は、まず、デモクラシーを有能な指導者選出の手段とみなす「エリート民主主義」のほか、利益集団や圧力団体のような自立的集団が議会を含めさまざまな場面で交渉したり影響力を発揮し、かつ妥協することによって合意に導く「多元的民主主義論」がある。ただ、この二つを突き詰めていくと、近代民主制の原理となった人民主権の観念すら次第に影が薄くなる恐れがあるといえる(11)。

これに対しポピュリズムは、このデモクラシー論からみると、人々が一つの意志を共有するという前提に立つもので、先ほどの多元的利益の調整という多元主義の民主主義に対峙するもうひとつの民主主義と位置づけることができる（3章1参照）。それとポピュリズムは、本書でみたように一種のカリスマ性を持つ政治リーダーの登場を前提とするので、前述の「エリート民主主義」の側面も持つ。特に、橋下劇場の特色である「強いリーダーシップの重視」は、「エリート民主主義」をより強化する側面がある。それが行き過ぎると、大衆の民意を反映できるという前提のポピュリズムが、橋下劇場への批判的評論者が危惧していたように大衆の民意を反映するという大義名分の下で独善的な振舞いや将来の独裁につながる恐れもあるといえよう（9章参照）。

ところで、現代の政治学では、前述のように、「エリート民主主義」と「多元的民主主義論」が、人民主権を掘り崩す恐れがあるため、民主主義の理念を再確認しようとする動きとして、「参加民主主義」が出ている。参加民主主義は、古典古代における人民の直接参加を何らかの形で復活すべきだという主張で国民投票の導入や地方政治での直接請求の拡大を提言してる。また九〇年代以降現在に至るまで注目を集めているのが「討議（熟議）民主主義」である。これは、民主的な政治とは単に多元主義論がいう諸利益の間のバーゲニングの過程に還元できるものではなく、そこに自由で平等な市民の活発な討議（熟議）があるとし、その結果何らかの合意が形成されるという過程の確保が決定的に重要だとしている。ただ、参加民主主義のように市民の政治への直接参加をかならずしも不可欠としないのが特徴である。[12] この視点から見れば、市民も参加できる議会審議の活性化、すなわち日頃から「議論をする」「幅広く住民に説明し意見を聞く」という議会改革の必要性という筆者の主張（有馬晋作 二〇一一：二二二）は妥当性が高いといえよう。

すなわち、民意による決定の際のプロセス重視の考えである。以上の考えからみると、本章第Ⅲ部でみた橋下劇場の特色や新たな政治現象が、この「討議（熟議）民主主義」に対し、どのような影響を及ぼすかの視点から検討することが重要である。

そういう意味では、橋下批判者が指摘する橋下劇場の特色である「敵を設定した激しい攻撃性」や「SNSを使った激しい反撃」も問題点であろう。この攻撃性は、しばしば反論者の反論を封じ込めることが、現実には起きていたと考えられる。それと新たな政治現象である「反知性主義の拡大」も、今後の冷静な議論の障害になる恐れがある。また、橋下劇場の新たな政治現象であった「ケンカ民主主義」と「選挙至上主義」は、政治は権力闘争で、討議（熟議）をやっても無意味で、最後は選挙での決着は止むを得ないという考えを普及させる契機になった。これも、「討議（熟議）民主主義」は非現実的という考えを広める恐れがあるといえる。

以上をみると、九〇年代以降のデモクラシー論で主張されるようになった「討議（熟議）民主主義」の視点から見て、橋下劇場はいくつかの弊害があるというのが政治学者の批判と分かる。

注

（1）読売新聞二〇一五年五月一九日「第三極政治の限界」より。

（2）松本創（二〇一五：二三七）一部参照。

（3）このポピュリズムの攻撃性の説明は、高橋・石田他（二〇一三：一五）。

（4）松本創（二〇一五：二四三、二四四、二四八）。朝日新聞二〇一五年一二月二〇日「書評」参照。

（5）以上、四点目については、松本創（二〇一五：八七、九五）。吉田徹（二〇一一：五三、五四）。

（6）高橋・石田（二〇一三：六五、六六）。

（7）「維新」の課題は、読売新聞二〇一六年三月二七日「おおさか維新・自民と差別化図る」より。

（8）以上、日本の民主主義は決定が不充分というのは、森政稔（二〇一六：二〇一、二〇二）。

（9）ちなみに苅部直は、デモクラシーの翻訳は本来は「民主政」がふさわしいとした上で、民主主義とは「政府に支配されている人々が、政府の意向を最終的に決める」もので、支配と被支配性の二重性があるとする（読売新聞二〇一五年三月七日「翻訳語事情」）。また、教科書的な説明は、読売新聞二〇一六年三月一四日「一八歳からの一票・十分議論し多数決」より。選挙権一八歳引き下げを受けて、最近、新聞による選挙啓発の記事が多くみられるので、一般の人々が、あらためて民主主義を深く考える良い機会といえる。

（10）　ちなみに、国会をみると官僚がさまざま利害関係者の調整つまり譲歩の調整を行っているし（ただ現在は官僚の調整能力が低下しているという見方もある）、政党レベルでは連立政権の公明党の意見を自民党側が受け入れ「譲歩」している。

（11）　久米・川出・古城・田中・真渕（二〇一一：三七三、三七五）。

（12）　久米・川出・古城・田中・真渕（二〇一一：三七六）。

終章　劇場型首長の最新事例と地方自治のこれから

本章は本書の「終章」として、本書で考察したことを、あらためてまとめた上で、人口減少時代を迎え、「自治体消滅論」が論じられ「地方創生」が提唱される厳しい時代となりつつある地方自治の状況を鑑み、今後の劇場型首長と地方自治のあり方について、最新の劇場型首長の事例も取り上げて考えてみたい。ちなみに、ここでは、劇場型首長を「劇場型ポピュリズムを展開する首長」と短く定義したい。

1　劇場型首長の展開

序章で、劇場型政治とポピュリズムが異なる政治現象であることを明らかにした上で、第Ⅰ部では「ポピュリズムとしての劇場型首長」と題し、近年、「政治のメディア化」を背景に、ポピュリズムが劇場型政治を取り入れ一般の人々の支持を効果的に得ようとしていることを明らかにした。これを、本書では「劇場型ポピュリズム」とネーミングし、この典型例が日本の「劇場型首長」であることも明らかにし、その研究の学術的な意義にも言及した。そして、今やアメリカでも大統領選挙に、この「劇場型ポピュリズム」に該当するトランプが登場する事態になっている。

第Ⅱ部では、「改革派首長の歴史と劇場型首長」と題し、わが国における戦後の地方自治での改革派首長の歴史を振り返るとともに、劇場型首長が新しいタイプの改革派に位置づけられること、その登場の背景には、地域における改革を求める無党派層が増えていることに言及した。そのほか、田中康夫長野県知事、東国原英夫宮崎県知事、橋下徹大阪府知事の三人の劇場型知事の行政運営と政治手法を相互比較し、劇場型首長であることを確認した上で、最も注目を集めた橋下大阪市政を都構想や維新の動向も含め分析している。

第Ⅲ部では、「橋下劇場のポピュリズム分析」と題し、論壇で大きな話題となった「橋下劇場」の評論を分析することによって、最新ともいえるわが国のポピュリズム論をみるとともに、「橋下劇場」のポピュリズムとしての特色を明らかにした。また、大阪橋下市政四年間で生じた新たな政治現象や、その問題点などを民主主義の視点から明らかにした。

以上が、前章まで述べたことであるが、本章では、地方自治において、劇場型首長が改革派首長に代わる新たな「ひとつの時代」を作るかということを念頭に、今後の劇場型首長と地方自治のあり方を考えてみたい。この考察の糸口として、最新の劇場型首長であった佐賀県の樋渡武雄市長を次にみたい。

2　最新の劇場型首長からみえること

「4章　改革派首長の歴史と劇場型首長」の最後で、本格的な人口減少時代を迎え、「地方創生」が提唱されるようになった地方自治において、今後、改革派として劇場型首長が新しい「ひとつの時代」を作るか不透明であるが、劇場型であるがアイデア市長とも呼ばれSNSを駆使するなど新たな行政に取り組んでいる佐賀県武雄市の樋渡啓祐市長の動向が注目されると述べた。

ここでは、最近、全国的に最も注目された最新の劇場型首長といえる樋渡武雄市長を取り上げ、その特色とともに、急遽出馬した二〇一五年一月の佐賀県知事選と武雄市長選からみるポピュリズムの本質を考察したい。

（1）樋渡武雄市長と二つの首長選挙

劇場型首長としての樋渡市長

樋渡啓祐は、二〇〇六年に佐賀県武雄市（人口五万人）の市長に就任し、これまでみてきた劇場型首長と違い官僚出身（総務省）の市長であったが、ユニークな政策とともに劇場型首長の側面がみられた。

政治や行政運営の面をみると、地元医師会が反発する市民病院の民間移譲問題をめぐってリコール（解職）運動がおき、自ら辞職し出直し市長選に臨み僅差で勝利するという出来事がおきたほか、市長が直接担当者に指示するやり方に反発して部長三人が辞めたり、さらにブログで自分と対立する議員を名指しで批判したりと、人の意見をきかず独善的といった批判も聞かれた。このような医師会や議員・市幹部との対立などが、劇場型といわれる理由である。

一方、政策面をみると、映画のロケ地を地域おこしに利用する「がばいばあちゃん課」の設置、市立小中学生へのタブレット端末無償貸与、広報や市民ニーズ把握にフェイスブックやツイッターなどのSNS活用など、次々と政策を打ち出したアイデア市長であった。また民間感覚の企画力と実行力によって、前述したように地元医師会との対立の中で市民病院の民間移譲を行ったほか、公立図書館の目的を逸脱するという批判の中での市立図書館のツタヤへの民間委託などで全国的にも話題となった(1)。

以上をみると、若き官僚が地元に帰り市役所を改革するという「物語性」、地元の大きな権力である医師会と戦うという「劇的性格」、アイデアを駆使し目立つのが重要と広く内外にアピールするパフォーマンスすなわち「演技性」で、劇場型政治をとっており、医師会や古い市幹部と戦い「改革を求める一般の市民側に立ち」、特にSNSを駆使し「市民と直結」し、画期的市政改革としての市立病院民間移譲など「政策課題を単純化・劇化」（市民病院問題は劇化）していることから、樋渡市長は劇場型首長に該当するといえよう。つまり、最新の劇場型首長であった。

佐賀県知事選と武雄市長選の状況

ツタヤへの市立図書館委託や小中学生へのタブレット端末配布など先進的施策などもあって、樋渡市長は、改革派の首長として全国的に有名になっていた。その改革イメージを安倍政権に買われ、二〇一四年一二月の衆院選出馬で辞任した古川康佐賀県知事の実質上の後継者として、二〇一五年一月の佐賀県知事選に急遽出馬することになる。

しかし、安倍政権が進める農協改革に反対の地元農協が中心となって擁立した保守系の山口祥義に敗れる。このとき、山口祥義一八万三〇〇〇票、樋渡啓祐一四万四〇〇〇票で、投票率は五四・六一％（前回五九・四一％）と過去最低であった。安倍政権が改革派として全面支援した樋渡啓祐と、農協などが擁立した山口祥義との「政権対農協」の構図の知事選となり、一般的には、この農協改革が争点となったのが樋渡側の敗因とされる。しかし実は、この敗因分析は中央マスメディアの見方で、地元では農協改革はそれほど焦点となっておらず、むしろ樋渡が中央寄りとみられたのが敗因だという見方がある。

一方、樋渡市長辞任後の武雄市長選は、知事選と同じく二〇一五年一月に行われ、樋渡市長の後継者である元市秘書課長の小松政と医療法人役員の谷口優の一騎打ちとなり、小松政が一万四〇八一票と六九六票の僅差による当選となった。この僅差については、改革疲れともいわれ、かならずしも多くの市民が樋渡市長を支持していなかったことを示す結果となった(2)。

これらの知事選・市長選を、本書で指摘（1章3）したようにポピュリズムの本質が「敵づくりによる線引き」であるという視点から考えてみたい。実は、樋渡市長の知事選出馬に関しては、当初、地元自民が反対しており、安倍政権によるゴリ押し的な擁立という側面があった。これを言い換えると、政権側による一方的な「線引き」がなされたため、樋渡側が自動的に「既成政党寄り」または「中央寄り」と位置づけられ、県民側に立つことができなくなってしまったのが大きな敗因と考えられる。

一方、武雄市長選の僅差、つまり多くの反市長派の住民については、樋渡市長の「敵対」とSNSを使った過激な発言が市民の反感を買う面があったのではないかと考える。[3] これは、ポピュリズムの本質的な要素である「敵づくりによる線引き」が地域住民を分断、言い換えれば住民間の対立を激化する恐れがあることを意味する。なお同じような現象は、鹿児島県元阿久根市長の竹原信一市長でもおきていた（有馬晋作 二〇一一：7章参照）。

以下、最新の劇場型首長とみられる樋渡武雄市長出馬の佐賀県知事選から、いくつかの分析を行うとともに、劇場型首長が「ひとつの時代」を作る可能性についても考察したい。

（2）劇場型首長は「ひとつの時代」を作るか

まず、政策面をみたい。現在、本格的な人口減少時代の到来によって、自治体消滅論が論じられ、「地方創生」がキーワードになり、地方には力強い政策や強いリーダーシップを求める声もある。ただ、求められる力強い政策が、都市部の人々が思う新自由主義的な政策とはかならずしもいえない。

この点は、農協改革が注目された佐賀県知事選で樋渡市長が落選したことからもうかがえるし、本書で取り上げた劇場型首長の政策が現代のポピュリズムの核心要素である「市場主義に融和的な政策」を満たさない場合があるということからもいえる。

次に、発信力をみたい。自治体の首長は、住民から直接選ばれ、また議院内閣制の首相より権限は強く任期も四年と安定的であるため、首相に比べリーダーシップを発揮しやすく劇場型政治を行いやすいといえる。樋渡市長も、この例といえよう。だが、劇場型政治を得意とする首長のすべてが幅広い支持を集めるとは限らない。なぜなら、地方になればなるほどテレビの力は弱く、またテレビに比べ権力監視的な地元紙の影響力が大きいからである。すなわち、劇場型首長の戦略のひとつである「一般の人々と自分（首長）を、メディアを利用して直接結びつけようとする」という「大衆直結」が上手くいかないことがおきるからである。それは、田中長野県知事が地元紙との関係がうまくいかないことなどもあって三選を果たせなかったことにも示されている。ちなみに今回注目された佐賀県には民放テレビ局は一局しかなく、[4]樋渡市長の劇場型ともいえる発信力は中央が考えるほど大きくなかったのかもしれない。

一方、劇場型市長であった竹原信一阿久根市長（鹿児島県）のようにブログがきっかけとなって発信力が高まった例があるように、橋下大阪市長が駆使したツイッターなどSNSも急速に住民に普及し、二〇一三年夏の参院選よりネット選挙運動も解禁されたので、今後、テレビの力が弱い地方でも新たなメディアを駆使して力強い劇場型首長が登場する可能性はある。樋渡武雄市長はSNSの活用でも有名で、この事例に該当する可能性もあったが、知事選や市長選の結果をみると、その発信力は意外に大きくなかったのかもしれない。本書では、このようなSNSなど最新のメディアについての分析を試みてはいるが（2章6）、かならずしも十分でなかったので今後の筆者の研究課題としたい。

また、劇場型首長が登場する要因として、すでに、①無党派層の増加による政党・政治不信の広がり、②テレポリティクスの本格化すなわち「政治のメディア化」の進展、③経済のグローバル化を背景にした小泉政権での構造改革などによる格差拡大や地域社会の閉塞感、を指摘（4章5）していたが、より詳しい条件面を明らかにすることも筆者の今後の研究課題といえる。ちなみに、二〇一六年八月に登場した劇場型とされる小池東京都知事のオリンピック施設見直しの例をみると、住民の「納税者としての不満」も要因と考えられる。

最後に、劇場型首長が「ひとつの時代」を作るかを考察したい。前述した佐賀県知事選の敗因として、政権側による一方的な「線引き」が樋渡側を自動的に「既成政党寄り」または「中央寄り」と位置づけ、県民側に立つことができなくなってしまったことだと分析した。これは、「敵づくり」を誤ると多くの支持獲得に失敗することがあることを示している。また、樋渡市長の後継者が武雄市長選において僅差で勝利したことは、激しい「敵づくり」つまり「攻撃性」は小規模な自治体では地域住民を分断する恐れがあることも示している。

すなわち、「敵づくり」や「攻撃性」の特色を持つ劇場型首長は、地域住民を分断したり議会との関係が悪化する恐れがあり、また地域によってテレビなどメディア環境の相違もあるので、劇場型首長が登場しても長期政権になるとは限らないといえる（実際、拙著で分析した五人の劇場型首長は河村名古屋市長を除き短期政権である。また河村市長は議会との対決構図が続いている）。

このため、地方自治において話題を集めるという意味で「ひとつの時代」を作ることに成功したかもしれないが、これまでの改革派首長と入れ替わるように劇場型首長が全国に次々と登場し長期政権になるかという視点からみれば、「ひとつの時代」を作るのは難しいといえよう。

3　今後の地方自治と劇場型ポピュリズム研究

ひところの地方自治は、二〇〇〇年の「地方分権一括法」施行や「平成の大合併」さらに「道州制」の議論などもあって、話題に事欠かない活発な状況であった。ちなみに、現在の自治体の数は、二〇〇〇年頃の市町村合併を経て、四七都道府県、七九〇市、九二八町村、二三特別区の一七八八自治体である（二〇一四年末）。合併前の約三〇〇〇自治体といわれたころに比べると、大きく減少し自治体規模は大きくなり団体としての能力は高まっているとされる。

一方、現在の地方自治についてみると、地方分権に関しては、権限移譲のほか法令による義務付け・枠付けの緩和・廃止もある程度進んだが、その効果が住民に目に見える形で出ているかは疑問のあるところである。また自民党が熱心だった道州制の論議は、全国町村会の反対もあって、ほとんど話題に出ないという状況に陥っている。さらに地域経済に目を転じると、農村経済にダメージを与えるともいわれるＴＰＰが、具体的にどのような影響を与えるか不安視され、安倍政権によるアベノミクス効果が地方でどこまで出ているかも依然として不透明である。さらに、二〇一一年三月の東日本大震災や二〇一六年四月の熊本地震の発生によって、各自治体は一層の防災対策の強化を求められるようになっている。

このような中、安倍政権の地方政策の中心は、本格的な人口減少時代に備えた「人口一億人」維持のために、子育て支援や雇用創出などを柱とする「地方創生」となっている。

一方、地方政治についてみると、直近の二〇一五年の第一八回統一地方選で明らかになったのは、首長選挙での無投票の増加や地方議会議員選挙での無投票の選挙区の増加であった。たとえば、無投票当選率は議員選に限ってみても戦後一番多く、町村議員選で二一・八%、道府議選で二一・六%だった。さらに町村長選では約四割が無投票当選となっている。さすがに都市部はそれほど多くないが、それでも市議選で三・六%、政令市議員選で一・七%が無投票である。また投票率も、市長選で五〇・五三%、市議会議員選挙も四八・六二%と過去最低であった。(5) これは現職に挑戦する新人候補が出馬しないことが原因で、高齢化と人口減少による地方の「なり手」不足を意味するもので、地方の深刻な活力低下を反映したものといえる。

筆者は、以前から議会改革による二元代表制のバランスの取れた県政・市政運営を提唱していたが（有馬晋作 二〇一一：10章参照）、議会基本条例の制定や住民への報告会など一定の議会改革は進んでいるものの、首長に対抗できるような活発な政策提言や議論はまだまだ不十分である。昨今は、政務活動費の使い方で問題視される事例（たとえば政務活動費の不正を記者会見で泣いて釈明した号泣議員）などがマスメディアで大きく取り上げられるため、地方議会議員への信頼性は著しく低下しているようにみえる。すなわち、議会改革の進み具合はかならずしも順調でない。

このように議会改革も進まず、前述したように地方自治の制度論の議論は低調で、地方政治の維持さえ難しくなる地域が生じつつある現状を考えると、今後の地方自治のあり方の難しさをあらためて実感する。

もともと地方自治の問題点としては、首長の多選すなわち長期政権化や年々低くなる投票率が指摘され、その場合、行政運営がマンネリ化したり首長の不祥事につながることが危惧されていた。これに対し、都市部では従来の改革派首長のようなNPM導入などの行政改革は大きく広がり、新自由主義的な改革派首長が次々と登場して（松谷満 二〇一一、本書4章4（1）参照）、先ほどの樋渡武雄市長をはじめ橋下徹のような激しい政治を展開する劇場型首長も登場している。一見、これらの自治体では地方政治が活性化しているようにもみえるが、劇場型首長を含む改革派首長が誕生する背景には改革を求める無党派層の増加と、住民の政治への不信感が大きいことを示しているので、地方政治が活性化しているとは断定できない。

以上のような、「沈滞」と「活発」ともいえる両面的な現在の地方自治・地方政治の現状は、地方を取り巻く環境が厳しさを増していることを示しているといえる。そして、首長に改革を求める傾向は依然続いているが、そろそろ、これまでの地方分権の成果を活かした住民に具体的に見える形で

「自治充実の時代」に入るべきという声もある。そういう意味でも新たな改革派が求められているのが、現在の地方自治・地方政治の実態といえるのかもしれない。

前述したように、今後も日本を取り巻く環境は厳しさを増して非正規雇用も増え、現在の政治に満足しない人々の増加も予想される。また、一般の住民にとっては、地道な地方自治充実より、より分かりやすい変化を求める傾向もあるので、劇場型首長は引き続き登場する可能性はある。ただ、劇場型首長をはじめポピュリズム的な力強い政治リーダーは、本書でみたようにかならずしも効果だけではなく弊害も大きいので（3章3参照）、有権者は冷静にその政策や行政手腕を評価する必要がある。

さらに、違うステージで劇場型ポピュリズムが登場し、第Ⅲ部でみたような識者が危惧する民主主義の危機や新たな政治現象が起きる可能性もある。そして、ついにアメリカでも「トランプ劇場」（補論で詳説）が登場したが、これはアメリカ国民の政治への不満を反映しており、今後、政治をどう改善していくかがアメリカの政治家に求められる。このような状況をみると、本書のような「劇場型ポピュリズム」の研究は、わが国のみならず海外においても今後より一層重要になると考えられる。

注

（1）樋渡武雄市長の市政は関連新聞記事のほか、日本経済新聞社『日経グローカル』No.122、二〇〇九年四月二〇日号の「自治体維新・まず関心をひくこと劇場市政貫く」という記事。樋渡市長の著書『首長パンチ』（講談社、二〇一〇年）も参考にした。なお、先ほどの「日経グローカル」で取材した日本経済新聞佐賀支局の西山彰彦は、市長のアイデアで町おこしを進める劇場型市政への批判も少なくないが、樋渡市長は批判を含めて関心を持ってもらうことで求心力につながると割り切っていると述べている。

（2）以上、佐賀県知事選、武雄市長選の状況は関連新聞記事参照。なお、佐賀県知事選の地元の状況は、二〇一五年四月に佐賀市を訪問し地元紙（佐賀新聞）などで確認し、別途、地元紙記者の意見も聞いた結果である。たとえば、知事選の記者による座談会で、「なんで佐賀の知事選に中央が首を突っ込むのか」という自民党本部への反発が大きかったという記者の発言がある（佐賀新聞二〇一五年一月一三日）。

（3）実は、佐賀県知事選のとき、樋渡市長のSNSを使った過激発言の様子が批判的に週刊誌に掲載され話題となっている。あと、武雄市長選での僅差については、「改革疲れ」との新聞報道があり、樋渡市長の改革的側面を多くの市民が支持していたとは限らないといえる。なお、この点は二〇一六年九月に武雄市を訪問し、インタビュー調査を行い確認している。

（4）佐賀テレビ（STS）のみであるが、佐賀県は小さいため実際は福岡県の民放テレビ局が見える。つまり佐賀県民は、東京の全キー局の系列放送を視聴している。

（5）佐々木信夫（二〇一六：一一七）。朝日新聞二〇一五年四月二七日・六月四日。そのほか、統一地方選関連記事参照。

補論　トランプ劇場分析

――アメリカでの劇場型ポピュリズムの登場

二〇一六年二月、アメリカ大統領選の予備選がスタートすると、過激発言で有名であるが当初は共和党の泡沫候補とされた不動産王のドナルド・トランプ〔Donald Trump〕が、大躍進をすることになる。このトランプをよくみると、実は、本書で分析した「劇場型ポピュリズム」に位置づけることができる。そこで本章では、ポピュリズムの本家であるアメリカにおいて、ついに登場した最新のポピュリズム現象を考察したい（ここでの記述は執筆時の二〇一六年四月時点であるが最後に最新状況を記述）[1]。

1　アメリカ大統領選の仕組み

（1）大統領選の仕組み

まずアメリカ大統領選挙の仕組みをみたい。アメリカの国家元首である大統領を選出するための四年に一度の選挙で、民主党、共和党の候補者指名争いの予備選と本選の二段階からなる。両党は、二月から各州で予備選や党員集会を開いて候補者を絞りこみ、その勝者は党候補として七月までに正式指名され、その後一一月に本選が行われる。本選は、州単位で選挙人を選ぶ間接選挙であるが、選挙人は事前に支持候補を表明するので、実質、直接選挙となっている。

二〇一六年の大統領選の予備選は、二〇一六年二月よりスタートした。七月までには、党大会で民主・共和両党の公認候補者が決まり、九月から討論会が開催され、一一月八日に選挙人を選ぶ本選が行われる。そして、二〇一七年一月二〇日に大統領就任式となる予定である。

実は、二〇一五年夏からトランプは歯に衣を着せない攻撃的な発言で話題となり、支持率を上げていた。そして、二〇一六年二月に予備選がスタートすると、当初泡沫候補とされたトランプが大躍進することになる。三月一日いわゆるスーパーチューズデイの予備選で、トランプは躍進し、その共和党主流派に与えた衝撃は大きく、反トランプの巻き返しが本格的にスタートすることになった。しかし、かならずしも主流派の作戦が成功しておらず、七月までにトランプが獲得代議員数の過半数を獲得して正式に指名候補となるか、それとも過半数を確保せず党大会での決選投票（過半数の支持を得る候補が出るまで代議員の投票を繰り返す投票）になるか先の読めない状況であった(2)（なお二〇一六年五月初めインディアナ州予備選をトランプが勝利しクルーズが撤退表明してトランプの共和党正式候補が実質確定した）。

(2) オバマ政権の状況

二〇〇八年大統領選を制し二〇〇九年一月に就任したバラク・オバマ〔Barack Obama〕大統領の政策などをみたい。二〇〇八年大統領選の最大の注目点は、共和党のブッシュ政権のあとの民主党候補のヒラリー・クリントン〔Hillary Clinton〕かバラク・オバマ、つまり初の女性大統領か初の黒人大統領かという点だった。その結果は、「チェンジ」の言葉で、分断されたアメリカを一つにするというオバマが、アメリカ国民の期待に応えた形で、最終的に初の黒人大統領となった。

オバマへのアメリカ国民の期待は高く、その支持率は就任当初七割近くであったが、二〇〇八年秋のリーマン・ショックへの景気刺激策と大企業支援に関する多額の税金投入、さらに医療制度改革すなわちオバマケアの本格的な議論が始まると、支持率は五割まで低下した。オバマケアに反対する草の根運動「ティーパーティー(茶会)」は全国に広まり、アメリカ世論を二分する中、オバマケアは二〇一〇年三月に成立する。また、オバマは、ブッシュが始めたイラク戦争を批判し、イラクやアフガニスタンからの米軍の撤退も決め、二〇〇九年四月には「核のない世界」を主張する演説を行って同年ノーベル平和賞を受賞し、二〇一二年再選されることになる。

次に、現在のオバマ政権の状況をみたい。二〇一五年一月現在、アメリカ経済は危機から立ち直りオバマケアも実現し、外交ではイラン核問題解決に向けた最終合意もまとめキューバとの歴史的国交回復をなし遂げている。さらに、地球温暖化対策について中国も巻き込んだ新たな枠組みも主導したほか、国際問題ではイラク戦争の教訓から米軍の一方的投入でなく、各国との協調で問題を解決する方針を維持した。

しかし、中間選挙（二〇一四年）では民主党が大敗し、議会は共和党が多数派であるため苦しい政権運営を求められている。先ほどの業績を将来に残すためには、今回の大統領選での民主党候補の勝利が不可欠とされるほか、オバマケアは多くの共和党候補が撤廃を主張し、大統領権限に頼って進めてきた移民制度改革や銃規制強化策も、共和党政権下で引き続き行われない可能性もある。

当然であるが、民主党支持者は一定の支持をしているが、共和党支持者は、議会で多数派を占めているにもかかわらずオバマケアも阻止ができなかったため、共和党の政治家すなわち主流派への不満は大きいとされる。このような中、前述の保守系草の根運動「ティーパーティー」の勢いがますます強くなっている状況である。(3)

2 トランプの全体像と政策

(1) 人物像

ここでは、トランプの人物像や政治スタイル、その政策をみてみたい。まず人物像であるが、トランプは、「アメリカの不動産王」として推定四五億ドルの純資産を築いたアメリカの立志伝中の人物として有名である。トランプの父はドイツ系移民の子で、大工から身を立て、ニューヨーク・クィーンズ地区を拠点とする住宅建設業者として成功した。その父の仕事を手伝うようになったトランプは、マンハッタンに一九七一年に進出し、廃業寸前のホテルを、マンハッタンでも屈指の高級ホテルに生まれ変わらせて全米の注目を集めた。その後、カジノ建設・経営にも事業を広げ、大富豪として有名になる。全米で広く名を知られるきっかけは、人気テレビ番組の司会者を務めたことである。

しかし、一九九〇年代前半、カジノやリゾート関連事業の破産などで苦境に立たされることになる。このとき、金融機関や行政機関との交渉に成功し立ち直ったことから、トランプは自らを「タフなネゴシエーター」と有権者にアピールしている。なお、著書では「正直」であることが自分の取り柄とトランプは述べている。先ほどのサクセスストーリーに加え、これも後述するように政治家のことが信じられなくなったアメリカ国民の支持を得ている理由とされる。[4]

(2) 政治スタイル

次に政治スタイルをみたいが、今回の二〇一六年大統領選の特色は、アウトサイダーとされる共和党候補トランプと、社会民主主義を唱える民主党候補サンダースの躍進である。サンダースは「一握りの大金持ち階級が金で政治を動かしている」「ウォール街（米金融街）の献金を受ける候補は信用できない」という分かりやすい発言で若者の支持を獲得している。一方、トランプも、既成政治家批判を繰り広げ、「政治家は口ばかりで行動しない」と批判し、そのストレートな物言いが多くの人を沸かせている。つまりトランプは、政治・行政経験のないアウトサイダーという政治スタイルを取っている。

選挙資金面でみても、トランプは「政治家はみんな特定利益集団のロビイストに操られているが、私は自分の資金で選挙をやっているので、誰からも指図を受けない」と発言し、実際、トランプは共和党四候補のうち三番目の約二七〇〇万ドル（約三一億円）の選挙資金を集金し、陣営の運営の七割を自己資金で賄っている。これは、金融街などからの政治献金はまったくなく、エスタブリッシュメント（国や社会の意思決定・政策に影響力を持つ人々）の影響を受けないという政治スタイルである。(5)

アメリカでは、この「トランプ旋風」は「アウトサイダー旋風」とも呼ばれているが、これは、これまでの政治のあり方に関するアメリカ人の不信感の表明といえる。たとえば、アメリカ人の政治家不信は、今回の大統領選で大本命とされた前大統領ジョージ・W・ブッシュの弟であるジェブ・ブッシュ元フロリダ州知事の撤退が示している。このブッシュ撤退について、カリフォルニア大ロサンゼルス校のマーク・ソーヤは、「有権者は支配層エリート以外の人物を望んでいるが、ブッシュは支配層そのものを体現していたから」と指摘する。このアメリカ人の政治不信の例としては、二〇一六年二月のネバダ州共和党党員集会での調査（NBCテレビ実施）では、有権者の六一％が次期大統領に「政界のアウトサイダー」を待望し、その七割がトランプに投票したとされる。またCNN調査によると、アメリカ議会への国民の支持率は二〇〇一年に五〇％だったものが二〇一六年には一五％まで低下している。(6)

次にトランプの過激発言の意図をみたい。米政治専門紙『ポリティコ』が、トランプの記者会見での発言を分析（二〇一四年）している。それによると、平易な単語が多いことが特徴的で、「very（とても）」「great（すごい）」などを頻繁に使い、「stupid（ばかだ）」「loser（負け犬）」など侮辱的な俗語も多用している。また一文が短く大げさな身ぶりや手ぶりを伴いながら、同じ言葉を繰り返している。集会に来た人に尋ねると、「自分たちと同じ言葉遣いで話してくれる」「私たちの気持ちを代弁してくれる」との答えが多く、大統領選予備選の各州の出口調査でも、トランプの候補者の資質として「ありのままに話す」ことを重視した人の六～八割台はトランプに投票しているという。これは、今の政治に不満や不信感を抱く人々には、前述のトランプは正直というイメージと相まって有効に働いているといえる。

さらに味方には「最高だ」「頭が良い」と言い、敵には「ばかだ」「負け犬」を連発して、対立の構図を上手く演出し自分が「悪い敵を倒す」と印象づけており、以前の著書で「やられたら徹底的にやり返す」と述べたように、強いリーダーのイメージを作っているという。これは、強いアメリカを求める人々には有効であろう。(7)

ただ、過激発言の中でも暴言といわれるのは、差別発言である。たとえば、メキシコ移民を「強姦魔」と呼んで人種差別主義者といわれ、イスラム教徒の入国禁止を主張した宗教差別的発言、また、性差別的な発言もみられる。しかし、これは、従来の政治家がポリティカル・コレクトネス（人種や性別などで差別と受け取られかねない言葉遣いは避けようとする考え）の枠内でしか発言できないのに対して、ポリティカル・コレクトネスが強制する無言の圧力に不満を持つ人々にとっては、他の候補との強烈な差別化になっているという指摘もある。(8)

以上のように、トランプの政治スタイルは、一般の人々の側に立ち戦う、また本音で話す庶民性がある親しみやすい政治家というものである。

(3) 政策

次に政策面をみると、先ほど述べたように過激な発言を伴い幅広い主張を展開しているが、政治や行政の経験がほとんどないため、政策に関する発言が変わることがよくある。この点は、相手陣営から批判されるが支持率には大きな影響はなく、トランプ自身は成功する人は柔軟性のある人と気にする様子はないという(9)。ここでは、共和・民主両党の政策と、二〇一六年三月末時点での主な候補者の政策を比較したい。

両党の政策の違い

民主党と共和党の政策はどういうものであろうか。まず、それをアメリカで用いられる「リベラル」と「保守」の違いとしてみたい。「リベラル」とは、市場経済を放置せず、政府が景気刺激策や所得再配分、福祉などによって介入する改良主義的な自由主義を指す。ルーズベルト〔Roosevelt〕大統領のニューディール政策を先駆に、一九六〇年代のケネディ〔Kennedy〕の時代に最盛期に達した。一方、「保守」とは市場中心主義で政府の介入を最小限に抑えることを主張する立場を指す。この立場はアメリカでは古く二〇世紀になるまで主流で、ニューディール政策により一時衰退したが一九七〇年代から再び有力となり八〇年代のレーガン大統領で新保守主義として成功する。

このように「リベラル」と「保守」は自由主義の二つの立場すなわち改良か自由放任かを指すもので、広義の自由主義以外に主要な政党がないアメリカ特有の対立構図で、民主党がリベラル、共和党が保守というイメージが明瞭になったのは六〇年頃からである。[10]

政治思想的には、以上のようにまとめることができるが、一般的には、民主党は、外交力による紛争解決に重きを置く「ハト派」が多く、富裕層や企業への増税で福祉政策の充実を重んじる「大きな政府」論である。これに対し共和党は、外交では軍事力の強さを源泉とする「タカ派」路線で、減税と財政規律を重視する「小さな政府」論である。そのほか共和党はキリスト教的価値を重視し同性婚や人工妊娠中絶に反対で、民主は賛成である。[11]

ただ、こういう一般的な傾向と、次にみる各候補者の掲げる主張をみると、違う面もみられ複雑である。特に共和党のトランプや民主党のサンダースは、従来の支持者の不満をすくいあげているようにみえる。

候補者の政策の違い

ここで主な候補者（二〇一六年三月時点）の政策を、相互に比較してみたい。なお、主な候補者とは、共和党では、トランプのほか「反オバマ」の急先鋒でティーパーティーから強い支持を受けるクルーズ、保守主流派であって若手新星と期待されるルビオ（フロリダ州予備選の敗退で三月中旬撤退）、民主党ではマイノリティの支持を集める本命のクリントンと、格差是正の民主社会主義を唱え若者の支持が高いサンダースの五人である。

シリアとイラクに勢力を広げ人質にとったアメリカ人を殺害した過激派組織「イスラム国」（ＩＳ）への対応については、共和・民主両党とも「壊滅」を掲げるが、候補者で濃淡がある。共和党をみると、トランプとクルーズは、徹底的な空爆を主張するが、ルビオは、湾岸諸国主導の軍事作戦を訴える。民主党をみると、クリントンが共和党に近い強硬路線をとり、シリア上空に飛行禁止区域を設定すべきだと主張しているが、サンダースは軍事力への傾斜を警告し、同区域設定に反対でイスラム諸国主導を訴えている。

シリア難民受け入れについては、民主党のクリントン、サンダースの二人が積極的な受け入れを主張するのに対し、共和党は、イスラム教徒の一時入国禁止を提案するトランプをはじめ三人とも反対だが、クルーズはキリスト教徒の保護はすべきとしている。

不法移民対策については、共和党候補はいずれも厳しい立場だが、ルビオは二〇一三年に一定の条件下で市民権付与に道を開く法案を策定した超党派グループの一人で、民主党候補二人の市民権付与政策と近いのに対し、トランプは全員の強制送還を訴え、メキシコ国境にメキシコ政府負担で「万里の長城」を建設すると公約している。この公約は話題となったが、アメリカにとって「ふさわしい人」は再入国を認める方針で、むしろ不法移民に市民権付与の一切の道を封じるクルーズが最も強硬派といえる。

銃規制については、共和党は反対で、民主党は銃規制推進が多いが、サンダースは銃メーカーに免責措置を与える法律に賛成しており、クリントンが批判している。

同性婚容認については、クルーズ、ルビオが反対しているが、トランプはかならずしも明確でない。最も強硬なのは、聖書を重んじるキリスト教福音派の支持を得るクルーズで「同性婚は認められない」とするのに対し、ルビオは「同性婚容認の連邦最高裁判決を多くの人が支持しているのも事実」と柔軟な姿勢である。(12)

トランプの政策

ここで、トランプの政策をまとめると、民主・共和両党を行き来した結果か、確固とした保守主義の主張はなく、対外的には孤立主義的、排外主義の色彩が濃く、「偉大なアメリカを取り戻す（Make America Great Again）」と保守層にアピールしている。そして、トランプの政策の目玉は、一〇年で約九・五兆ドル（約一〇八〇兆円）の大型減税で、所得税を三九・六％から二五％に、低所得者の所得税は免除、法人税率も三五％から一五％にするとしているが、社会保障給付の削減による歳出減はセットになっておらず、通常、共和党が主張する「小さな政府」論ではない。また、従来の共和党候補と違い、共和党のブッシュ前政権が主導したイラク戦争を非難している。

トランプは、政策についても表補－1のように過激ともいえるストレートな物言いで大衆迎合的な公約を掲げている。そのため、発言のブレが目立ちはじめ、躍進すればするほど政策の実現性が問われるようになった。たとえば、テロ対策で拷問を容認すると訴えていたが、国際条約などに反することから一転して撤回に追い込まれたりした[13]。

以上のように、トランプの政策は実現性が低いとの批判があって、トランプは外交政策のスタッフを示すことになったが、そのメンバーはいずれも一流でなく、果たして外交政策は大丈夫かという声が上がるぐらいである。これは、一流といえる人々がトランプ批判にまわっているのが原因とされる[14]。今後、勝ち馬に乗ろうとして専門家が集まり政策チームができ上がる可能性もあるが、トランプはワンマンを強調しており、これまでの発言と整合性が取れる現実的な政策を打ち出すことができるかは不透明である。

しかし共和党全米委員会顧問である、あえば直道（二〇一六）によると、トランプの政策に関する過激な発言は、トランプの支持者である白人労働者層の声を代弁したもので、多くの支持者はトランプの政策が良いということでなくパーソナリテイや政治スタイルを支持しているという。それと、トランプの選挙選のキーワードの「偉大なアメリカを取り戻す」は、反オバマの人々が抱く現政権の「弱いアメリカ」というイメージのアンチテーゼで、実際トランプは、現在の政治リーダーがあまりに無能なためにアメリカが危機にあると危機感を前面に押し出した選挙戦を展開することによって、オバマ大統領ではテロを防げないという有権者の危機感を的確にとらえているという[15]。

なお政策に関しては、トランプの外交政策が内向きであるため世界のリーダーである大国アメリカの舵を取るリーダーとして不安視されてもいる。しかしポピュリズム論からいえば、大衆の意見を反

表補－1　トランプの政治的発言

テーマ	発　言　内　容
移　民	・麻薬や犯罪を持ち込んでいる。 ・国境に壁を築き，メキシコにその費用を支払わせる。 ・1100万人の不法移民を強制退去。
地球温暖化	・気候変動なんてでたらめだ。大きな問題ではない。
TPP・貿易	・TPP は混乱を起こすだけだ。 ・中国からの輸入には45％の関税。
対日関係	・日本が攻撃されたら助けなければならないが，私たちが攻撃されても日本は助ける必要はない。公平ではない。もっと金を出させる。
「イスラム国」(IS)	・イスラム教徒の米国への入国を一時禁止。 ・テロリストは拷問にかけ，家族も殺害の対象にすべきだ。
イラン核合意	・ひどい合意。イランに将来の核保有を保証したも同然だ。
銃規制	・パリやカリフォルニアの銃乱射テロは，人々が銃を持っていれば自衛できた。
社会保障	・オバマ政権の医療保険改革は廃止するが，一定の社会保障は必要。

（出所）宮崎日日新聞2016年３月３日「トランプ氏の政治的主張（AP 通信より）」より筆者作成。

映していれば民主主義としては問題ないということになる。現時点（二〇一六年四月）では、大衆の意見ないし気分を反映した政策となっているといえよう。政策が十分でない点は、特に既存の主要メディアが強調しているが、これが大統領選に影響するかは、既成勢力への不信感が増す米国民を説得できるかが焦点になるといえよう。確かに世界のリーダーとなるアメリカ大統領に、今のトランプがふさわしいかといえば、不安を感じるところである。ただ、日本の劇場型首長の例をみると、ほとんどどが政治・行政の経験者でなくアウトサイダーを売りにしていたが、首長就任後は、いわゆるブレーン政治を用いながらリーダーシップを発揮していることが多々あった。トランプの場合も、このような展開は十分予想される。

ちなみに、日本の地方自治制度はアメリカの影響を受け大統領制度を採用している。ただ、日本の自治体首長は条例と予算案の議会提出権を持っているが、アメリカ大統領は、完全なる三権分立のため、議会への法案や予算案の提出権はなく自分の政党に協力を求めるのが実態である。つまり、トランプがもし大統領になったら、共和党国会議員の協力関係が重要となるので、現在の共和党主流派との対立構図をどう改善するかも課題となるであろう。

3 トランプ劇場分析——劇場型首長の分析手法を用いて

本節は、トランプ劇場を、1章で示した劇場型首長のイメージ図（図1-2）を用いて分析する。この分析には、本書で提示した日本の事例研究から導き出したポピュリズム論である「劇場型首長研究」、言い換えれば「劇場型首長の分析手法」が海外の事例でも適用可能か、すなわち、その普遍性を検証する意味もある。

（1）トランプ躍進の背景

なぜ、トランプ躍進つまりトランプ人気が長く続くのであろうか。前述のアメリカ国民の政治不信やエスタブリッシュメントへの不信感のほか、次のようなことが指摘されている。

政治学者のオールディックは、トランプ躍進の理由は、既成政治の候補者ではもはや政治は機能しないという一般の人々の思いを代弁しているからだとする。二〇一〇年の中間選挙では、全米に草の根保守運動すなわち「ティーパーティー（茶会）」旋風が吹き、共和党は議会の下院で過半数を握った。この運動を支持した人々は変化が起きると期待したが、変化はなく一二年にオバマ大統領が再選された。一四年の中間選挙も再びティーパーティーが活躍し、上下両院を共和党が握り、今度こそ保守路線が活発化すると期待したが、最高裁はオバマケアの支出や全州での同性婚を合憲と判断し、むしろ逆行してしまった。このような経緯もあって、これまで大統領選でティーパーティーを推してきた人々は、共和党と既成勢力を支持しても何も達成できないと反感を強め、それがトランプ躍進の原動力となっているという[16]。

さらに、この共和党強硬派ともいえるティーパーティーの躍進は実質、共和党内部の分裂状態を意味し、それと共和党の主流派の求心力低下に乗じて台頭してきたのがトランプという見解もある[17]。

ワシントンポスト紙（ホワイトハウス担当）のデビット・ナカムラは、共和党指導部や大企業がトランプを攻撃するのは自分が一般の人々の味方だからだというトランプの主張が、多くの人に受け入れられているからだとする。トランプは、「共和党指導部は大企業のことや規制緩和・自由貿易推進のことしか考えていない」と不満を抱いている共和党内の人たちの怒りや恐怖感を利用し、「連中はみんなのために働いていない。私を攻撃し、おとしめようとしているが、それは私がみなさん普通の人々の味方という証拠だ」と訴え、成功しているという。

以上の背景には、経済のグローバル化の進展による富裕層への富の集中やミドルクラス（中間層）の縮小があるといわれる。たとえば、二〇一三年FRB（連邦準備制度理事会：米国の中央銀行）調査によると、上位高所得三％の世帯に全米の富の五四・四％が集中しているという。また渡辺靖は、アメリカは一九七一年には上流と下流の合計より中流は一・六倍も多かったが、二〇一五年には中流は半分以下にまで減っており、中間層の縮小は政治への不満を高め社会の余裕をなくしていると指摘する。[18]

そのほかの理由としては、トランプは、テレビにとって視聴率を稼げる良い候補者となっていることである。たとえば、トランプの過激な発言は反対陣営から批判はされるが、トランプにとって有利に働いているという。二〇一六年二月の全米三大ネットワーク（ABC、CBS、NBC）の主要共和党候補六人の放映時間をみると、トランプが五〇％以上を占め、次の主流派ルビオ（一八％）を大きく引き離している。トランプの過激な発言や失言は、視聴率を引き上げる傾向があるため、テレビはトランプを他の候補者より多く取り上げて多くの人々にトランプは浸透するという。[19]

ちなみに二〇一五年一一月の調査（ブルッキングス研究所・公共宗教研究所共同）によると、共和党員と共和党寄りの中間層のうち三九％の白人労働者がトランプを支持しており、これは大学卒の白人有権者の二倍もあり、トランプ支持者の五五％が白人労働者である。[20]つまり、従来の共和党主流派に満足できない幅広い人々が、トランプ支持に回っていることが分かり、二〇一六年三月一日のトランプ躍進のスーパーチューズデイ以降、反トランプの動きが強くなったにもかかわらず、トランプへの支持は着実に広がっている。

この例として、CNNによる二〇一六年三月フロリダ州共和党予備選の出口調査をみると、三〇代以上ではすべての年齢層で半数以上の支持を得ており、人種別では白人の五一％が支持し、二位のルビオ二三％を大きく引き離している。学歴別でみると、大学院卒以上は三〇％台だが、大卒は高卒までと同じ四六％支持しており、所得別では三〜五万ドル（約三四〇万から五七〇万円）の層が五八％と最も多かった。ただ、一〇万ドル（約一一〇〇万円）以上の高所得者層でも四六％が支持し、高学歴、高収入の層に支持を拡大していることが分かった。これは、これまでのトランプ支持者は低所得の白人層という分析を覆すもので、トランプ支持は白人層を中心に幅広い層に浸透しつつあるといえる。(21)

（2）劇場型首長研究による分析

躍進するトランプについての以上の状況を、図補-1の劇場型首長のイメージ図（1章でも使用）を用いて分析したい。

まず、トランプの全体像をみたい。それは、父親の不動産業を引き継ぎ、一代で大規模なビジネスとして財をなし全米屈指の不動産王となるというサクセスストーリーつまり「物語性」があることである。また、何度か失敗もしたがその度に乗り越えるという「劇的」な面があり、過激発言はパフ

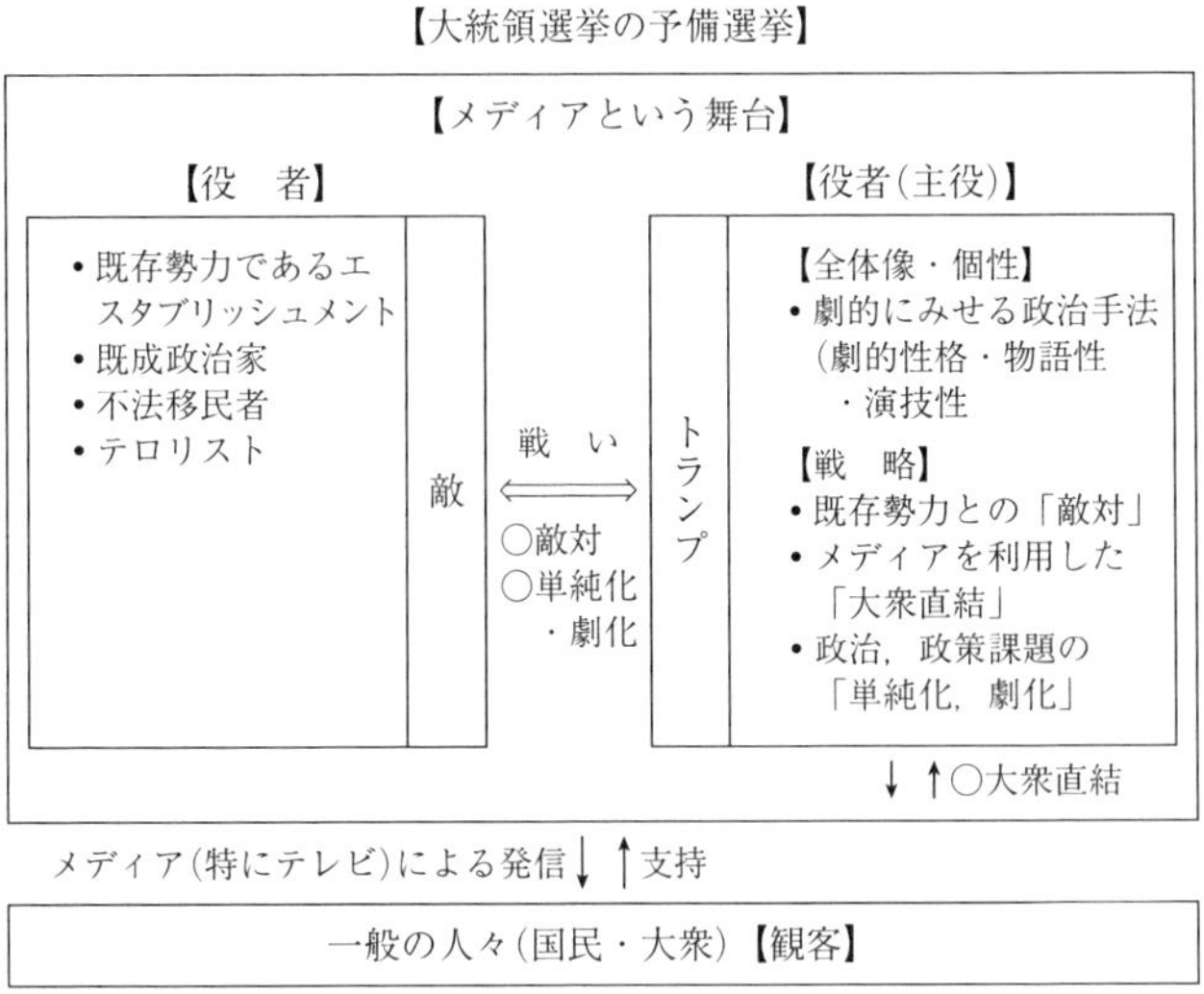

図補－1　トランプのイメージ

（出所）筆者作成。

ォーマンス（演技性）の要素もある。以上をみると、トランプは、明らかに「劇場型政治」を展開しているといえる。

次に、その戦略についてみてみたい。まず、「敵対」についてみると、まず既成政治家を含むエスタブリッシュメントと敵対して、自分を一般の人々の側に立っているとし、敵を攻めるような過激発言も功を奏している。そして「大衆直結」については、過激発言やふるまいなどパフォーマンス的要素もみられテレビを通して多くの米国民と直接結びつこうとしている。もともとテレビの人気番組で司会を務めていたこともあり、テレビとの相性は良く平易な言葉の多用もテレビを通じて多くの人々に訴えかけることを意識したものであろう。さらに、「政策課題の単純化・劇化」は、前掲表補-1のように政策に関する分かりやすく過激な発言が話題となり、たとえば、「イスラム教徒入国禁止」や「メキシコ国境に壁を作る」などが特に有名になった。

以上のことをみても、また図補-1のようにみても、劇場型首長を構成する各要素をほぼ満たしており、トランプは本書で考察した劇場型首長（まだ首長すなわち大統領ではないが）に該当するといえる。これは、日本における劇場型首長という新たなポピュリズム現象、言い換えれば「劇場型ポピュリズム」が、アメリカにおいても最新のポピュリズム現象として登場したということである。

4　トランプ劇場分析からみえてくるもの

また本書で提示した「劇場型首長」さらに「劇場型ポピュリズム」は、アメリカで登場した「トランプ劇場」を分析する有効な分析手法といえよう。そこで、この分析から見えてくるものを、本書の劇場型首長研究やポピュリズム論を用いていくつか指摘したい。

第一に、トランプへの支持が共和党支持派を超えて拡大している可能性である。

共和党内で力をつけているティーパーティー支持者は、所得は中位以上の白人であってオバマ大統領の選挙戦で活動した草の根運動より幅広い人々が参加しているという見解もある。(22) これに比べてトランプ支持の白人はブルーカラーといわれたが、前述の高所得・高学歴に支持が拡大している点からみても従来の支持層を広げているといえよう。さらに、クリントンの有力対抗馬であるサンダースの躍進が示すように、現在のアメリカ国民はアウトサイダーを求めており、その意味では、トランプも共和党支持派を超えて支持を拡大している可能性もある。

またトランプが共和党の正式候補となったとしても、一一月の本選挙で、従来の共和党支持者すなわち主流派が、トランプは本来の共和党員でないとし棄権もしくは第三の候補に投票するという可能性があり混乱も予想されるが、トランプ劇場分析では、本書のポピュリズム論で述べたように、トランプが米国民全体のどこに「線を引いたか」と考えることが重要である。それは、エスタブリッシュメントをメインの敵と設定つまり「敵対」していることから、エスタブリッシュメントと、その他の人々の間に「線を引いた」と考えるべきで、その結果、前述したように共和党以外も含む、米国民の多くの人々の側に立った可能性がある。ただトランプの差別的な発言によって、女性や白人以外において支持者が少ないのがマイナス要因である。

第二に、アメリカ政治が今後どう変化するかということである。

ポピュリズムを政治の機能不全のシグナルとみるべきだとすると（吉田徹二〇一一：3章）、トランプ劇場が生じたことは、多くのアメリカ人が今の政治に不満を持っているということであり、このアメリカ政治の機能不全に今後どのような対策を取るべきかという問題がアメリカの政治家に突き付けられたといえよう。また、これによってアメリカ政治がどう変化するか注目されるし、この問題解決に時間を要するほど、アメリカの世界への影響力が大きいので、日本にとっても深刻な問題になるといえよう。さらに、政治に対するアメリカ国民の不満が大きければ四年後の大統領選でまた再びトランプ的な候補者が躍進する可能性は大きい[23]。

第三に、メディア特に新聞の役割や責務の重要性である。アメリカと日本のメディアの比較からみると、アメリカでは地方紙が次々と廃刊される中、テレビとネットが政治情報入手の重要な役割を果たしつつある。自分の好みや関心ある情報にアクセスしやすいネットは、政治に対する意見が人によって偏る傾向が出る一方、視聴率競争が激しいテレビは、視聴率を稼げる政治情報を多く取り上げようとする傾向がある。今回のトランプ躍進の背景には、トランプが視聴率を稼げる候補者というのも理由とされる。したがって、竹森俊平は、バランスのとれた政治情報を有権者に提供するには新聞の役割が大きく、その重要性を再認識すべきだと指摘する。ちなみに日本の場合、アメリカに比べると新聞はまだ安定的な経営を維持しているので客観報道という面で有利とされる[24]。

5　最後に――ポピュリズム研究の重要性

以上、前節までは、二〇一六年四月時点の記述である。ここでは、二〇一六年一一月のクリントン対トランプの大統領選挙本選における、大方の予想に反したトランプ勝利の要因について、前掲図補-1を用いて分析したい。

トランプの全体像は一代で全米屈指の不動産王となるアメリカ人の好きなサクセス・ストーリーであり、その言葉使いで庶民性も併せ持っていた。そして、トランプの戦略は、①「既存勢力との敵対」で、エスタブリッシュメントをメインの敵にしたことにより、前述したとおり共和党支持者以外に支持を拡大したことが大きかった。それは、従来、労働組合が強く民主党の支持基盤だったペンシルバニア州など、グローバル化で衰退した、いわゆるラストベルト地帯（さびついた工業地帯）がトランプ支持になったことから分かる。次に②「メディアを利用した大衆直結」は、過激な発言が話題を呼び、特に予備選でテレビが視聴率をかせげるとトランプを多く取り上げたのが効果を発揮した。さらに、トランプはSNSでよく発信したが、それはマスメディア不信のコアなトランプ支持者を獲得するのに役立ったといえる。そして③「政策課題の単純化・劇化」は、分かりやすくはあったが、本選では非現実・未熟な政策と批判された。ただ、トランプのアウトサイダー性と、メール問題などクリントンへの不信感によって不利にならなかった。以上の要因はアメリカ国民の今の政治や既存政治家への不満の強さを反映している。

ちなみに、トランプは大統領選勝利後、過激発言は鳴りをひそめている。これは、選挙前のトランプの一連発言は、パフォーマンスすなわち演技だったのではないかと感じるぐらいである。

ところで、本書は、わが国で登場した劇場型首長とポピュリズムの関係性を考察（第Ⅰ部）することを大きな主題としていた。その中で、世界のポピュリズムの歴史をふり返り、劇場型首長を「劇場型ポピュリズム」と位置づけ、劇場型首長分析に役立つようにイメージ図（図1-2）を提示した。実は、筆者にとっては、これら一連の研究は、日本から発信する「ポピュリズム論」という意気込みがある研究でもあった。

このような中、予想だにしない事態がおきる。それは、アメリカ大統領選でのトランプの躍進である。トランプを調べれば調べるほど、トランプは「劇場型ポピュリズム」に当てはまると筆者は確信を抱くようになった。そこで、急きょ、本書の最後に、この「補論」を入れた次第である。くしくも、日本における劇場型首長研究で導き出した「劇場型ポピュリズム」の枠組みを、日本以外の最新でかつ有名な事例で検証し実証できた形になったのは、幸運であったと考える。

トランプ劇場の登場は、アメリカ国民の今の政治に対する不満がいかに大きいかを示しており、既成の政治家もどう対応したら良いか困惑している。対立を得意とする劇場型ポピュリズムは、しばしば対立を激化させ、合意に至るには困難さをたびたび経験する。つまり、今後のアメリカ政治をはじめ、日本のようなアメリカと深い関係にある国は、ある意味、厳しい時代を迎えるかもしれない。

これまでみたように、欧州では「右翼ポピュリズム」が躍進し、そしてついにアメリカでは「劇場型ポピュリズム」が登場した。このような状況は政治における対立と混迷を深める契機になる恐れもあり、ポピュリズム研究の重要性が、今後ますます高まることを意味するといえよう。

注

（1）トランプ躍進の理由を探ろうとアメリカ政治の専門書（日本語文献）を最新のものまで読んだが、トランプの名は確認できなかった。二〇一六年大統領選での共和党の課題について、従来の支持層以外のヒスパニック系など非白人マイノリティの支持をいかに広め多くの選挙民にとって魅力ある政策を提示できるかという指摘（たとえば吉野・前嶋 二〇一四：二一五）があったぐらいである。これをみても、トランプ躍進が、いかに専門家の中でも予想しない事態であるか分かる。なお、このような状況であるため、本章執筆のデータや見解は新聞情報によるところが大きい。なお、二〇一六年三月末時点でのトランプに関する日本語文献は、共和党全米委員会顧問あえば直道著『トランプ革命』（双葉社、二〇一六年）のみである。ただ、トランプによる著書は訳本がある。たとえば、トランプ著『金のつくり方は億万長者に聞け』（扶桑社、二〇〇四年）。

（2） 以上、見出し（1）は、『二〇一六現代用語の基礎知識』（自由国民社、二〇一六年）、三八二、三八三頁（アメリカの項目：久保文明）。宮崎日日新聞二〇一六年三月三日「トランプ氏圧勝」ほか新聞関連記事参照。

（3） 以上、見出し（2）は、吉野・前嶋（二〇一四：二一一）。久保文明編（二〇一三：二〇四、二五五、二六二）。土田宏（二〇一五：一八九、一九三）。宮崎日日新聞二〇一六年一月一四日「オバマ氏変革死守」参照。

（4） 以上、見出し（1）の人物像は、読売新聞二〇一六年三月三日「望んだものは手に入れる」、毎日新聞二〇一六年三月一七日「トランプ・ドイツ貧村にルーツ」、あえば直道（二〇一六：四二、七二〜一〇四）参照。

（5） 以上、読売新聞二〇一六年二月一一日「格差是正サンダース氏圧勝」、三月三日「異端主役勝ち取る」。朝日新聞二〇一六年三月一五日「癒着マネー断ち・集めた熱気」参照。エスタブリッシュメントの説明は、NHK「日曜討論」二〇一六年五月一日放送より。

（6） あえば直道（二〇一六：三八）。マーク・ソーヤの指摘は、宮崎日日新聞二〇一六年三月二三日「ブッシュ氏脱落」。NBCテレビ調査は、読売新聞二〇一六年二月二五日「大衆迎合・止まらぬ旋風」。CNN

の議会支持率調査は、NHK「日曜討論」二〇一六年五月一日放送より。
(7) 以上、「ポリティコ」調査は、読売新聞二〇一六年三月二一日「中傷・誇張で聴衆扇動」。そのほか、毎日新聞二〇一六年三月七日「野心三〇年負けたことない」参照。
(8) あえば直道（二〇一六：五四、五七）。
(9) 毎日新聞二〇一六年三月六日「トランプ氏、主張を撤回」。
(10) 以上の政治思想的な政策の違いは、森政稔（二〇一六：五〇）。
(11) 毎日新聞二〇一六年三月三日「論点多岐・主張五通り」より。
(12) 以上、毎日新聞二〇一六年三月二日「論点多岐・主張五通り」、読売新聞二〇一六年三月一〇日「誇大公約にほころび」。
(13) 以上のトランプの政策は、読売新聞二〇一六年二月二五日「リベラル層も取り込む」、三月一〇日「誇大公約にほころび」。
(14) 読売新聞二〇一六年三月二三日「外交ブレーン小物ぞろい」。
(15) あえば直道（二〇一六：三五）。
(16) オールディックの見解は、朝日新聞二〇一六年三月三日「耕論・大きな変革望む国民」。
(17) ダイヤモンド社編『週刊・ダイヤモンド』二〇一六年四月九日号、特集・踊る米大統領選・吹き荒れるトランプ旋風、三四頁。
(18) 以上、ナカムラ、渡辺ともに、朝日新聞二〇一六年三月一八日「耕論・米国保守の混迷と日本」のインタビュー記事より。FRB調査は、NHK「日曜討論」二〇一六年五月一日放送より。
(19) 読売新聞二〇一六年三月二〇日「トランプ旋風・喜ぶテレビ局」竹森俊平。そのほか、メディア・リサーチ・センターによると、三大ネットワークの夜のニュースで、二〇一五年一～七月は、トランプは三六・三%、八〜一〇月は五六・六%と取り上げられ、他の共和党候補より明らかに多く、共和党候補の話題がトランプ一色の状況という。これは、批判されるのを見越しての暴言によって注目を集めているという(あえば直道 二〇一六:九九)。

(20) あえば直道(二〇一六:二八)。

(21) 朝日新聞二〇一六年三月一七日「白人を中心に幅広い層に浸透」。

(22) 海野素央(二〇一一:五八)、3章・ティーパーティーの実態、参照。

(23) あえば直道は、今回のトランプ旋風は一過性のものではなく、日本にとって大切なのは、このブームはなぜ起こっているのかを偏見なく見つめ、その上で、アメリカとどう付き合っていくか考えていくことだとする(あえば直道 二〇一六:四九、五〇)。

(24) 読売新聞二〇一六年三月二〇日「客観報道・新聞の重要さ」竹森俊平。

参考文献

あえば直道（二〇一六）『トランプ革命』双葉社。

朝日新聞大阪社会部（二〇一五）『ルポ・橋下徹』朝日新聞出版。

阿部斉（一九七三）『デモクラシーの論理』中央公論社。

阿部斉（一九九一）『概説・現代政治の理論』東京大学出版会。

阿部斉・新藤宗幸・川人貞史（一九九〇）『概説・現代日本の政治』東京大学出版会。

有馬晋作（二〇〇九）『東国原知事は宮崎をどう変えたか——マニフェスト型行政の挑戦』ミネルヴァ書房。

有馬晋作（二〇一一）『劇場型首長の戦略と功罪——地方分権時代に問われる議会』ミネルヴァ書房。

有馬晋作（二〇一二a）「橋下劇場に関する批判的評論の分析——ポピュリズム研究の進展のために」鹿児島県立短期大学『商経論叢』第六三号。

有馬晋作（二〇一二b）「橋下大阪市政の政策展開の特色」『宮崎公立大学人文学部研究紀要』第二〇巻第一号。

有馬晋作（二〇一三）「ポピュリズム論における劇場型首長研究の意義に関する一考察」日本地方自治研究学会編『地方自治研究』第五三号、Vol.28, No.2。

有馬晋作（二〇一四）「首長の変遷からみる地域政治の変貌——改革派首長の系譜」日本地方自治研究学会編『地方自治の深化——学会創立三〇周年記念誌』清文社。

有馬晋作（二〇一五）「劇場型首長の研究――ポピュリズム論からみた意義と戦略」（鹿児島大学博士学位論文）。

綾部恒雄（二〇〇二）『文化人類学最新術語１００』弘文堂。

石川真澄（二〇〇四）『戦後政治史』岩波書店。

伊藤正次（二〇一一）「自治体の政治機構」礒崎初仁・金井利之・伊藤正次『改訂版　ホーンブック地方自治』北樹出版。

井上泰浩（二〇〇四）『メディア・リテラシー――媒体と情報の構造学』日本評論社。

岩井奉信（二〇一一）「地方政治から日本を変える？――挑戦する首長たち」佐々木信夫・外山公美・牛山久仁彦・土居史郎・岩井奉信『現代地方自治の課題』学陽書房。

植松健一（二〇一二）「自治体ポピュリズムの憲法政治――プレビシットと民意」榊原秀訓編著『自治体ポピュリズムを問う』自治体研究社。

上山信一（二〇一〇）『大阪維新――橋下改革は日本を変える』角川書店。

上山信一・紀田薫（二〇一五）『検証・大阪維新改革』ぎょうせい。

内山融（二〇一二）「小泉純一郎の時代――歴史と個性の政治学試論」飯尾潤・苅部直・牧原出編著『政治を生きる――歴史と現代の透視図』中央公論新社。

海野素央（二〇一一）『オバマ＋コノリーVSティーパーティー』同友館。

遠藤薫（二〇〇七）『間メディア社会と世論形成』東京電機大学出版会。

大石祐編（二〇〇六）『ジャーナリズムと権力』世界思想社。

大阪維新の会・政調会著（二〇一二）『図解・大阪維新』ＰＨＰ研究所。

大嶽秀夫（二〇〇三）『日本型ポピュリズム――政治への期待と幻滅』中央公論新社。

大嶽秀夫（二〇〇六）『小泉純一郎ポピュリズムの研究――その戦略と手法』東洋経済新報社。

大谷昭宏（二〇〇〇）「芸術的要素を備えた劇場型犯罪」藤竹暁編『劇場型社会・現代のエスプリ』No.400、至文堂。

大矢吉之（一九九二）「近代民主政治の展開と大衆デモクラシーの諸問題」大矢吉之・加堂裕規・慶野義雄・武田敏郎『現代の民主政治』嵯峨野書院。

大谷野修（二〇〇九）「革新自治体の時代」『地方自治史を掘る』東京市政調査会。

樺嶋秀吉（二〇〇四）『採点・47都道府県』平凡社。

蒲島郁夫・竹下俊郎・芹川洋一（二〇〇七）『メディアと政治』有斐閣。

加茂利男・白藤博行・加藤幸雄・榊原秀訓・柏原誠・平井一臣（二〇一一）『地方議会改革――名古屋・大阪・阿久根から』自治体研究社。

川崎修・杉田敦編（二〇一二）『新版・現代政治理論』有斐閣。

草野厚（二〇〇六）『テレビは政治を動かすか』ＮＴＴ出版。

久保英明編（二〇一三）『アメリカの政治』弘文堂。

久米郁男・川出良枝・古城佳子・田中愛治・真渕勝（二〇一一）『政治学　補訂版』有斐閣。

小城英子（二〇〇四）『劇場型犯罪とマス・コミュニケーション』ナカニシヤ出版。

後藤仁（二〇〇九）「地方の時代」東京市政調査会編『地方自治史を掘る』東京市政調査会。

小堀眞裕（二〇一三）「イギリスのポピュリズム」高橋進・石田徹編『ポピュリズム時代のデモクラシー――ヨーロッパからの考察』法律文化社。

榊原秀訓編著（二〇一二）『自治体ポピュリズムを問う』自治体研究社。

サミュエル・ポプキン・蒲島郁夫・谷口将紀編（二〇〇八）『メディアが変える政治』東京大学出版会。

佐々木信夫（二〇一六）『地方議員の逆襲』講談社。

塩田潮（二〇〇七）『首長――知事・市区町長は日本を変えたか』講談社。

塩田潮（二〇一一）『まるわかり政治語辞典』平凡社。

島田幸典・木村幹編著（二〇〇九）『ポピュリズム・民主主義・政治指導――制度的変動期の比較政治学』ミネルヴァ書房。

篠原一（二〇〇四）『市民の政治学――討議デモクラシーとは何か』岩波書店。

新藤宗幸（二〇一〇）「地方の時代三〇年を総括する」地方の時代映像祭実行委員会編『映像が語る「地方の時代」三〇年』岩波書店。

砂原庸介（二〇一二）『大阪――大都市は国家を超えるか』中央公論新社。

芹川洋一（二〇〇八）『政治をみる眼24の経験則』日本経済出版社。

曽我謙悟・待鳥聡史（二〇〇七）『日本の地方政治――二元代表政府の政策選択』名古屋大学出版会。

高瀬淳一（二〇〇五）『武器としての言葉政治――不利益分配政治時代の政治手法』講談社。

高橋進・石田徹編（二〇一三）『ポピュリズム時代のデモクラシー――ヨーロッパからの考察』法律文化社。

高寄昇三（二〇一〇a）『大阪都構想と橋下政治の検証――府県集権主義への批判』公人の友社。

高寄昇三（二〇一〇b）『虚構・大阪都構想への反論――橋下ポピュリズムと都市主権の対決』公人の友社。

高寄昇三（二〇一一）『大阪市存続・大阪都粉砕の戦略――地方政治とポピュリズム』公人の友社。

立花隆（二〇〇二）『田中真紀子研究』文藝春秋。

谷口将紀（二〇〇八）「日本をめぐるメディア、変わる政治」サミュエル・ポプキン・樺島郁夫・谷口将紀『メディアが変える政治』東京大学出版会。

谷口将紀（二〇一五）『政治とマスメディア』東京大学出版会。

谷藤悦史（二〇〇五）『現代メディアと政治――劇場社会のジャーナリズムと政治』一藝社。

田村秀（二〇〇五）「総説・様々なタイプの首長達」西尾勝編『自治体改革5　自治体デモクラシー改革――住民・首長・議会』ぎょうせい。

田村秀（二〇一二）『暴走する地方自治』筑摩書房。

田村秀（二〇一四）『改革派首長は何を改革したのか』亜紀書房。

土田宏（二〇一五）『アメリカ50年　ケネディの夢は消えた？』彩流社。

鶴田廣巳・大阪自治体問題研究所編（二〇一二）『橋下・大阪維新と国・自治体のかたち』自治体研究社。

豊田寛三・後藤宗俊・飯沼賢司・末廣利人（一九九七）『大分県の歴史』山川出版社。

中井歩（二〇一三）「ポピュリズムと地方政治――学力テストの結果公表をめぐる橋下徹の政治手法を中心に」新川敏光編『現代日本政治の争点』法律文化社。

西田亮介（二〇一五）『メディアと自民党』角川書店。

橋本行史編（二〇一〇）『現代地方自治論』ミネルヴァ書房。

原田敬一（二〇一〇）「日清・日露戦争は日本の何を変えたのか」『日本の近現代史をどう見るか』岩波書店。

平井一臣（二〇一一a）『首長の暴走――あくね問題の政治学』法律文化社。

平井一臣（二〇一一b）「劇場化し暴走する地方自治――阿久根から大阪へ」岩波書店『世界』二〇一一年一一月号。

樋渡啓祐（二〇一〇）『首長パンチ』講談社。

藤井聡編（二〇一五）『ブラック・デモクラシー――民主主義の罠』晶文社。

藤井聡・村上弘・森裕之（二〇一五）『大都市自治を問う――大阪・橋下市政の検証』学芸出版社。

藤井裕久・早野透・筒井清忠（二〇一三）『劇場型デモクラシーの超克』中央公論新社。

藤竹暁（二〇〇〇）「劇場型社会――劇場型社会に生きる人間」藤竹暁編『劇場型社会　現代のエスプリ』

No.400、至文堂。

藤本一美（著者代表）・大空社編集部編（二〇〇九）『戦後アメリカ大統領事典』大空社。

古市憲寿（二〇一四）『だから日本はズレている』新潮社。

星浩・逢坂巌（二〇〇六）『テレビ政治』朝日新聞社。

松谷満（二〇〇九）「ポピュリズムとしての石原都政」東京自治研究センター編『石原都政の検証』生活社。

松谷満（二〇一〇）「ポピュリズムとしての橋下府政」大阪市政調査会『市政研究』一六九号。

松谷満（二〇一一）「ポピョリズムの台頭とその源泉」岩波書店『世界』二〇一一年四月号。

松谷満（二〇一二）「誰が橋下を支持しているのか」岩波書店『世界』二〇一二年七月号。

松本創（二〇一五）『誰が「橋下徹」をつくったのか——大阪都構想のメディアの迷走』（株）140B。

馬渡剛（二〇一〇）『戦後日本の地方議会』ミネルヴァ書房。

水島治郎（二〇一四）「ポピュリズムとデモクラシー」『千葉大学法学論集』第二九巻第一・二号。

宮本憲一（二〇〇五）『日本の地方政治——その歴史と未来』自治体研究社。

村上弘（二〇一〇）「大阪都の基礎研究——橋下知事による大阪市の廃止構想」立命館大学法学部『立命館法学』二〇一〇年三号。

村上弘（二〇一四）「ポピュリズム——考えさせない政治のメカニズムと限界」村上弘『日本政治ガイドブック——改革と民主主義を考える』法律文化社。

村松岐夫編（二〇〇六）『テキストブック地方自治』東洋経済新報社。

森裕之（二〇一五）「財政・市政改革プランと財政効果の実態」藤井聡・村上弘・森裕之『大都市自治を問う——大阪・橋下市政の検証』学芸出版社。

森政稔（二〇〇八）『変貌する民主主義』筑摩書房。

森政稔（二〇一二）「独裁の誘惑——戦後政治学とポピュリズムのあいだ」『現代思想』二〇一二年五月号、青土社。

森政稔（二〇一六）『迷走する民主主義』筑摩書房。

森井裕一編（二〇一二）『ヨーロッパの政治経済・入門』有斐閣。

森脇俊雅（二〇一三）『日本の地方政治——展開と課題』芦書房。

薬師寺克行（二〇一四）『現代日本政治史』有斐閣。

八幡和郎（二〇〇七）『歴代知事三〇〇人』光文社。

山口二郎（二〇一〇）『ポピュリズムの反撃』角川書店。

吉田徹（二〇一一）『ポピュリズムを考える——民主主義への再入門』NHK出版。

吉野孝・前嶋和弘（二〇一四）『オバマ後のアメリカ政治』東信堂。

吉見俊哉（二〇〇九）『ポスト戦後社会』岩波書店。

読売新聞大阪本社社会部（二〇一二）『橋下劇場』中央公論新社。

エルネスト・ラクラウ（一九八五）『資本主義・ファシズム・ポピュリズム——マルクス主義理論における政治とイデオロギー』横越英一監訳、大村書店。Ernest Laclau, *Politics and Ideology in Marxist Theory, Capitalism-Fascism-Populism*, Vers Books, 1977.

ウィリアム・ライカー（一九九一）『民主的決定の政治学』森脇俊雅訳、芦書房。William H. Riker, *Liberalism against Populism: A Confrontation Between the Theory of Democracy and the Theory of Social Choice*, Waveland Press, 1982.

クリフォード・ギアツ（一九九〇）『ヌガラ——一九世紀バリの劇場国家』小泉潤二訳、みすず書房。Clifford Geertz, *The Theatre State in Nineteenth-Century Bali*, Princeton University Press, 1980.

Ghita Ionescu and Ernest Gellner, *Populism: Its Meaning and National Characterisics,* Weiderfeld & Nicolson, 1969.

ウォルター・リップマン（一九九一）『世論』掛川トミ子訳、岩波文庫、上巻・下巻。

※本書5章（田中・東国原・橋下知事の行政運営と政治手法）に関する参考文献は、有馬晋作（二〇一一）『劇場型首長の功罪と戦略』を参照されたい。

あとがき

二〇一一年一一月の大阪ダブル選の直前に、拙著『劇場型首長の戦略と功罪』（ミネルヴァ書房）を出版したところ、大阪ダブル選と橋下徹氏が大きく注目されていたこともあって、同じく拙著も注目されることになった。本文で述べたように、研究者の中にも拙著を引用しての論文がいくつか登場したほか、日本政治学会の学会誌（二〇一三年一号）に書評も掲載され、またマスメディアの反応も大きかった。たとえば、二〇一一年大阪ダブル選直後、ＴＢＳの情報番組「ひるおび」に拙著が取り上げられ橋下知事を含め田中・東国原知事の劇場型首長分析が紹介されたほか、日本経済新聞（大阪本社）からはダブル選以降もたびたびコメントを求められ、二〇一五年五月の大阪都構想住民投票についての筆者のコメントも全国版で掲載された。以上の経験は、地方の大学の一研究者としては、貴重な経験であり、同時に劇場型首長の発信力の大きさをあらためて実感することにもなった。

実務家出身の筆者としては、以上のことは転職前には想像できないことであり、研究者としての充実感も得ることができた。ただ、この「劇場型首長」は、拙著ではポピュリズム論として学術的に十分分析がなされているか疑問が残る点もあった。本書は、この疑問に応えるものとして執筆したものでもある。

「まえがき」でもふれたが、本書の第Ⅰ部は、筆者の博士論文である「劇場型首長の研究――ポピュリズム論からみた意義と戦略」（鹿児島大学、二〇一五年三月）を大幅に見直し加筆・修正しコンパクトにしたものである。大学院博士後期課程退学から八年以上経ってから、また学生部長など大学業務で多忙な中での論文執筆は、だいぶ苦労を重ねることになった。論文執筆については、平井一臣教授（鹿児島大学）の温かい御指導がなければ、この博士論文は完成しなかったとつくづく思う次第であり、この場を借りて改めて厚く御礼を申し上げたい。また論文審査においては、平井教授をはじめ木村朗教授（鹿児島大学）、城戸秀之教授（鹿児島大学）、畑山敏夫教授（佐賀大学）から貴重な御指摘もいただき、同じく、この場を借りて厚く御礼申し上げたい。さらに、筆者の今回の出版の企画を引き受けていただいたミネルヴァ書房と同社編集部の大木雄太氏に心から感謝したい。

本書の中でも述べたが、国民の政治への不満はますます広がっているので、劇場型首長などポピュリズム的な政治リーダーが登場する可能性は今後も続くと予想され、この分野の研究の重要性は変わらないと考える。一方、筆者も昨年、還暦を迎え、老眼での研究の大変さなどをつくづく感じている。実務家出身のため遅く研究者となった身としてはやむを得ないが、研究の意欲はまだまだ失っていないので、引き続きポピュリズム研究を続けるとともに、今後の研究テーマとして「地方自治の歴史」にも取り組みたいと思っている。このテーマは、実は本書の第4章で少し取り組んでおり、首長の特色の変遷から地方自治の歴史を新たに考察するもので、劇場型首長を長期的スパンで考察する契機にもなるといえる。この成果が社会に具体的に出るには、かなりの時間を要するので、精進しながら日々大切に過ごさないといけないと考える今日この頃である。

二〇一七年一月

有馬晋作

は　行

ま・ら　行

事項索引

あ 行

か 行

さ 行

た 行

な 行

な　行

は　行

ま　行

や　行

ら　行

人名索引

あ 行

か 行

さ 行

た 行

《著者紹介》

有馬　晋作（ありま・しんさく）

現　在　宮崎公立大学人文学部教授。

略　歴　1955年鹿児島県生まれ。1979年明治大学経営学部卒業後，23年間鹿児島県庁に勤務。その間，旧自治省財政局，鹿児島県大口市（現・伊佐市）に勤務したほか，2006年鹿児島大学大学院人文社会科学研究科博士後期課程満期退学。博士（学術）。2004年４月より宮崎公立大学人文学部助教授。2008年４月より同大学教授。日本地方自治研究学会常任理事。専門は行政学，地方自治論。

主　著　『介護保険と21世紀型地域福祉』（共著）ミネルヴァ書房，2005年。
『東国原知事は宮崎をどう変えたか』ミネルヴァ書房，2009年（第７回法政大学「地域政策研究賞」奨励賞受賞）。
『現代地方自治論』（共著）ミネルヴァ書房，2010年。
『劇場型首長の戦略と功罪』ミネルヴァ書房，2011年。

劇場型ポピュリズムの誕生
——橋下劇場と変貌する地方政治——

2017年２月20日　初版第１刷発行　　　検印省略

定価はカバーに
表示しています

著　者	有　馬　晋　作
発行者	杉　田　啓　三
印刷者	中　村　勝　弘

発行所　株式会社　ミネルヴァ書房

607-8494　京都市山科区日ノ岡堤谷町1
電話(075)-581-5191／振替01020-0-8076

中村印刷・新生製本

ISBN978-4-623-07850-9
Printed in Japan